Jörg Eberspächer

Herausgeber

Die Zukunft
der Printmedien

Mit 147 Abbildungen

Springer

Professor Dr.-Ing. Jörg Eberspächer
Technische Universität München
Institut für Kommunikationsnetze
Arcisstraße 21
80290 München
Deutschland

ISBN 3-540-43356-2 Springer-Verlag Berlin Heidelberg New York

Die Deutsche Bibliothek – CIP-Einheitsaufnahme
Die Zukunft der Printmedien / Hrsg.: Jörg Eberspächer. – Berlin; Heidelberg; New York;
Barcelona; Hongkong; London; Mailand; Paris; Tokio: Springer, 2002
 ISBN 3-540-43356-2

Springer-Verlag Berlin Heidelberg New York
ein Unternehmen der BertelsmannSpringer Science+Business Media GmbH

http://www.springer.de

© Springer-Verlag Berlin Heidelberg 2002
Printed in Germany

Broschurumschlag: Erich Kirchner, Heidelberg

SPIN 10873471   42/2202-5 4 3 2 1 0 – Gedruckt auf säurefreiem Papier

Die Zukunft der Printmedien

Springer
Berlin
Heidelberg
New York
Barcelona
Hongkong
London
Mailand
Paris
Tokio

Außerdem erschienen:

A. Picot, S. Doeblin (Hrsg.) **eCompanies – gründen, wachsen, ernten**
ISBN 3-540-67726-7 2001. IX, 160 S.

A. Picot, H.-P. Quadt (Hrsg.) **Verwaltung ans Netz!**
ISBN 3-540-41740-0 2001. IX, 201 S.

J. Eberspächer, U. Hertz (Hrsg.) **Leben in der e-Society**
ISBN 3-540-42724-4 2002. IX, 235 S.

Vorwort

500 Jahre nach Gutenbergs epochaler Erfindung vollzieht sich im Bereich der Printmedien ein vermutlich ähnlich folgenschwerer Wandel. Die Online-Medien treten – ausgelöst durch Internet und World Wide Web – gleichberechtigt neben die herkömmlichen Druckerzeugnisse. Zeitungen und Zeitschriften gehen „online", mit ergänzenden aktuellen Angeboten, aber auch mit völlig neuen multimedialen Inhalten. Auch das gute alte Buch erhält Konkurrenz aus den elektronischen Medien. Selbst elektronische Bücher mit ladbarem Inhalt sind auf dem Markt.

Doch die digitale Revolution betrifft nicht nur die Art und die Präsentation der Inhalte. Die Geschäftsmodelle müssen angepasst oder neu erfunden werden. Die ökonomische Basis ist angesichts der teilweisen Verlagerung der Wertschöpfung in die elektronischen Medien (Beispiel Anzeigengeschäft) und der Copyright-Probleme neu zu überdenken. Die neuartigen Verteilmechanismen des Internet spielen dabei ebenso eine Rolle wie die starken Impulse aus den konvergenten Märkten. Kurz: Die Branche scheint sich nahezu total zu verändern. Andererseits zeigt sich, dass die Leser auf ihr papiernes Medium nur ungern verzichten; nicht jede Online-Variante wird von den Kunden angenommen. Und die Frage der Wirtschaftlichkeit und der Sicherheit und Zuverlässigkeit der Neuen Medien stellt sich mehr denn je, aber auch die Frage der fruchtbaren Kombination zwischen digitaler und physischer Medienwelt.

Der Kongress „Die Zukunft der Printmedien" hat dieses für Wirtschaft und Gesellschaft so wichtige Thema medienspezifisch wie auch übergreifend diskutiert. Experten aus dem Zeitungs- und Zeitschriftenbereich haben über ihre Erfahrungen ebenso berichtet wie Vertreter der Buchverlage und der Online-Medien. Auch die Inhalte-Produzenten selbst, die Journalisten und Autoren, sind zu Wort gekommen.

Das Programm des Kongresses wurde im Forschungsausschuss des Münchner Kreises erarbeitet. Das vorliegende Buch enthält die Vorträge und die durchgesehene Mitschrift der Podiumsdiskussion.

Allen Referenten und Diskussionsleitern, sowie allen, die zum Gelingen dieses Kongresses und zur Erstellung dieses Buches beigetragen haben, gilt mein herzlicher Dank!

Jörg Eberspächer

Inhalt / Contents

1 Begrüßung und Einführung

Prof. Dr. Dr. h.c. Arnold Picot
Universität München

Meine sehr verehrten Damen und Herren, ich darf Sie ganz herzlich begrüßen zu unserem Kongress „Zukunft der Printmedien", den der Münchner Kreis vorbereitet hat und zu dem ich Sie ganz herzlich willkommen heiße. Ehe ich mit einer kurzen Einführung beginne, lassen Sie mich zwei Bemerkungen zum Programmablauf machen. Am heutigen Nachmittag hatte ursprünglich Herr Dr. Geiger von Random House die Moderation des letzten Teiles des letzten Blockes übernehmen wollen. Herr Dr. Geiger ist aber leider verhindert und dankenswerter Weise hat sich Herr Johannes Mohn aus der Bertelsmann Gruppe bereit erklärt, den Teil „Printmedium Buch" zu moderieren und zu leiten. Vielen Dank dafür, Herr Mohn. Der Vortrag von Herrn Dr. Klatten, Spiegel Online, der für morgen Vormittag vorgesehen war, muss leider entfallen, weil Herr Dr. Klatten, wie viele von Ihnen wissen, eine andere Aufgabe übernommen hat. Er ist Vorstandsvorsitzender von EM.TV geworden, hat dort auch Anteile übernommen und uns deswegen kürzlich abgesagt, wofür wir Verständnis haben müssen. Wir haben überlegt, ob wir kurzfristig eine andere Lösung suchen, haben dann aber darauf verzichtet und uns entschieden, etwas mehr Spielraum für die Präsentation und Diskussion des morgigen Vormittags zu schaffen. Ich hoffe, Sie haben für diese Vorgehensweise Verständnis.

Die Zukunft der Printmedien – das ist auf den ersten Blick vielleicht ein überraschender Titel für einen Kongress des Münchner Kreises, der sich vor allen Dingen mit der Erforschung neuer Kommunikations- und Informationstechnologien befaßt. Aber die Printmedien sind natürlich in erheblichem Umfang auch betroffen, herausgefordert durch die Entwicklungen in der Informations- und Kommunikationstechnik, insbesondere durch das Internet. Manche sagen, dass diese Herausforderung schon wieder abklingt und eigentlich alles nicht so heiß gegessen wird wie es vielleicht gekocht worden ist. Andere sagen, dass diese Herausforderung erst noch richtig kommt.

Wir haben diese Situation, in der man schon auf einige Erfahrungen zurückgreifen kann, andere strategische Pläne erst noch bevorstehen und Visionen sich auch noch schärfer zu konturieren scheinen, zum Anlaß genommen, um den Kongress zu diesem Zeitpunkt zu positionieren. Vielleicht ist es ein guter Zeitpunkt, denn die Ernüchterung, die sich in Bezug auf das Internet in den letzten anderthalb Jahren eingestellt haben, bietet vielleicht eine gute Grundlage, um realistische und wegweisende Betrachtungen anzustellen.

Dass das Verlagsgeschäft, also die Printmedien in der Form der Zeitung, der Zeitschrift, des Buches mit dem Informations- und Informationstechnikgeschäft eng verbunden ist, ist eigentlich fast eine Binsenweisheit. Bereits 1995 hat das einmal Negro Ponte recht plakativ ausgedrückt, indem er sagte, dass das Informations- und Unterhaltungsgeschäft dadurch gekennzeichnet ist, dass dort die Perspektive der Bits und der Atome nicht selten durcheinander gebracht werden.

Ist nun ein Buchverleger etwa im Informationsgeschäft oder ist er im Verarbeitungsgeschäft für Atome? Historisch gesehen ist es sicherlich beides. Bücher sind physische Produkte, und sie übermitteln Informationen, sei es unterhaltender oder fachlicher Art. Ähnliches gilt für Zeitungen und Zeitschriften. Aber durch den technischen Wandel kommt es hier zu einer neuen Situation. Darauf ist schon häufig aufmerksam gemacht worden. Wenn wir uns das am Beispiel der Zeitungsproduktion, also der Wertschöpfung im Zeitungsbereich anschauen, dann sehen wir, dass ursprünglich in der alten Bleisatzwelt außer der Inhalteproduktion, also dem kreativen Teil der Erstellung von Nachrichten und anderen Informationen, alle Stufen physischer Art waren, physischer Verarbeitung, vom Satz bis zum Vertrieb. Durch den Lichtsatz und das Desktop-Publishing hat sich das schon ein bisschen verschoben. Durch eine ICE-Zeitung etwa noch einmal stärker – wobei die ja nicht im engeren Sinne verkauft wurde, sondern verteilt wurde. Schließlich hat eine Internetzeitung in diesem Atomsinne keine physische Verarbeitung mehr. D.h. also, es findet in der Entwicklung unter dem Einfluß der Informationstechnik die Möglichkeit statt, die physische Bindung des Mediums immer stärker hin zum Kunden zu verlagern und die Vorstufen nichtphysisch zu belassen und durch Flexibilität und Effizienz zu gewinnen.

Wenn man versucht, das in allgemeinerer Form darzustellen, dann kann man die Stufen der Wertschöpfung als überlagert ansehen in der früheren Zeit durch eine Integration, durch eine Verbindung von Information, Unterhaltung, Fachinformation und dem Medium, in das diese Information eingebunden wird: das Buch, die Zeitung, die Zeitschrift usw. Diese Verknüpfung lief durch von der Produktion bis zur Nutzung des Mediums beim Endverbraucher. Die Digitalisierung führt nun dazu, dass hier eine gewisse Entkoppelung stattfindet. Im Bereich der Produktion und der Redaktion kommt es also zu einer rein informationellen Ebene und auf der Distributionsseite teilweise eine informationelle, digitale Vorgehensweise, bzw. eine medial gebundene und schließlich auf der Nutzerebene dann die Bindung in ein Medium, ob es nun eine CD-Rom, ein Buch, ein Bildschirm ist, auf dem die Information dann genutzt wird. Dieses verändert Wertschöpfungssysteme im Medienbereich, vor allen Dingen im Printmedienbereich, fundamental, aber auch Vertriebssysteme und Geschäftsmodelle.

Was bewirkt nun die elektronische Publikation? Wenn man sich das vereinfacht vorstellt, kann man für die drei Dimensionen Verfügbarkeit einer Information, Transparenz und Einflußmöglichkeit des Nutzers und Multimedialität und Formatierungsmöglichkeiten sagen, dass das Printprodukt eine gewisse Positionierung hatte, die hier angedeutet ist. Durch die elektronische Verarbeitung und Anreicherung kann dieser Möglichkeitsraum vergrößert werden. Die Verfügbarkeit wird erleichtert durch Online-Zugriff, die Transparenz und die Interaktivität ebenfalls und nicht zuletzt die Multimedialität. Insofern entsteht sehr viel an potentiellem Zusatznutzen. Ob das im Buchbereich oder im Zeitschriftenbereich ist – das ist hier zunächst einmal offen. Aber eine solche Entwicklung hin zu einer Digitalisierung früherer Printprodukte wirft auch bestimmte Fragen auf aus der Sicht des Nutzers, aus der Sicht des Anwenders. Man braucht zusätzliche Geräte, um dieses zu erschließen. Man muss sich an bestimmte Standards binden. Die Nutzung ist nicht immer bequemer. Im Bett kann man nicht so gut Zeitung lesen, wenn sie elektronisch und an ein klassisches Medium gebunden ist, beispielsweise ein klassisches elektronisches Medium. Deswegen gibt es den Wunsch, beide Medien nebeneinander zu nutzen.

Die Wirtschaftlichkeitsfrage stellt sich dann aus der Sicht des Nutzers nicht selten, nämlich ob der Nutzen beider Medien, wenn man sie beide nutzt, größer ist als die Kosten beider Medien. Und dann stellt sich aus der Sicht des Anbieters natürlich die Frage: Was ist das adäquate Geschäftsmodell? Das ist sicherlich die Hauptfrage, die auch heute im Markt und in der ganzen Diskussion im Mittelpunkt steht. Wie können Geschäftsmodelle aussehen, wenn Online- und Offline-Medien verfügbar sind, und wie können diese Geschäftsmodelle wirtschaftlich gestaltet werden? Solche Geschäftsmodelle können aus verschiedenen Komponenten zusammengesetzt gedacht werden. Da ist zunächst einmal eine Produktarchitektur, bei der man sich fragt, welche Inhalte über welches Medium sinnvollerweise in welcher Situation verbreitet werden. Hier kommt es auf die persönlichen Aspekte des Adressaten an, auf die Situation, in der er sich befindet und auf die Funktion, die dann in einer solchen Nutzungssituation durch das Medium zur Verfügung gestellt wird. Aber auch Urheberrechtsfragen sind hier zu erörtern. Wie können die in der Produktarchitektur untergebracht werden?

Nicht zu unterschätzen ist die Frage des Erlösmodells, die schon immer in den Medien eine sehr interessante Problematik ist. Die Werbefinanzierung ist in den Zeitungs- und Zeitschriftenmedien vor vielen Generationen zum Standard geworden. Wie gestaltet sich nun das optimale Mix, beispielsweise aus Verkaufs- und Werbeerlösen? Gibt es neue Einnahmequellen? Gibt es neue Erlösmodelle? Was spielen Pauschal- versus Einzelpreise für eine Rolle? Und wie ändert sich die Wertschöpfungsstruktur? Was ist die Rolle der Journalisten? Der kreativ tätigen Autoren? Welche Konsequenzen ergeben sich durch die stärkeren Einbindungsmöglichkeiten des Endkunden in die Wertschöpfung? Dass er sich selbst teilweise ein Sortiment zusammen stellt. Welche Synergien lassen sich bei einer Kooperation zwischen Print- und Online-Medien erschließen? Wie eng sollte die Verknüpfung sein? Wie getrennt sollte sie sein? Wir sehen hier in der Praxis sehr unterschiedliche Modelle. Auch auf dieser Tagung werden wir unterschiedliche Modelle der Integration oder auch der Entkoppelung zwischen der Online- und der Offline-Welt kennen lernen.

Wir kennen aus der Geschichte der Medien das sogenannte Ripilsche Gesetz. Das ist eine Gesetzmäßigkeit, die bereits zu Beginn des letzten Jahrhunderts formuliert wurde und die letztlich vereinfacht besagt, dass kein Medium untergeht, wenn ein neues Medium hinzutritt, sondern dass das Medium sich repositioniert und sich neue fokussiertere Aufgaben sucht; das alte Medium und das neue, das wirklich innovative, bisher nicht dagewesene erschließt.

Mit dem Internet, das nun zu den Druckmedien hinzutritt, ist ebenfalls wahrscheinlich das Ripilsche Gesetz weiterhin anwendbar. Aber das Internet hat eine Besonderheit: Es ist nicht nur ein dediziertes Medium so wie eben zu der Handschrift die Druckschrift oder der Buchdruck hinzutrat, sondern es ist ein relativ generalisiertes Medium, das die Emulation fast aller anderen Medien ermöglicht im Sinne von Bild, Text, Bewegtbild usw., also eine Art Universalmedium. Insofern wird durch das Internet die Medienlandschaft in besonderer Weise angereichert, und es ist nicht so klar, wie sich dann das Verhältnis zwischen dem neuen Medium und den alten Medien darstellt. Deswegen haben wir es mit einem evolutionären Prozess dieser Medienentwicklung zu tun, der zunächst einmal durch eine Experimentierphase gekennzeichnet ist, die wir gerade erleben oder vielleicht schon an deren Ende stehen. Diese Experimentierphase ist gekennzeichnet durch eine Konkurrenz der bisherigen Medien, der neuen und der alten Medien, also intermediale Konkurrenz in Bezug auf Aufmerksamkeit, Werbebudgets usw. Häufig werden die bisherigen Inhalteformate einfach 1:1 auf das neue Medium übernommen. Auch das haben wir im Internet gesehen, dass Zeitungsformate, Buchformate usw. mehr oder weniger 1:1 zunächst übernommen wurden. Es gibt eine hohe Bereitschaft, in die neuen Medien zu investieren, aber auch Quersubventionierung zu betreiben, um das neue Medium zu päppeln. Auch das haben wir gesehen und sehen es zur Zeit noch.

An die Experimentierphase schließt sich eine Konsolidierungsphase an, in der der Wettbewerb, die gegenseitige Verdrängung zurückgeht zugunsten einer stärkeren Ausdifferenzierung der Medien. Zugleich werden optimierte Nutzungszusammenhänge entdeckt, ganz bestimmte Situationen und Personengruppen, für die das neue Medium besonderen Nutzen stiften kann und in den anderen Zusammenhängen dann wiederum das alte Medium seinen Vorteil ausspielt. Dabei werden die Kunden als letztliche Entscheidungsträger in diesem Spiel verstärkt entdeckt und es kommt dann, so hofft man, zu tragfähigen Geschäftsmodellen für die verschiedenen Medienbereiche.

Es geht also in den folgenden zwei Tagen, vereinfacht gesagt, um die Frage: Welche Rolle, welche Funktion können die Printmedien in Zukunft spielen? Dass sie weiterhin Funktionen haben werden, ist völlig außer Frage. Kein ernst zu nehmender Beobachter kann behaupten, dass sie keine Funktion mehr haben. Die Frage ist aber, welche Funktion sie haben und wie sie mit den anderen Medien zusammen spielen. Wenn man das in einer anderen Form positionieren will, kann man sagen: Das Internet hat uns als großartigste Eigenschaft die Möglichkeit gebracht, dass man Informationen erschließen kann, die man bisher überhaupt nicht erschließen konnte. Dass ist aber zugleich auch das Schlimmste was uns das Internet gebracht hat: eine Art Übermaß an Auswahl und an Möglichkeiten.

Die Kunst besteht nun darin, die Kunden über Medien, die geeignet sind sie schnell mit Informationen, seien sie nun unterhaltender oder fachlicher Art, die ihnen den bestmöglichen Zusatznutzen bieten, zu versorgen; also die Frage der jeweiligen spezifischen Positionierung der Medien einschließlich der Verknüpfung dieser Medien in tragfähigen Geschäftskonzepten und Zukunftsvisionen zu beantworten. Das ist sehr vereinfacht und abstrakt ausgedrückt die Aufgabe dieser beiden Tage.

Damit darf ich überleiten zu unserem ersten Eröffnungsredner. Ich darf Ihnen Herrn Dr. Bahlmann vorstellen. Herr Dr. Bahlmann ist Vorstandsmitglied der Bertelsmann AG in Gütersloh und leitet dort den Bereich Bertelsmann Capital. Bevor er diese wichtige Funktion in diesem Jahr übernahm, hat er verschiedene Funktionen im Bertelsmann Konzern in den Bereichen Musik, Film und Fernsehen, aber auch im Bereich Unterhaltung durchlaufen. Er hat auch verschiedene Funktionen im Bereich der Strategieentwicklung eingenommen, also sich mit den neuen Geschäften beschäftigt, zuletzt als Chief Strategic Officer der Bertelsmann AG. Herr Dr. Bahlmann hat an der Universität Köln studiert, promoviert und zusätzlich ein MBA erworben. Herr Dr. Bahlmann, wir sind gespannt auf Ihre Ausführungen zu dem Thema „Die Zukunft der Printmedien – Eine Branche im Wandel".

2 Eine Branche im Wandel

Dr. Arnold R. Bahlmann
Bertelsmann AG, Gütersloh

Es gibt kaum eine schwierigere Zeit als die heutige, um über die Zukunft der Print-medien nachzudenken. Vor anderthalb Jahren erschien der Weg klar vorgezeichnet. Heute sieht die Welt anders aus. Zwei Punkte scheinen dabei von besonderer Bedeutung. Der erste ist ein besonders starker Umbruch der Konjunktur, wie er schon lange nicht mehr auf so breiter Front aufgetreten ist. Der zweite Punkt ist die rasante Entwicklung des Internet und der damit verbundenen völlig neuen Art und Weise, mit Medien umzugehen. Noch nie ist eine Entwicklung in so kurzer Zeit so hoch gegangen und gleichzeitig vom Kapitalmarkt wieder genauso schnell abge-straft worden. Die Gegenreaktion auf das Platzen dieser Spekulationsblase ist sehr extrem – genauso extrem, wie es am Anfang der große Internet-Hype war. Die Ereignisse vom 11. September diesen Jahres tun ein Übriges, sich zu fragen, wie es in den kommenden Monaten weiter gehen wird. Sicherlich haben die meisten Menschen versucht, am 11. September so schnell wie möglich Informationen zu den Ereignissen zu bekommen. In diesem Zusammenhang war ein Fernsehbericht über die IAA interessant. Dort haben sich die Besucher völlig anders verhalten als noch vor drei Jahren und sich um die verfügbaren Internetterminals geschart. Die Leute, die ein WAP-Handy hatten, haben sich Informationen herunter geladen. Andere verfolgten das Geschehen im Fernsehen. Das Thema Print hat wegen mangelnder Aktualität offensichtlich in diesem Kontext eine andere Funktion bekommen, welche sich zukünftig weiter verschieben wird. Intelligente PDA's mit Breitband Online-Verbindung ermöglichen ganz neue Anwendungen. Konsumentengewohnheiten werden sich deshalb über längere Zeit stark verändern. Insgesamt wird es einen Wandel geben, dem Bertelsmann wie auch alle anderen Medienunternehmen gleichermaßen ausgesetzt ist. Die nachfolgenden Schilde-rungen werden aufzeigen wie Bertelsmann mit diesen Veränderungen umgeht. Schwerpunkt bildet dabei die Betrachtung der wichtigen Entwicklungen in den Bereichen Zeitung, Zeitschrift und Buch. Abschließend werden drei Key-Trends skizziert, die von großer Bedeutung für die Zukunft der Printmedien sind.

Bertelsmann im Wandel

Bertelsmann ist heute ein deutlich anders aufgestellter Konzern als noch vor fünf Jahren. Zur Zeit erwirtschaften wir einen Umsatz von 20 Milliarden Euro mit 82.000 Mitarbeitern, fast eine Verdopplung gegenüber dem Umsatz von 11 Mil-liarden Euro in 1995/96 (Bild 1). Das Printgeschäft bei Bertelsmann macht heute

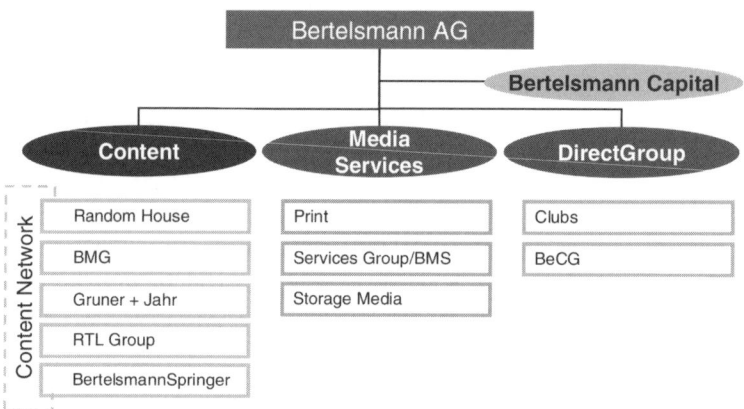

Bild 1: Übersicht Geschäftsfelder

ungefähr 51% aus. Vor einigen Jahren waren dies noch weit über 80%. Von den fünf Inhaltegeschäften Random House, BMG, Gruner + Jahr, RTL Group und BertelsmannSpringer steuert RTL mit 20% respektive 44% inzwischen den größten Umsatz- und Ergebnisbeitrag bei. In 1995/96 lag der Anteil am Konzernumsatz von RTL gerade mal bei 3% und war damit der kleinste Geschäftsbereich. Im Wertbeitrag ist die Entwicklung noch deutlicher. Dabei wird ersichtlich, dass in den letzten vier Jahren rund 50% des Wertes von Bertelsmann durch Bereiche entstanden sind, die es vor fünf Jahren noch gar nicht in dieser Form gab. Insbesondere gilt dies für das Fernsehen. Aber wesentlich sind auch die Internetwerte. Wir haben das Glück und das gute Timing gehabt, gerade da auszusteigen, als die Preise am höchsten waren.

Unsere Geschäftsfelder sind auch weiterhin starken Veränderungen unterworfen. Wichtige technologische Entwicklungen wie Print- bzw. Video-on-Demand, Electronic Publishing und neue mobile Endgeräte werden unsere Inhaltegeschäfte weiterhin stark prägen. Ähnliche Entwicklungen gelten auch für unseren zweiten Geschäftsbereich Media Services. Dieser beinhaltet unsere Druckgeschäfte ebenso wie unsere wachstumsstarken Servicegeschäfte, wie z. B. Logistikdienstleistungen. Bei dem Thema Storage Media geht es um CD, DVD und langfristig auch um die Frage der digitalen Distribution und den damit verbundenen technologischen Entwicklungen wie z. B. Fingerprint Technology. Den dritten Geschäftsbereich bilden unsere Endkundengeschäfte, durch welche wir die gesamte Palette von der Erstellung des Contents bis zur Interaktion mit dem Endkunden abdecken. Unsere Buch- und Musikclubs verfügen über 40 Millionen Kunden. Im Rahmen der E-Commerce-Geschäfte sind wir mit bn.com, CDNow und BOL vertreten. Und vielleicht – man wird sehen, ob wir es schaffen werden – können wir auch Napster legalisieren. Wenn das gelingt, kommt eine völlig neue Dimension mit dem Thema Filesharing hinzu. Dies ist ein Bereich, der so schnell gewachsen ist wie kein anderer und hat die traditionellen Geschäftsmodelle ganzer Industrien in Frage stellt: Musik, Film und zunehmend auch Printmedien. Allein Napster haben über 80 Millionen Menschen genutzt.

Insgesamt waren es eine Reihe von Weichenstellungen, die zu dieser Entwicklung von Bertelsmann beigetragen haben. Dazu gehören der konsequente Aufbau und die Kontrolle der RTL Group ebenso wie die Akquisition von Random House und der Aufbau sowie profitable Verkauf unserer Anteile an AOL Europe.

Entwicklung der Medienmärkte

Die Betrachtung der Medienmärkte verdeutlicht, dass Printmedien mit fast 40% Anteil am Weltmarkt etwa genauso groß sind wie die audiovisuellen Medien und nach wie vor einen wichtigen Eckpfeiler der Medienbranche darstellen. Die Internetgeschäfte haben stark an Bedeutung für die Medienindustrie zugenommen. Hier handelt es sich um Aktivitäten, die es vor fünf, sechs Jahren überhaupt nicht gab und die zu einer Industrie angewachsen sind, die weltweit etwa 40 Milliarden Dollar Umsatz macht. Trotz Platzen der Spekulationsblase wird sich das Internet auch weiterhin rasant entwickeln. Es gibt nur nicht mehr so viele Spieler. Und es wird nicht mehr jede beliebige Geschäftsidee blind finanziert.

Geografisch betrachtet machen die westlichen Länder 75% des Marktes für Printmedien aus (Bild 2). Dabei bilden die USA mit einem Anteil von 40% oder einem Volumen von 130 Milliarden Dollar immer noch den größten Markt. Europa ist ähnlich groß. Asien stellt knapp 20% des Weltmarktes dar, wobei Japan 60% des Marktes in Asien ausmacht. Kennzeichnend für das asiatische Mediengeschäft ist im Wesentlichen die Bedeutung von zwei Medienbereichen: Fernsehen und Zeitungen. Betrachtet man z. B. die Größe der Financial Times mit einer Auflage rund 380.000 Exemplaren und vergleicht diese mit dem Nikkei und einer Auflage von 4,3 Millionen Exemplaren am Tag, so merkt man schnell das es sich um ganz andere Dimensionen handelt. Das Mediengeschäft in Asien ist völlig anders strukturiert und verspricht in den nächsten 20 Jahren sowohl im Print- als auch im Online-Bereich eine deutliche Entwicklung.

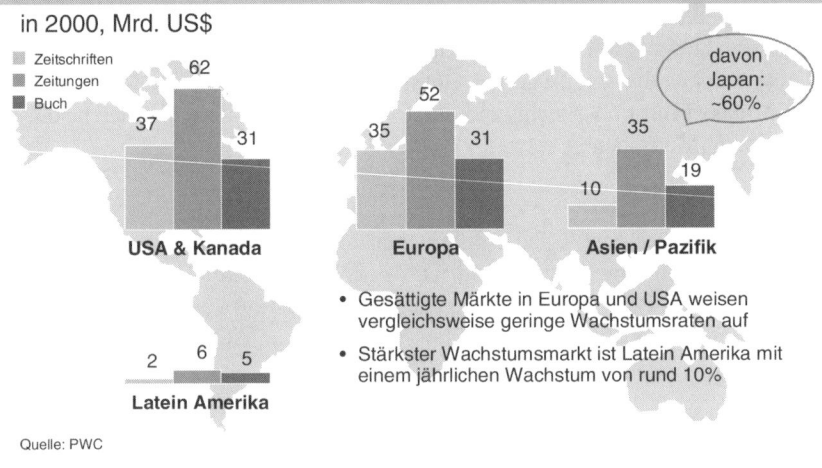

Bild 2: Geografische Verteilung

Weiterhin ist zu beachten, dass sich das Wachstum in den Mediengeschäften stark verändert hat. Wir haben in den letzten 20 Jahren eine Zeit völlig ungebrochenen Wachstums erlebt. Es gibt Bereiche wie beispielsweise die Fachinformation, die mit 15-20% im Jahr gewachsen sind. Das Fernsehgeschäft ist ähnlich stark gewachsen, Internetgeschäfte mit weit über 100% im Jahr. Insgesamt ist der Markt zweistellig gewachsen. Seit zwei, drei Jahren ist dies abgeflacht. Wir erleben im Musikbereich inzwischen ein negatives Wachstum. Warum? Internet, Napster, Filesharing, neue technologische Dimensionen und fehlende Bereitschaft der Musik-Majors, diese neuen Entwicklungen offen anzugehen und eine gemeinsame Lösung zu entwickeln. Der Buchbereich ist inzwischen bei 1-2% Wachstum ange-langt. Auch im TV-Bereich gibt es keine zweistelligen Zuwachsraten mehr. Wir reden hier über 6-8%, je nach Land, teilweise auch weniger.

Was sind die Ursachen für dieses rückläufige Wachstum? Wesentlicher Faktor ist sicherlich eine deutliche Sättigung. Wir haben eine extreme Magazindichte mit über 800 Titeln in Deutschland. Parallel dazu steht ein begrenztes Zeitbudget. Der Mensch kann Medien nur in einem gewissen Umfang konsumieren. Auf der einen Seite haben die Menschen in den Industrienationen zwar zunehmend mehr Freizeit, auf der anderen Seite gibt es aber auch zunehmend mehr Aktivitäten. Der Medien-konsum nimmt einen großen Teil unseres Zeitbudgets in Anspruch. Aber auch da gibt es Grenzen. Ein zweites Thema ist sicherlich die Technologie. Ein dritter Punkt ist die Konjunktur. In den vergangenen 20 Jahren, insbesondere in den letzten fünf Jahren, haben viele die Zeichen der Zeit erkannt. Es haben sich extrem starke Konzentrationstendenzen entwickelt. Time und Warner und dann AOL – drei Fusionen hintereinander in relativ kurzer Zeit! MCA und Polygram zu Universal und danach die Übernahme durch Vivendi. Viele weitere Beispiele existieren. Auch im Buchmarkt stehen im Moment viele Verlage, insbesondere in den USA, unter extremem Druck, sich an die größeren Verlagshäuser anzulehnen. Wir haben diese Konzentrationsbewegungen in einem immer noch wachsenden Markt mit Internet-Hype und mit einer Börsenkonjunktur erlebt, die ihresgleichen gesucht hat. Dadurch sind vermehrt steigende Preise entstanden, und viele Konzerne haben Unternehmen zu überhöhten Preisen gekauft. Wenn Sie daran denken, dass eine Firma wie EM.TV einmal eine Börsenkapitalisierung von 25 Milliarden Mark hatte und vergleichen, was EM.TV heute wert ist, wird das besonders deutlich.

Konzentrationsbewegungen sind nicht nur auf Gier zurückzuführen. Sicherlich ist der Wunsch nach Größe, nach Wachstum und nach dem großen Deal immer eine treibende Kraft. Doch andererseits gibt es einige Trends, die von essenzieller Bedeutung sind und die man kennen sollte:

*   Steigende Kosten von Inhalten: Die Erstellung von Inhalten wird immer teurer. Das durchschnittliche Filmbudget in Hollywood ist in den letzten 20 Jahren signifikant gestiegen: Von ungefähr 9 Mio. Dollar pro Film bis jetzt weit über 60 Mio. Dollar. Diese Erstellung von Inhalten wird in allen Bereichen und Redaktionen erheblich teurer.

*   Vertikale Integration: Firmen versuchen zunehmend, nicht nur Inhalte zu erstellen, sondern auch die Distribution und möglichst die gesamte Verbreitung der Inhalte zu kontrollieren. Deshalb entstand beispielsweise der Zusammenschluss von CBS und Viacom. Dieses Streben nach Integration der Wertschöpfungsketten wird natürlich auch von den viel gepriesenen Analysten betrieben, die sich an den Börsen ausrechnen, wie hoch denn die Stufengewinne eventuell sein könnten, wenn man dieses und jenes noch dazu nimmt. In der Praxis funktioniert das nicht immer, was dann Verwunderung bei den Analysten hervorruft.

*   Internetinvestitionen: Um in neue Geschäftsfelder wie das Internet zu investieren, braucht man Kraft. Man braucht Größe und Cashflow. Weitere Gründe, die zu Konzentration führen.

*   Verbreitern der Distributionsbasis: Teure Inhalte müssen refinanziert und neue Umsatzquellen erschlossen werden. Dabei geht es um die Frage: Wie kann ich meinen teuer erworbenen, erkauften oder geschaffenen Inhalt wie oft und über welche Kanäle vermarkten?

- Bedeutung von Marken: Konzentrationsbewegungen sind häufig auch dadurch getrieben, dass man eine Marke besitzen möchte – eine Brand wie die Financial Times, das Wall Street Journal, Nikkei oder die Süddeutsche Zeitung. Das sind extrem wichtige Brands.

Neben diesen globalen Trends in der Medienbranche sind eine Reihe von spezifischen Entwicklungen im Bereich der Printmedien erkennbar. Diese werden nachfolgend mit Fokus auf den deutschen Markt skizziert.

Bücher

Bis Mitte der 90er Jahre hat der deutsche Buchmarkt, abgesehen von den zweistelligen Wachstumsraten zu Zeiten der Wiedervereinigung, ein stabiles Wachstum von 3-4% aufgewiesen. Seit 1997 ist dieses jedoch auf knapp über 1% zurück gegangen (Bild 3). Gleichwohl ist eine unterschiedliche Entwicklung in den einzelnen Marktsegmenten zu beobachten. So sind z. B. historische Romane und Science Fiction stark wachsende Bereiche. Dabei geht es im Wesentlichen um Fragmentierung und Segmentierung, eine der wichtigen Entwicklungen, die die Medienbranche treiben und starke ökonomische Auswirkungen haben wird. Dies gilt sowohl für jeden einzelnen Verlag als auch für die großen Medienkonzerne. Wir merken das am deutlichsten, wenn wir unsere Clubs ansehen. Die Clubs waren 20-30 Jahre lang immer der stabilste Umsatz- und Ergebnisträger bei Bertelsmann. Seit einigen Jahren ist das Ergebnis rückläufig, nicht, weil wir es viel schlechter gemacht haben, sondern weil sich die Bedürfnisse der Konsumenten stark verändert haben.

In den USA ist die schnellste und stärkste Entwicklung erkennbar. Traditionell basierte das Clubgeschäft auf den Universalclubs, in denen der Konsument eine Auswahl von mehreren 100 Titeln hatte. Es war für jeden etwas dabei. Die Fragmentierung und Segmentierung führt jetzt dazu, dass der Konsument dieses breite Angebot nicht mehr nutzt. Das ist ebenfalls das große Problem der großen, breiten Publikumszeitschriften. Wir haben in der Zwischenzeit 50 Spezialclubs gegründet, was im Übrigen auch nur über das Internet möglich ist, weil dort die Kosten bzw. Rentabilitätsgrenzen nach unten gehen. Es ist also möglich, Spezialangebote wie „Black Expression" – einen erfolgreichen Club für Afro-Americans – oder einen Club über Flyfishing zu schaffen. Wie hätten Sie früher Leute erreichen können, die an Flyfishing interessiert sind, wenn nicht über das Internet?

In diesem Zusammenhang gewinnen zwei Stichworte an besonderer Bedeutung. Das Eine ist Community. Flyfisher möchten mit Flyfishern kommunizieren. Sie

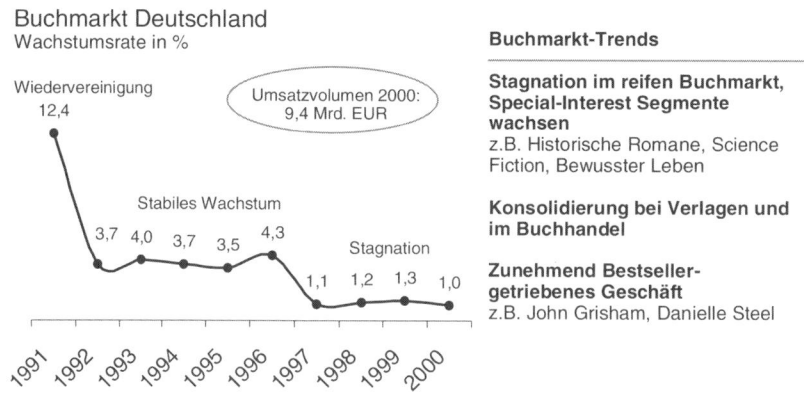

Stagnation im deutschen Buchmarkt führt zu intensiviertem Wettbewerb

Buchmarkt Deutschland
Wachstumsrate in %

Wiedervereinigung
12,4

Umsatzvolumen 2000:
9,4 Mrd. EUR

Stabiles Wachstum
3,7 4,0 3,7 3,5 4,3

Stagnation
1,1 1,2 1,3 1,0

1991 1992 1993 1994 1995 1996 1997 1998 1999 2000

Buchmarkt-Trends

Stagnation im reifen Buchmarkt, Special-Interest Segmente wachsen
z.B. Historische Romane, Science Fiction, Bewusster Leben

Konsolidierung bei Verlagen und im Buchhandel

Zunehmend Bestseller-getriebenes Geschäft
z.B. John Grisham, Danielle Steel

Quelle: Buch und Buchhandel in Zahlen, 2000

Bild 3: Entwicklung Buchmarkt

möchten sich austauschen über das Buch, das sie gelesen haben. Sie möchten Leute kennen lernen, die das Gleiche machen. Das zweite wichtige Stichwort ist Personalisierung, die direkte und persönliche Ansprache des Konsumenten. Das direkte Angebot an den Konsumenten, also das 1-to-1 Marketing, findet in den Clubs bei uns die stärkste Ausprägung. 1-to-1 Marketing müssen wir sehr offensiv betreiben, um Kunden stärker an uns zu binden, indem wir Angebote entwickeln, die sie wirklich nutzen möchten.

Die andere wichtige Entwicklung neben dieser Segmentierung und Fragmentierung ist eine starke Konsolidierung und geht einher mit Bestsellern. Widerspricht sich das nicht? Bestseller auf der einen Seite, Fragmentierung auf der anderen Seite? Nein, es widerspricht sich nicht, denn ein Flyfisher liest auch einen Grisham. Natürlich stellt sich die Frage, inwieweit diese Bestseller- und Hit-Orientierung noch ein Stück weiter geht. Wir reden gerade im Buchmarkt darüber, inwieweit diese Entwicklung auch international voran schreitet. Steht der Buchmarkt vor einer Entwicklung, die der Musikmarkt vor 25-30 Jahren gemacht hat? Vor 25-30 Jahren gab es in jedem Land kleine Musikgesellschaften. Aus diesen kleinen Ländergesellschaften wurden dann die heutigen Musikkonzerne geformt. Wird die gleiche Entwicklung auch für das Buchgeschäft zutreffen? Was bedeutet das für die Frage der Inhaltegenerierung? Was bedeutet das für die Autoren? Um welche Märkte dreht es sich? Dies sind wichtige Fragen: Wie wird sich die Branche ändern und was wird dies für die einzelnen Verlage bedeuten?

Neben den zuvor beschriebenen Entwicklungen stellen neuen Technologien einen weiteren wichtigen Faktor dar, der die gesamte Wertschöpfungskette beeinflusst. Mit Ausnahme der Textbooks und der Schul- und Lernbücher, die eine völlig andere Sparte sind, sind im normalen Tradebook-Publishing die wenigsten Veränderungen zu erwarten. Digitale Manuskripte sind inzwischen Normalität. Bertelsmann ist z. B. an Xlibris, einem Self-Publishing Anbieter, beteiligt, um Plattformen zu schaffen für Autoren, die eigentlich sonst nicht unterkommen. „Publishing-on-Demand" und „Printing-on-Demand" sind wichtige Schlagworte, die die Angebots-vielfalt erhöhen werden. Sie haben plötzlich die Möglichkeit, ein Buch in einer klei-neren Auflage kostengünstig zu produzieren und dem Konsumenten gleichzeitig eine deutlich erweiterte Backlist anzubieten. Weiterhin gibt es Entwicklungen wie das E-Book. Das bisherige E-Book ist sicherlich weder in der Ausprägung noch in der Größe und Handhabung so, dass es ein Erfolg werden könnte. Das heißt aber nicht, dass zukünftig nicht andere Formen erfolgreich sein werden. Doch im Endeffekt ist und bleibt das Lesen eines Buches ein Erlebnis. Ein Buch trägt man mit sich herum. Ein Buch hebt man auf. Mit einem Buch setzt man sich ganz anders auseinander. Eventuell werden andere Medien stückweise den Buchkonsum oder das Lesen substituieren, aber das Buch wird sicherlich so bleiben, wie es ist. Wird es eine andere Funktion bekommen? In den Bereichen Textbook-Publishing und Learning ganz bestimmt, in den anderen Bereichen jedoch nicht zwangsläufig.

Zeitschriften

Das Magazingeschäft ist seit Ende der 80er Jahre durch eine stark gestiegene Zahl an Titeln gekennzeichnet, bei stagnierender bis leicht rückläufiger Gesamtauflage (Bild 4). Folglich ist die Auflage pro Titel stark gesunken. Das gilt übrigens fast weltweit. Hier wird der Trend zu Special-Interest Angeboten deutlich, sowie die zuvor beschriebene Fragmentierung und Segmentierung. Das bedeutet auf der einen Seite natürlich – und deswegen passiert es ja auch – nicht nur veränderte Konsu-mentengewohnheiten, sondern auch eine erhöhte Werbeeffizienz. Auf der anderen Seite bedeutet es aber auch ein erhöhtes Risiko durch Dichte, Wettbewerb und erforderliche Investitionen. Ebenso werden durch diesen Trend Einstiegsmöglich-keiten erleichtert. Man kann sich selbstständig machen mit einer kleinen Zeitschrift, wenn man das Richtige gefunden hat. Gleichzeitig haben wir dadurch aber auch einen sehr harten Ausleseprozess in den nächsten Jahren vor uns, denn viele dieser von kleinen Firmen oder Großkonzernen neu gegründeten Zeitschriften werden so nicht überleben können – es sei denn, sie sind der Marktführer in ihrer speziellen Nische, in ihrem Segment.

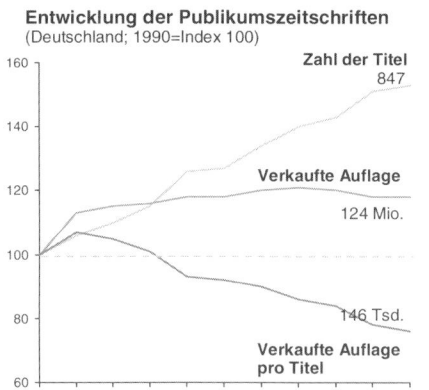

Bild 4: Entwicklung Zeitschriftengeschäft

Die Themen Marktführerschaft, Kundenbindung und Marke sind in dem Zusammenhang von eminent wichtiger Bedeutung. Man kann es nicht oft genug betonen: Die Nummer 2 und 3 werden in Zukunft wesentlich weniger erfolgreich sein. Besonders deutlich wird dies am Beispiel der Fernsehzeitschriften. Zwischen den Konzernen herrscht ein enormer Verdrängungswettbewerb. Hier geht es um folgende Fragen: Wie werden Inhalte entstehen, wie funktioniert die Distribution, mit welchen Marken kämpfe ich darum? Eine extreme Entwicklung spielt sich dort ab. Es wird also ein Kommen und Gehen geben. Dies hat es zwar schon immer gegeben – aber die Geschwindigkeit erhöht sich, ebenso wie das Risiko. Der zunehmende Ausleseprozess in den letzten 10-15 Jahren wurde in gewissem Maße durch die positive wirtschaftliche Entwicklung überdeckt. In diesen schwierigeren Zeiten werden sich die wirtschaftlichen Probleme einiger Unternehmen verstärken und der Ausleseprozess weiter intensiviert.

Ein Blick auf die Konjunktur verdeutlicht die weiterhin rückläufige Entwicklung des Werbemarktes (Bild 5). Prognosen für die Entwicklung des Werbemarktes in Deutschland vor dem 11. September gehen von Nettoeinbrüchen von 4% in diesem Jahr aus. Das Bild wird relativiert durch die Berücksichtigung der Rekordentwicklung des vergangenen Jahres, getrieben durch den Internet-Hype und Übernahmeschlachten wie Vodafone-Mannesmann. Im Vergleich zu 1999 bestünde immer noch ein Nettowachstum von rund 1,7%. Zur Zeit gibt es starke Reaktionen, die sich nicht nur auf Deutschland, sondern wesentlich auch auf die USA und viele andere Märkte in Europa, die erste Konjunkturverschlechterungen gesehen haben, beziehen. Dies stellt die gesamte Medienbranche vor eine große Herausforderung.

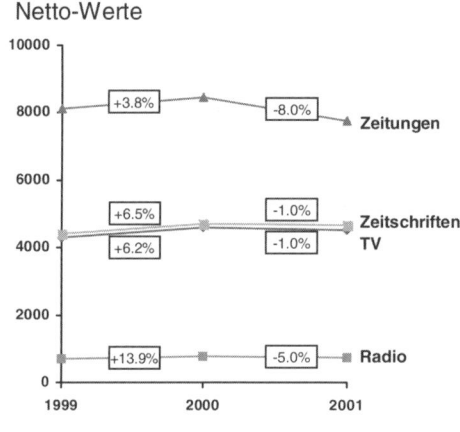

BERTELSMANN
media worldwide

Entwicklung des Werbemarktes in Deutschland

Netto-Werte

- Allg. Rezession und schlagartiger Rückgang des Börsen- und Start-up Hypes führt zu netto Werbeeinbrüchen um 4% in 2001
- Am härtesten betroffen ist das Zeitungsgeschäft mit einem Rückgang um 8%
- Verglichen mit 1999 besteht jedoch ein netto Wachstum von 1,7%
- Für 2002 ist mit einem moderaten Wachstum von etwa 2% zu rechnen

Quelle: Zenith Media

Bild 5: Entwicklung Werbemarkt

Zeitungen

Der Zeitungsmarkt in Deutschland ist leicht rückläufig und sehr durch Marken geprägt (Bild 6). Nationale Zeitungen nehmen ein Stück an Bedeutung zu. Regionale Zeitungen werden etwas an Bedeutung einbüßen. Langfristig wird der Markt enorm durch die Qualität der Online-Angebote beeinflusst werden. Warum lesen wir Zeitungen? Es geht darum sich zu informieren. Eine Zeitung ist ein Stück Gemütlichkeit auf der einen Seite und Mobilität auf der anderen Seite. Aber wenn man sich schnell und aktuell informieren möchte, ist Aktualität in Form eines guten Online-Angebotes sehr wichtig. Diese Kombination wird auch das Gewicht im Zeitungsgeschäft mittelfristig verschieben. Es wird auch hier vermehrt zu Konzentrationsbewegungen kommen, denn kleine Regionalzeitungen können die Anforderungen wahrscheinlich nicht allein bewältigen. Dazu wären die Investitionen zu hoch, und es würde entsprechend qualifiziertes Personal fehlen. Denkbare Folgen sind Partnerschaften, Zusammenschlüsse und Konzentrationsbewegungen. Das Thema Kundentreue ist ebenfalls maßgeblich. Regionale und auch überregionale Zeitungen haben teilweise extrem starke Marken und damit verbunden große Kundentreue. Es besteht ein Vertrauensverhältnis. Diese Kundenbindung ist von besonderer Bedeutung und der wesentliche Überlebensgarant für das Geschäft, genauso wie für dessen Stabilität.

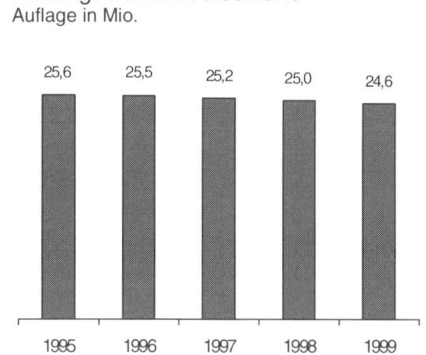

BERTELSMANN
media worldwide

Der Zeitungsmarkt in Deutschland ist leicht rückläufig

Zeitungsmarkt Deutschland
Auflage in Mio.

25,6   25,5   25,2   25,0   24,6

1995   1996   1997   1998   1999

Quelle: World Association of Newspapers

Trends im Zeitungsgeschäft

Auflage nationaler Tageszeitungen steigt leicht

Auflagen regionaler Tageszeitungen und Boulevardblätter sinken
u.a. wegen Boulevard-Formaten in TV

Starkes Wachstum der Online-Zeitungen

Bild 6: Entwicklung Zeitungsmarkt

Zeitungen und Zeitschriften sind durch ähnliche technologische Entwicklungen geprägt. Digitalisierung erleichtert die Content-Erstellung, den Austausch und die Verarbeitung. Vor allem erhöht sie die Geschwindigkeit, d.h. der zunehmende medienübergreifende Wettbewerb erhöht den Zwang zu mehr Aktualität und Digitalisierung. Inhalte müssen digitalisiert werden, sonst sind sie nicht aktuell und schnell genug abrufbar und fallen dann im Wettbewerb zurück. Ähnliches vollzieht sich im Druckereigeschäft. Auch hier ist eine erhöhte Aktualität gefordert. Es wird geändert bis zur letzten Minute. Wir merken das an unseren großen Druckereibereichen, z.B. MohnMedia, ehemals Mohndruck. MohnMedia ist heute eine ganz andere Firma als vor 10 Jahren, auch in Bereichen, in denen Aktualität eigentlich nicht maßgeblich ist. Bei Direct-Mailing-Aktionen beispielsweise möchten die Kunden den Preis noch am Tag vor dem Druck ändern. Es gibt auch hier eine enge, rein technische Verzahnung. Unglaubliche Veränderungsprozesse vollziehen sich. Gleiches gilt für die Digitalisierung im Vertrieb. Aktualität gerade bei Zeitungen und Magazinen ist außerordentlich wichtig. Das bedeutet auch, dass es nicht nur das Internet als neues Medium gibt, sondern es ebenso neue mobile Plattformen zu berücksichtigen gilt. Wenn ich mein Büro abends verlasse, sehe ich im Auto auf meinem mobil angebundenen PDA nach, was es heute wirklich Neues gab und gehe durch drei Zeitungen durch. Das geht schnell. Trotzdem lese ich diese Zeitungen

morgens noch, wenn sie kommen, um mir eine Meinung zu bilden und nicht der
schnellen Nachricht wegen. Es ist eine unterschiedliche Form von Bedürfnis, auf
die es gilt, sich einzustellen. Hier zeigen sich auch unterschiedliche Arten von
Konsumentengewohnheiten. Darüber hinaus sind kundenspezifische Information
und personenbezogener Inhalt bedeutsam. In diesem Bereich müssen Magazine und
Zeitungen sehr viel tun, um sich in diese Richtung zu entwickeln. Ein weiteres
wichtiges Thema in diesem Zusammenhang sind natürlich Anzeigen. Hier geht es
vor allem um die Substitution der Kleinanzeigen durch das Internet einschließlich
der Personalanzeigen, die insbesondere für große überregionale Zeitungen sehr
wichtig sind. Die Substitution vollzieht sich aufgrund des Rückganges des Internet-
Hype nicht mehr so schnell wie ursprünglich gedacht. Das Suchen in Kleinanzeigen
im Internet ist aber einfacher als in der Zeitung. Zeitungen sind daher gefordert,
intelligente Konzepte zwischen Online- und Offline-Angeboten zu entwickeln, um
einen Mehrwert für das Printmedium zu schaffen gegenüber den aktuelleren, auch
komplementären Online-Angeboten. Auch hier sind Marke und Kundenbeziehung
von großer Bedeutung. Die intelligente Online- und Offline-Verbindung insgesamt
wird langfristig zu einem der wichtigsten Überlebensfaktoren in diesem Geschäft.

Neben der klaren Erkenntnis der weiterhin zunehmenden Bedeutung des Internet
für die Printmedien stellt sich natürlich auch die Frage nach der Geschwindigkeit
der Entwicklung. Wir haben ein rasantes Wachstum gesehen. Wir haben aber auch
zahlreiche Prognosen gesehen, dass alle Offline-Geschäfte schnell durch Online-
Geschäfte substituiert werden. Und woher kam das? Weil unwahrscheinlich viel
Venture Capital, Milliarden von Dollar, in diese Entwicklung gesteckt wurden. Die
Kleinen haben die Großen angegriffen. Die Einen haben auf Profit gesetzt, und die
Anderen haben sich um ihren Börsenwert gekümmert. Jetzt ist Normalität
eingetreten. Letztere betrachten das Platzen der Spekulationsblase mit Ernüchte-
rung, während Erstere dafür sorgen, die Tragfähigkeit und Profitabilität ihrer
Geschäftsmodelle zu verbessern. Es tritt wieder in den Vordergrund, dass nach einer
vernünftigen Zeit ein Cashflow erwirtschaftet wird. Man kann sich nicht mehr
hinsetzen und sagen: In 7 Jahren erreichen wir den Break-Even. Das ist für keinen
Unternehmer mehr akzeptabel. Dieser Trend bedeutet insgesamt für die Printmedien eine Chance. Denn die Investitionen, die Marketingausgaben und das Brand-
Building sind schwächer geworden. Die Grundmedien haben jetzt aufgrund ihrer
etablierten Marken die große Chance, ihre Offline-Marken mit einem guten Online-
Angebot zu verbinden.

1. Key Trend: Integration von Online- und Offline-Medien

Der erste Trend ist die zuvor angesprochene Verzahnung von Online- und Offline-
Angebot (Bild 7). Dieser Trend wird auch weiterhin zunehmend an Bedeutung
gewinnen, insbesondere unter dem Gesichtspunkt der Kundenbindung. Kunden

werden, entsprechend ihrer Bedürfnisse, gewisse Funktionen und Inhalte online abrufen und auf andere offline zurück greifen. Dies bedeutet, dass beispielsweise ein Medium wie der „Stern" nicht nur eine Homepage haben wird, sondern auch mobil über PDA's aufgerufen werden kann. Es wird zukünftig sicherlich noch andere Anwendungen geben. Auf den ersten Blick mag es erscheinen, dass es bei all den Endgeräten um das Gleiche geht – so ist es jedoch nicht, denn die Screens sind alle unterschiedlich groß. Es erfordert eine völlig andere Aufbereitung und Zusammenstellung, um die Funktionalität und Einsatzform des jeweiligen Mediums auszuschöpfen. Man muss andere Menschen darauf ansetzen, die sich mit diesen neuen Medien beschäftigen, um besser zu verstehen, wie der Kunde damit umgeht. Dieses Verstehen und Eingehen auf die Kundenbedürfnisse wird erfolgsentscheidend sein. Schließlich möchte jeder die für sich interessanten Informationen auf verschiedene Weise abrufen können: Über die Tageszeitung, den PDA und das Internet. Da, wo ich gerade bin, möchte ich auf ein Medium mit hoher Glaubwürdigkeit zurück greifen können. Da die Entwicklung hohe Investitionen erfordert, wird es wieder Konzentrationstendenzen geben. Ebenso wird sich der Kunde auf veränderte Zahlungsmodelle einstellen müssen. Bisher gehen wir zum Kiosk und kaufen eine Zeitschrift. Zukünftig werden Abonnementmodelle eine große Rolle spielen. Der uns eng verbundene Bob Pitman von AOL hat in einem Interview gesagt: „Ein Kunde ist etwas Tolles, ein zahlender Kunde ist etwas noch viel Besseres. Aber ein Kunde, der jeden Monat wieder kommt, weil er ein Abonnement hat, ist das Beste, was ich mir vorstellen kann". Printmedien müssen mehr in diese Richtungen denken und an Abonnementmodellen arbeiten, die alle neuen Technologien umschließen.

Key Trend 1: Integration von Online- und Offline-Medien

➤ Kombination von Online- und Offline-Inhalten zur Erschließung von neuen Umsatzpotenzialen und verstärkten Kundenbindung

      Entwicklungen vor allem im Zeitungs- und Zeitschriftengeschäft zu beobachten

      Online-Technologien im Buch Bereich bislang im wesentlichen auf Produktions- und Absatzbereich beschränkt

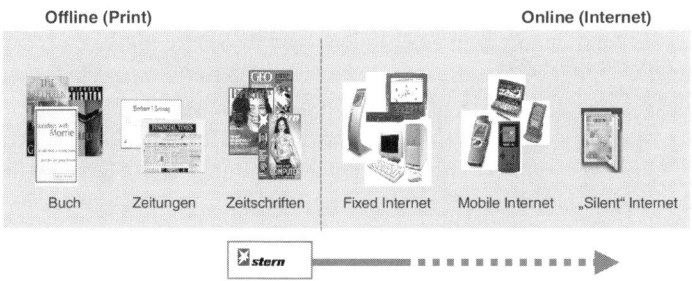

Bild 7: Key Trend 1

2. Key Trend: Zunehmende Fragmentierung

Der zweite Trend ist die zunehmende Fragmentierung sowohl des Konsums als auch der Wertschöpfungskette (Bild 8). Die Fragmentierung und Segmentierung eröffnet dabei für junge Unternehmer mit Ideen neue Einstiegschancen. Sie bedeuten ebenso Kundennähe und erfordern die Fähigkeit, sich kontinuierlich auf sich verändernde Kundenwünsche einzustellen. Die Geschwindigkeit wird höher. Die Erfordernisse und der Qualitätsanspruch steigen ebenfalls. Je höher die Qualität, desto höher die Überlebenschancen, denn im Internet ist Inhalt nach wie vor weitestgehend kostenlos verfügbar.

Bild 8: Key Trend 2

3. Key Trend: Entstehung von medienübergreifenden Marken

Den dritten Trend bilden starke medienübergreifende Marken, die eine immer wichtigere Rolle für Medienunternehmen spielen (Bild 9). Starke Marken aus der Offline-Welt bieten das Potenzial, den Bekanntheitsgrad auch für Online-Medien zu nutzen. Geo und die Financial Times Deutschland sind zwei Beispiele bei Gruner + Jahr, die erfolgreich Marken und Line Extensions umgesetzt haben. Die Themen heißen Vertrauen, Qualitätsversprechen und Wiedererkennung. Die Marke ist in diesem ganzen Mediendschungel immer noch der Leuchtturm, an dem sich der Konsument im Endeffekt orientieren wird. Im Rahmen dieser Markenentwicklungen, Line Extensions und multimedialen Angebote werden sich mittelfristig neue Umsatzpotenziale erschließen lassen.

Bild 9: Key Trend 3

Fazit: Printmedien werden auch zukünftig bestehen

Als Fazit, ohne auf alle Punkte eingehen zu wollen: Printmedien werden auch in 10 Jahren noch einer der größten Umsatzträger der Medienbranche sein und haben eine stabile Entwicklung vor sich. Allerdings ist auch mit einer weiteren Konzentration aufgrund von Konjunktur und Investitionsnotwendigkeit zu rechnen. Von besonderer Bedeutung für den Erfolg im Printgeschäft ist dabei die intelligente Kombination von Offline- und Online-Medien, um Kundenbindungen zu stärken, Wachstumsfelder zu erschließen und neue tragfähige Preismodelle zu entwickeln. Die Fragmentierung der Kundennachfrage eröffnet dabei Chancen, jedoch wird sich im Rahmen dieser stark segmentierten Märkte nur der Marktführer durchsetzen. Die Leader werden sich entweder aus größeren Firmen entwickeln oder langfristig durch Partnerschaften oder Übernahmen im Rahmen eines fortgesetzten Konzentrationsprozesses entstehen. Stand-alone-Geschäfte im Internetbereich müssen neue Premium Services anbieten, um sich von den kostenfreien Inhalten abzugrenzen. Nur diejenigen, die wirklich Premium-Service und Premium-Qualität anbieten, werden auch in der Lage sein, Geld dafür zu erlangen. Starke Marken bilden dabei die Grundlage, sich gegenüber dem Wettbewerb zu differenzieren. Langfristig ist nicht nur von einer Koexistenz der Offline- und Online-Welten auszugehen, sondern von einer Kooperation und engen Verzahnung.

3 Vom Zeitungsverlag zum Medienkonzern

Dr. Hans-Dieter Baumgart
Rheinische Post, Düsseldorf

In einer Eisdiele gewann ich unlängst die Erkenntnis, welch weitreichende Auswirkungen technologische Fortschritte haben können. Der Kellner nahm die Bestellungen über ein elektronisches Taschengerät auf, in dem er pro Tisch einzelne Codenummern eingab. Als ich ihn jedoch, nachdem die Bestellung fehlerfrei ausgeführt worden war, um einen Kugelschreiber bat, musste er mir mitteilen, dass er keinen besäße und auch im angrenzenden Büro keiner aufzutreiben sei. Die elektronischen Werte würden sofort in die Zentrale übertragen und in der Rückübertragung mitgeteilt, wie viel Geld die Kellner abzuliefern hätten. Auf das Notieren einer wichtigen Telefonnummer musste ich daraufhin verzichten.

In ähnlicher Weise sind Internet- und Online-Dienste dabei, das vier Jahrhunderte weitgehend konstante Umfeld der Zeitungen gründlich zu verändern. Leider wird dies zur Zeit stark durch sehr schwierige ökonomische Rahmenbedingungen in den Printbereichen beeinflusst. Im Vorfeld dieses Berichtes fertigten die Zeitungsunternehmen gerade ihre Jahresabschlüsse des Jahres 2000 und damit des besten Jahres seit dem Krieg an. Investitionen in Online-Medien wurden in großem Umfang getätigt, weil das Geld zur Verfügung zu stehen schien. Das böse Erwachen kam in 2001. Vor allen Dingen durch das Zusammenbrechen der Werbemärkte wurden die Voraussetzungen völlig anders.

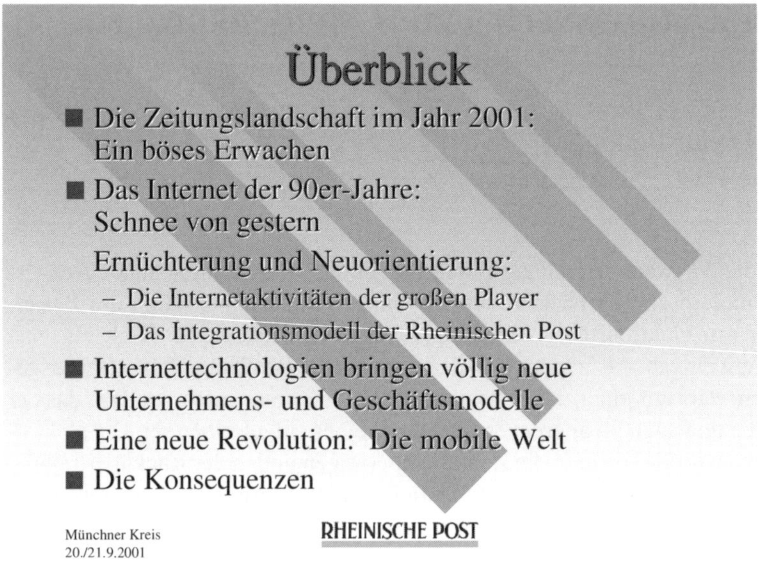

Überblick

■ Die Zeitungslandschaft im Jahr 2001:
  Ein böses Erwachen
■ Das Internet der 90er-Jahre:
  Schnee von gestern
  Ernüchterung und Neuorientierung:
    – Die Internetaktivitäten der großen Player
    – Das Integrationsmodell der Rheinischen Post
■ Internettechnologien bringen völlig neue
  Unternehmens- und Geschäftsmodelle
■ Eine neue Revolution: Die mobile Welt
■ Die Konsequenzen

Münchner Kreis   RHEINISCHE POST
20./21.9.2001

Bild 1

Im folgenden soll über diese geänderten wirtschaftlichen Rahmenbedingungen und
die Verabschiedung von den Internetaktivitäten der 90er Jahre gesprochen werden
(Bild 1). Neben den Entwicklungen der großen Player soll das Integrationsmodell
der Rheinischen Post skizziert werden. Hierbei hat sich herausgestellt, dass die
Internettechnologien völlig neue Unternehmens- und Geschäftsmodelle bringen.
Darüber hinaus scheint die Weiterentwicklung der mobilen Telefone zu mobilen
Rechnern zu einer neuen Revolution zu führen. Die sich hieraus ergebenden Konse-
quenzen sollen den Bericht abschließen.

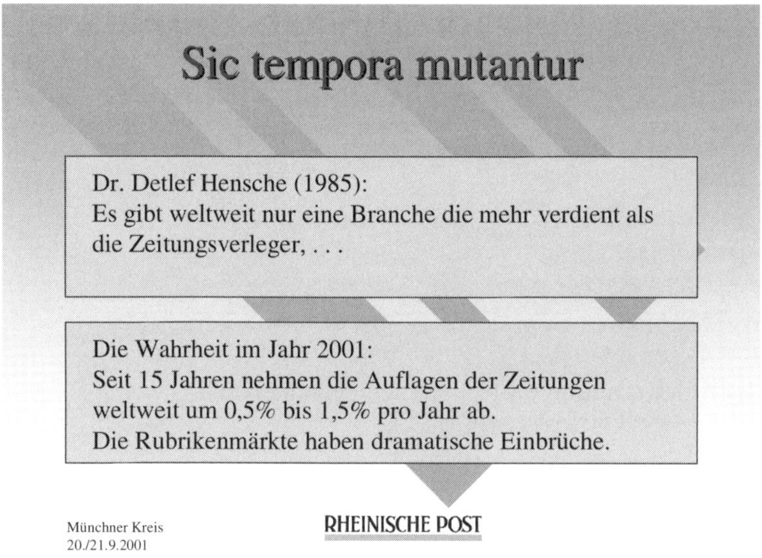

Sic tempora mutantur

Dr. Detlef Hensche (1985):
Es gibt weltweit nur eine Branche die mehr verdient als
die Zeitungsverleger, . . .

Die Wahrheit im Jahr 2001:
Seit 15 Jahren nehmen die Auflagen der Zeitungen
weltweit um 0,5% bis 1,5% pro Jahr ab.
Die Rubrikenmärkte haben dramatische Einbrüche.

Münchner Kreis
20./21.9.2001

RHEINISCHE POST

Bild 2

Sic tempora mutantur – es ist gerade einmal 15 Jahre her als der Chef der damaligen Gewerkschaft Druck und Papier, Dr. Detlev Hensche, sagte: „Es gibt weltweit nur eine Branche, die mehr verdient als die Zeitungsverleger und das ist der internationale Rauschgifthandel." Auch wenn diese Aussage ein Körnchen Wahrheit enthielt, so haben sich die Zeiten inzwischen gewaltig geändert. Die Wahrheit im Jahr 2002 ist, dass sich weltweit die Zeitungsauflagen um ungefähr ein Prozent pro Jahr verringert haben und dass vor allen Dingen die Rubrikenmärkte dramatische Einbrüche haben (Bild 2).

Sommer 2001

- „Werbeflaute setzt Springer zu"
  Handelsblatt, 30. August 2001
- „Der Einbruch der Werbemärkte trifft Gruner +
  Jahr schwer"
  Die Welt, 31. August 2001
- „Wochenblättern weht der Wind ins Gesicht"
  RP, 22. Oktober 2000
- „Erste Gratiszeitung in Kopenhagen erschienen"
  Berliner Zeitung, 4. September 2001

Münchner Kreis   RHEINISCHE POST
20./21.9.2001

Bild 3

Während der wirtschaftliche Zusammenbruch vieler Firmen der New Economy in den Jahren 2001/2002 in breiten Bevölkerungsschichten zur Kenntnis genommen worden ist, ist in der Öffentlichkeit weitgehend unbekannt geblieben, dass die Zeitungsbranche in bisher unbekanntem Ausmaß unter der konjunkturellen Flaute dieser Jahre gelitten hat (Bild 3). Bei den Jahresabschlüssen 2001 war es bei den großen Konzernen ebenso wie bei kleineren Unternehmen überhaupt keine Besonderheit, dass die Gewinne um 50 bis 70 Prozent zurückgegangen sind und manche Verlage sogar in den roten Zahlen gelandet sind. Dieses war ein Jahr vorher völlig unvorstellbar.

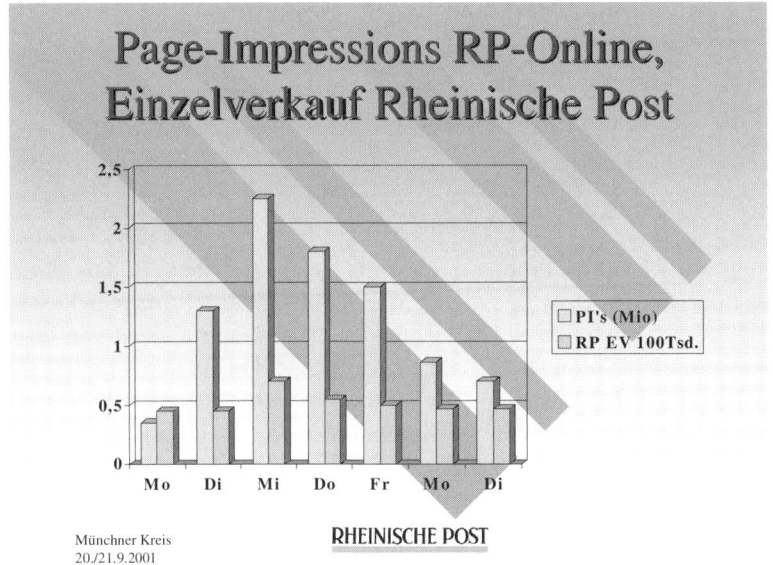

Bild 4

In krasser Weise haben die Ereignisse des 11. September 2001 erhebliche Veränderungen im Medienverhalten der Bevölkerung gebracht (Bild 4).

Bild 5

Als Beispiel seien die Auswirkungen auf die Nutzung des Online-Dienstes der Rheinischen Post RP-Online und das Print-Medium Rheinische Post erwähnt (Bild 5). Der Dienstag, an dem die schrecklichen Ereignisse stattfanden, zeigt im Online-Bereich unmittelbar ein steiles Anwachsen der Zugriffe, während die verkauften Auflage der Tageszeitung sich naturgemäß erst am Mittwoch erhöhte. Während die Auflagen der Tageszeitung im Einzelverkauf gerade mal 20 oder 25 Prozent angewachsen sind, steigerten sich die Zugriffszahlen im Internetbereich um den Faktor 3 bis 5. Hier sieht man sehr deutlich, dass durch die Möglichkeit, durch Online-Nutzung brandaktuelle Informationen zu bekommen, ganz andere Gewohnheiten entstehen.

Wo liegen also die Probleme?

■ Gesättigte Märkte
■ Gratiszeitungen
■ Gesamtwirtschaftliche Entwicklung
■ Schrumpfende Rubrikenmärkte
■ Rückläufige Auflagen
■ Lesegewohnheiten der jüngeren Generation

Münchner Kreis
20./21.9.2001

RHEINISCHE POST

Bild 6

Werfen wir einen Blick auf die Probleme, die Zeitungen heute haben (Bild 6). Deutsche Zeitungen befinden sich in gesättigten Märkten. Es gibt im Prinzip nicht sehr viele Möglichkeiten, die relative Marktsituation zu verbessern oder gar neue Objekte auf den Markt zu bringen. So haben zum Beispiel die Verantwortlichen für die Financial Times Deutschland feststellen müssen, wie schwierig es ist, ein solches Blatt in einen Markt mit großer Sättigung einzubringen. Der einzige Fall, in dem dies erfolgreich gelungen ist, liegt schon über 10 Jahre zurück, als die Zeitung „Independen" in England gelauncht wurde, die sich bis heute behaupten konnte. Natürlich hängen die Auflagenentwicklungen auch eng mit den veränderten Lesergewohnheiten der jüngeren Generationen zusammen.

Im regionalen Bereich kann eine Ausbreitung der Auflagenvolumina nur durch „Wildern", also Leserabwerbung, erreicht werden, ein Weg den das Haus Springer mit der Bild-Zeitung immer wieder durch starke Regionalisierung versucht hat. In gleicher Weise will die Süddeutsche Zeitung in den Bereichen Köln, Düsseldorf, Ruhrgebiet durch spezielle regionale Angebote ihre Auflage auf Kosten der dortigen Zeitungen erhöhen (Bild 7).

Viel schlimmer als die Auflagenprobleme sind aber die schrumpfenden Rubriken-märkte, denn hier haben die Verlage in der Vergangenheit den Löwenanteil ihrer Erlöse eingeholt. Eine typische Regionalzeitung erzielt 40 Prozent der Umsätze durch den Verkauf der Zeitungen, jedoch 60 Prozent aus dem Anzeigengeschäft.

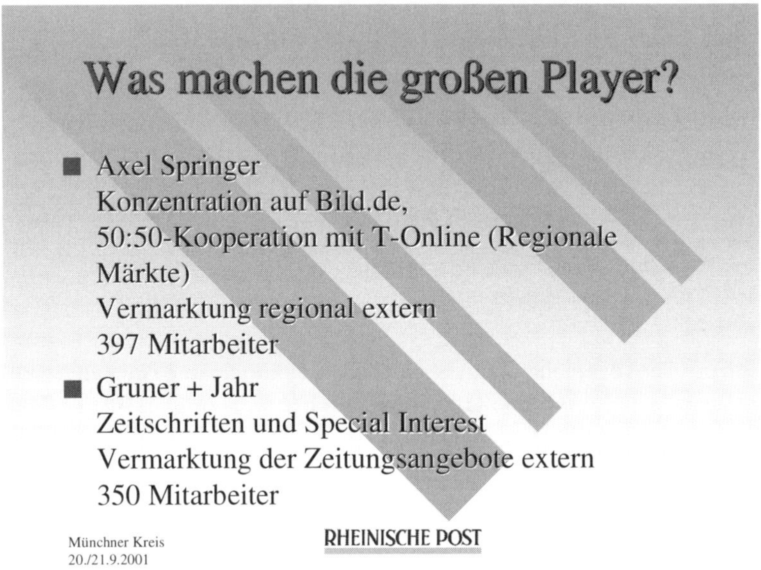

Was machen die großen Player?

■ Axel Springer
Konzentration auf Bild.de,
50:50-Kooperation mit T-Online (Regionale Märkte)
Vermarktung regional extern
397 Mitarbeiter

■ Gruner + Jahr
Zeitschriften und Special Interest
Vermarktung der Zeitungsangebote extern
350 Mitarbeiter

Münchner Kreis
20./21.9.2001   RHEINISCHE POST

Bild 7

Wie gehen die größeren Verlage mit dieser Wechselwirkung zwischen Zeitungen und Online-Zeitungen um (Bild 8). Das Haus Springer scheint sich im Augenblick auf Bild.de zu konzentrieren und betreibt eine Kooperation mit T-Online. Hierbei geht es also nicht um die Ausweitung des Online-Geschäftes, sondern um den Versuch, mit einem Kooperationspartner die Kosten zu senken. Gruner + Jahr beschränkt sich bei den Online-Aktivitäten vorwiegend auf den Bereich Special Interest Zeitschriften. Die Westdeutsche Allgemeine Zeitung ist mit wechselnden Konzepten schon sehr lange im Online-Geschäft tätig, ohne nennenswerte Erlöse zu erzielen. Bei der Frankfurter Allgemeinen Zeitung, die noch relativ jung in diesem

Thema tätig ist, scheint vorwiegend ein gemeinsames Produkt zwischen Print- und Online-Redaktionen angeboten zu werden.

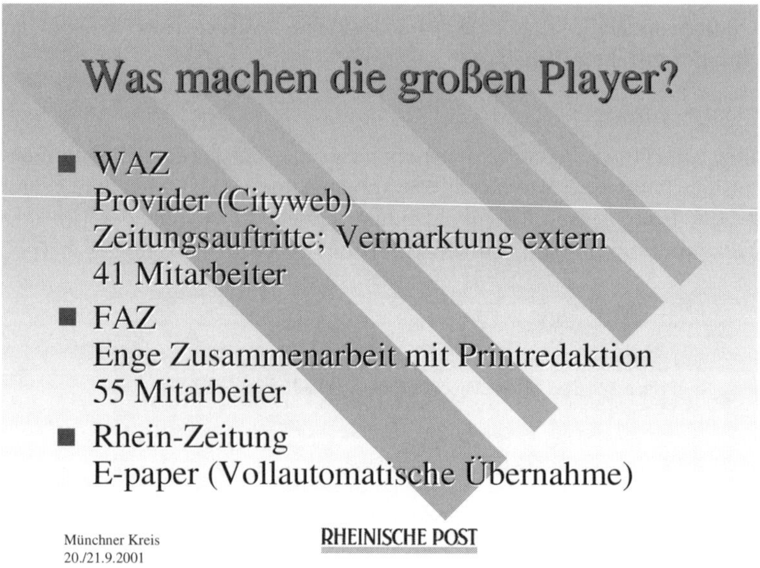

Was machen die großen Player?

- WAZ
  Provider (Cityweb)
  Zeitungsauftritte; Vermarktung extern
  41 Mitarbeiter
- FAZ
  Enge Zusammenarbeit mit Printredaktion
  55 Mitarbeiter
- Rhein-Zeitung
  E-paper (Vollautomatische Übernahme)

Münchner Kreis   RHEINISCHE POST
20./21.9.2001

Bild 8

WAZ – Westdeutsche Allgemeine Zeitung, in unserer unmittelbaren Nähe in Essen, ist schon sehr lange in diesem Online-Geschäft ohne allzu viel Fortune (Bild 8). Man hat sich auf externe oder auf fremde Gebiete bewegt, die aber letztlich auch nicht fürchterlich viel Geld gebracht haben.

Die FAZ ist noch relativ jung in diesem Thema. Da gibt es noch keine Revisionen der Tätigkeiten. Es sieht so aus, als ob dort vor allen Dingen ein gemeinsames Produkt zwischen Printredaktion und Onlineredaktion gemacht werden soll.

Eine interessante Alternative hat die Rhein-Zeitung mit ihrer „E-Paper" (Elektronische Zeitung) entwickelt. Sie bietet die gesamten Inhalte des Printproduktes nach vollautomatischer Übernahme auch im Online-Bereich an. Zur Zeit wird diskutiert, ob Online-Zeitungen den Auflagenzahlen der jeweiligen Zeitung zugerechnet werden können.

Und die anderen?

Es ist davon auszugehen,
dass bei den meisten Verlagen
die Erlöse die Kosten
etwa zur Hälfte decken.

Nach Schätzungen des BDZV
haben 400 bis 500 deutsche Tageszeitungen
einen Internetauftritt.
Kosten: 400.000 DM bis 50 Mio DM

Münchner Kreis
20./21.9.2001

RHEINISCHE POST

Bild 9

Nach Schätzungen des BDZV gibt es 400 bis 500 deutsche Tageszeitungen mit einem Internetauftritt (Bild 9). Hierbei handelt es sich um ein weites Spektrum vom Billigangebot bis zu sehr aufwendigen Angeboten. Unter wirtschaftlicher Hinsicht erfolgreiche Projekte, die über Erlöse mit Werbung oder Sponsoring hinausgehen, sind nicht bekannt.

Mögliche Modelle für die Zukunft: Kooperationen

■ Horizontale Kooperation

■ Vertikale Kooperation

■ Konvergenz der Medien

Münchner Kreis
20./21.9.2001

RHEINISCHE POST

Bild 10

Im folgenden wird ein Modell gezeigt, mit dem im Hause der Rheinischen Post
versucht worden ist, den Kostenapparat einigermaßen in Grenzen zu halten, zum
anderen durch Kooperationen, aber dennoch ein vernünftiges Leistungsangebot zu
erstellen. Die Grundideen hierbei sind horizontale Kooperationen (Kooperationen
mit gleichwertigen Partner, also z.B. anderen Tageszeitungsverlagen), vertikale
Kooperationen (Kooperationen mit Firmen, die durch zusätzliches Know-how das
Gesamtprodukt ergänzen und damit die Wertschöpfungstiefe erhöhen) und
Konvergenz der Medien (Integration verschiedener publizistischer Aktivitäten wie
Zeitungen, Radio, TV und Online) (Bild 10).

Mediengruppe Rheinische Post

- Gründung 1946
- Das Brot- und Buttergeschäft:
  Die regionale Tageszeitung
- Auflage 420.000
- 30 Lokal- und Regionalausgaben
- Verbreitungsgebiet:
  Düsseldorf, Niederrhein, Bergisches Land

Münchner Kreis
20./21.9.2001

RHEINISCHE POST

Bild 11

Das Unternehmen der Rheinischen Post sei kurz skizziert (Bild 11). Die Rheinische
Post ist 1946 gegründet worden. Über viereinhalbe Jahrzehnte ist das Brot- und But-
tergeschäft, aber auch das einzige Geschäft, die regionale Tageszeitung gewesen.
Das sehr einfache Geschäftsmodell war, bei Kostenminimierung möglichst hohe
Erlöse zu erzielen. Erst zu Beginn der 90er Jahre wurden erstmalig strategische
Überlegungen zur Umwandlung des Zeitungshauses in ein Medienhaus angestellt.
Da die Zeitungsauflage von 420.000 im gesättigten Markt nicht wirklich zu steigern
war, gab es zur Ausweitung des Geschäftes nur zwei Möglichkeiten: In andere geo-
graphische Gebiete zu gehen oder diversifizieren, d.h. andere Geschäftsfelder auf-
nehmen.

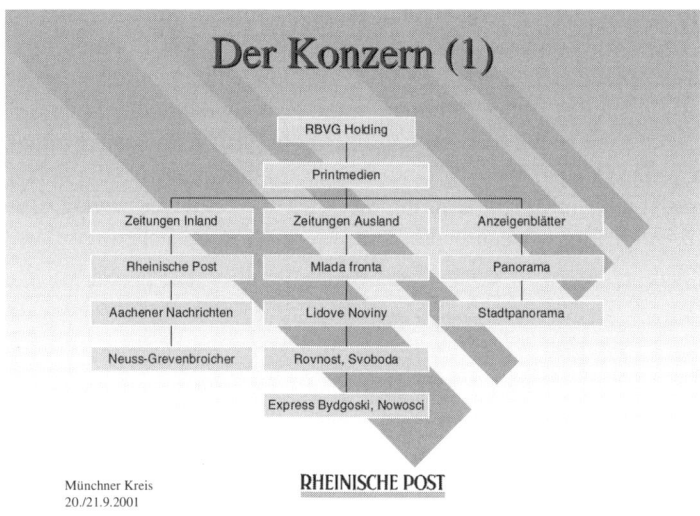

Der Konzern (1)

RBVG Holding

Printmedien

Zeitungen Inland	Zeitungen Ausland	Anzeigenblätter
Rheinische Post	Mlada fronta	Panorama
Aachener Nachrichten	Lidove Noviny	Stadtpanorama
Neuss-Grevenbroicher	Rovnost, Svoboda	
	Express Bydgoski, Nowosci	

Münchner Kreis
20./21.9.2001

RHEINISCHE POST

Bild 12

Während wir in Deutschland vor allen Dingen Erlöse durch das Flagschiff Rheinische Post erzielen, betreiben wir daneben Kooperationen oder besitzen Anteile an
den Aachener Nachrichten, der Neuss-Grevenbroicher-Zeitung, dem Bochumer
Volksblatt, im Ausland in Tschechien und in Polen (Mlada Fronta, Lidové Noviny)
sowie weitere kleinere Zeitungen in Tschechien und Polen. Daneben haben wir eine
ganze Reihe von Anzeigenblättern im Niederrheinischen Umfeld von Düsseldorf
(Bild 12).

Investitionen im Zeitungsbereich: 1999 – 2001 mehr als 320 Mio DM

Investitionen (in Mio. DM)	Düsseldorf	Tschechien
Rotationen	50,9	56,0
Versand	65,5	29,0
Gebäude	65	58,0

Münchner Kreis
20./21.9.2001

RHEINISCHE POST

Bild 13

Auch heute noch halten wir Zeitungen und zeitungsähnliche Produkte für so zukunftsträchtig, dass wir unlängst in den Druckereibereichen Rotation und Versand Neuinvestitionen in Höhe von 320 Mio. DM vorgenommen haben (Bild 13). Wir haben also noch ein großes Zutrauen in die Zeitung, sind allerdings fest davon überzeugt, dass die Qualität der Zeitung in Hinblick auf Farbe und Struktur kontinuierlich zu verbessern ist. Diese Veränderungen werden einen ständig hohen Aufwand an Personal und Geld erfordern, um die 1,1 Mio. Zeitungen werktäglich und 1,8 Mio. Anzeigenblätter wöchentlich in ihrer Marktstärke zu sichern.

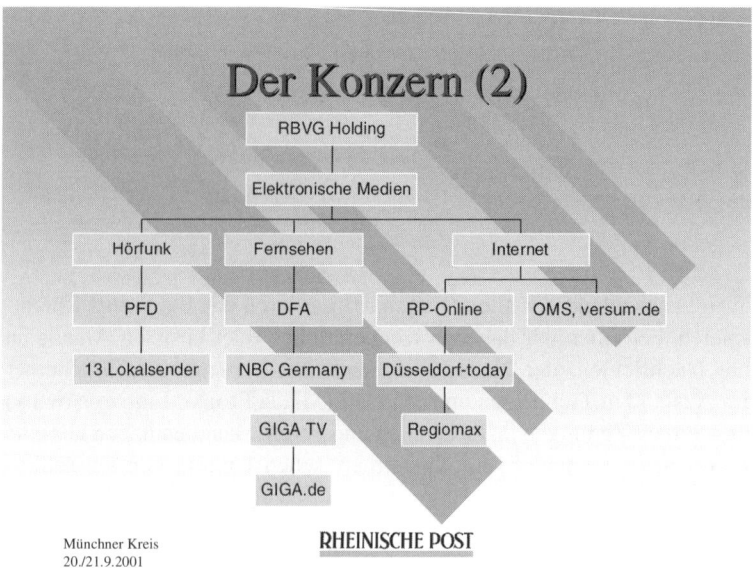

Bild 14

Aber nun zu den elektronischen Medien (Bild 14). Der erste Einstieg in die elektronische Welt fing zu Beginn der 80er Jahre mit Beteiligungen im Hörfunkbereich an. Dies ist bis heute erfolgreich gewesen, da es sich um vergleichsweise geringe Investitionen, bescheidene laufende Kosten und regel-mäßigen Erlösströmen gehandelt hat. Viel schwieriger sind Aktivitäten im TV-Bereich. Übliche Investitionen sind für einen mittelständischen Verlag kaum leistbar. Man kann nur versuchen, in Nischen tätig zu sein. Dies haben wir mit einer Beteiligung an der Fernsehproduktionsgesellschaft DFA versucht, die Fernsehspots, Interviews, Auslandbeiträge aufarbeitet und für die großen öffentlich rechtlichen aber auch für die privaten Fernsehgesellschaften zur Verfügung stellt.

Münchner Kreis
20./21.9.2001

Bild 15

Eine unserer Nischenaktivitäten ist die Gründung und das Betreiben von GIGA-TV, einer täglichen Low-Budget-Produktion, die den Versuch macht, Fernsehen und Internet zusammen zu bringen. Zielgruppe sind Jugendliche von etwa 12 bis 20 Jahren. Es werden täglich von 14:00 bis 18:00 Uhr Stars, Sternchen, Sportler oder ähnliches vorgestellt. Die jugendlichen Zuschauer haben dann die Möglichkeit, sofort über Emails interaktiv am Geschehen teilzunehmen und in die Sendung einzugreifen (Bild 15). Dies ist der erste Versuch einer Konvergenz zwischen TV und Internet. Die monatlichen Zugriffszahlen von GIGA.de (>30 Mio. pro Monat) zeigen, dass hier eine große Zielgruppe erreicht wird.

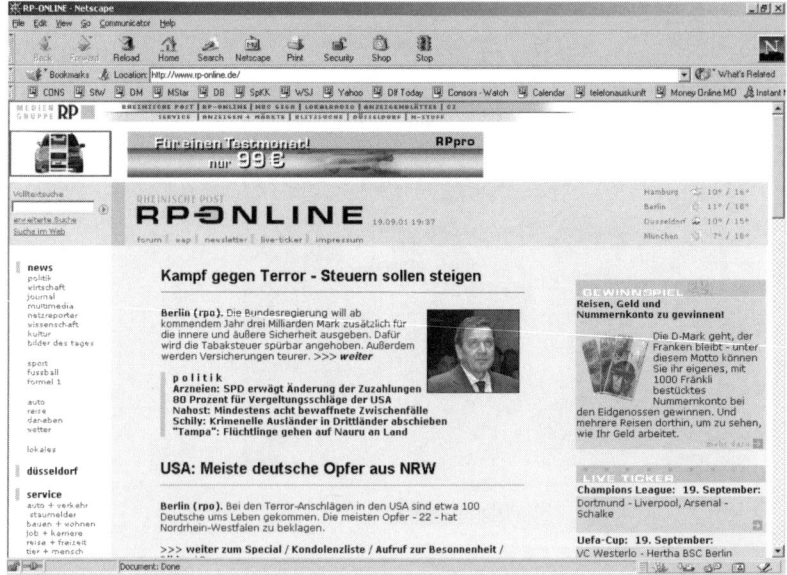

Bild 16

Das ersten Online-Angebot unseres Unternehmens war RP-Online, das 1995 als
Inhaltsangebot entstanden ist, dann aber ständig modifiziert und zum interaktiven
Angebot entwickelt worden ist (Bild 16).

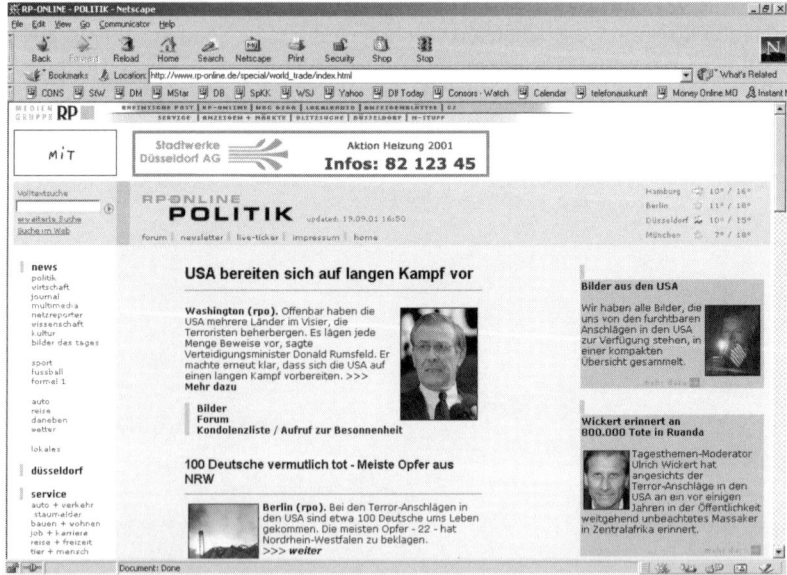

Bild 17

Unabhängig davon haben wir den kompletten redaktionellen Teil der Zeitung unter dem Namen „Rheinische Post.de" (Bild 17) ins Netz gebracht.

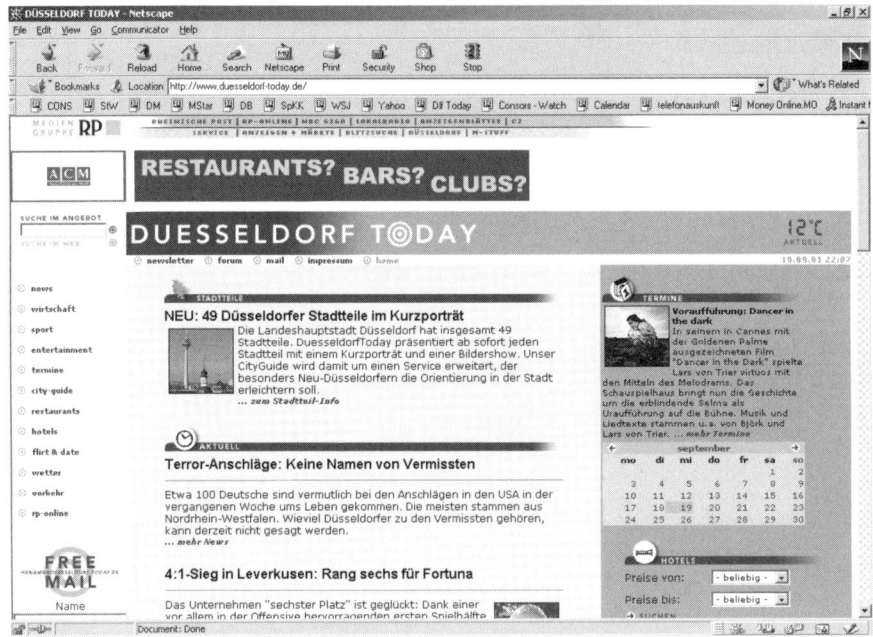

Bild 18

Ein weiteres Online-Produkt ist Düsseldorf-Today, das sich mit Veranstaltungskalendern, Fahrplänen, Straßenkarten an Düsseldorf-Besucher wendet (Bild 18). Mit Hilfe der Meldungen von Nutzern kann man sich hier auch aktuell über die Standorte von Messgeräten für Geschwindigkeitskontrollen informieren.

Alle unsere Online-Produkte tragen den gemeinsamen Markennamen Rheinische Post. Viele haben versucht, in den regionalen Markt Düsseldorf hineinzukommen, es ist jedoch keinem gelungen. Neben der Attraktivität der Produkte ist dies sicher auch dem Markennamen Rheinische Post zu verdanken.

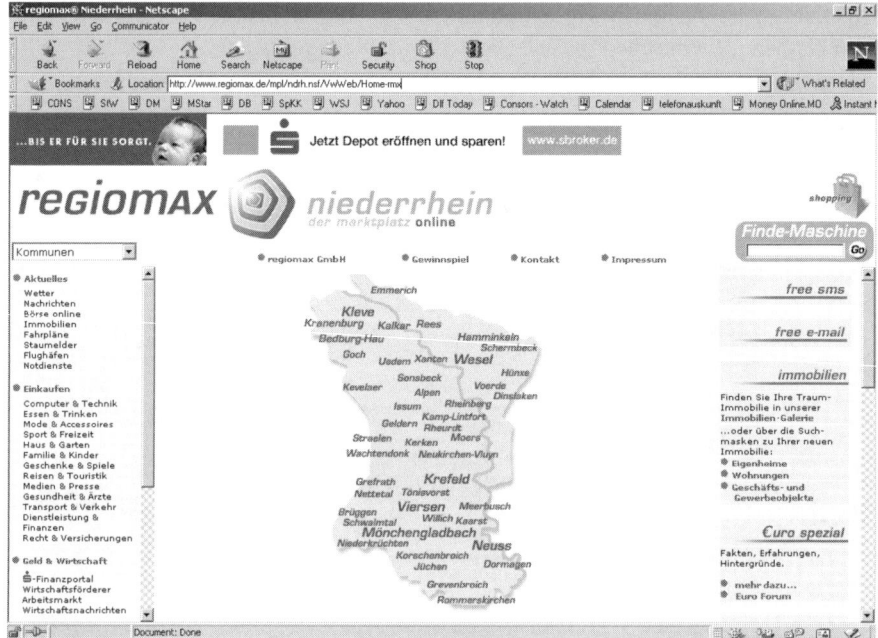

Bild 19

Inzwischen haben wir über die Stadt Düsseldorf hinaus versucht, das gesamte Verbreitungsgebiet der Rheinischen Post auch durch Online-Produkte abzudecken. Unter der Markenbezeichnung regiomax haben wir im Sinne einer vertikalen Kooperation mit den wichtigsten Sparkassen eine E-Commerce-Plattform aufgebaut (Bild 19).

Bild 20

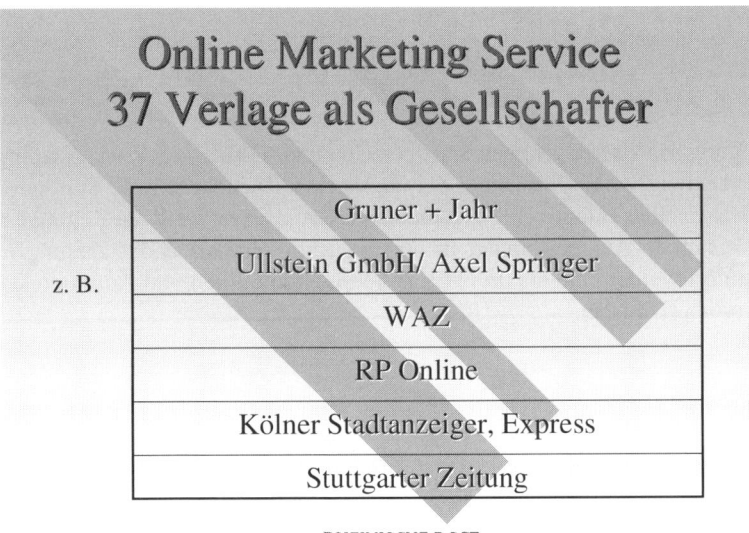

Bild 21

Zwei Kooperationen sind auf nationaler Ebene eingegangen worden. Einmal die Firma OMS, die als Kooperation von 37 Zeitungsverlagen die Vermarktung für Banner, Buttons und Sponsoring der jeweiligen Online-Produkte betreibt. Dieses Unternehmen war bisher erfolgreich und konnte jährliche Ausschüttungen an die Mitgliederverlage erbringen(Bild 20 und 21).

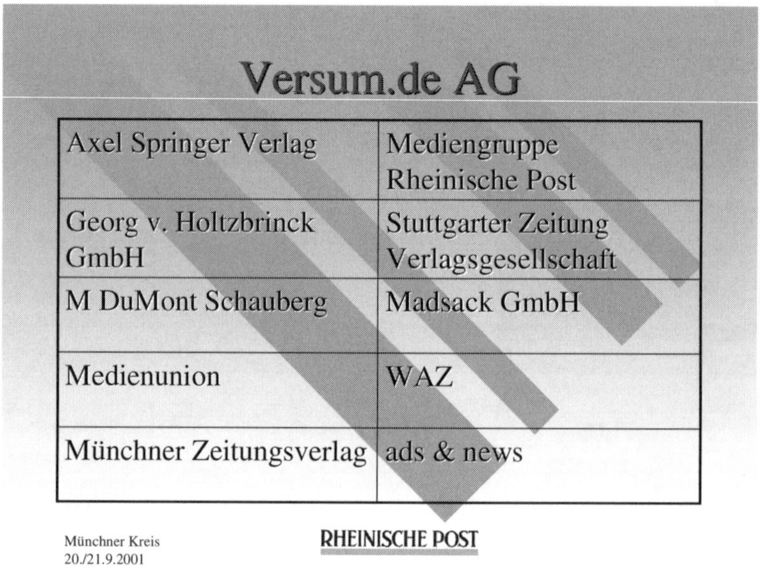

Versum.de AG

Axel Springer Verlag	Mediengruppe Rheinische Post
Georg v. Holtzbrinck GmbH	Stuttgarter Zeitung Verlagsgesellschaft
M DuMont Schauberg	Madsack GmbH
Medienunion	WAZ
Münchner Zeitungsverlag	ads & news

Münchner Kreis
20./21.9.2001

RHEINISCHE POST

Bild 22

Unter Beteiligung der Verlagsgruppen Springer, Georg von Holtzbrinck, MDS Köln, Medienunion Ludwigshafen, Münchner Zeitungsverlag, Rheinische Post, Stutt-garter Zeitung, Madsack in Hannover, WAZ und einer Gruppe von weiteren Zeitungen wurde die Versum.de AG gegründet, in der die Rubrikenmärkte der Zeitungen zusammengeführt werden und als drei Portale (Jobs, Immobilien und Automobile) angeboten werden (Bild 22).

Strategische Basisideen

- Aktivitäten nicht weit vom Kerngeschäft
  Inhalte vs. Agentur- und Providertätigkeit
- Marktausschöpfung
- Medienkonvergenz (wenn sinnvoll)
- Abgestufte Kooperationen
- Die Investitionskurve folgt der Lernkurve
- Erlösflüsse: Werbung, Sponsoring, Content
  einschl. Syndication

Münchner Kreis
20./21.9.2001

RHEINISCHE POST

Bild 23

Die strategische Basis besteht darin, dass unsere Online-Aktivitäten nicht sehr weit vom Kerngeschäft entfernt sind (Bild 23). Wir wollen versuchen, eine völlige Marktausschöpfung zu erreichen und die einzelnen Märkte komplett zu besetzen. Wir sind dabei, zwischen den Online-Diensten der Zeitung, den Radio- und den Fernsehaktivitäten Medienkonvergenz zu schaffen. Hier sind allerdings noch weite Felder zu bearbeiten. Die Zielvorstellung ist, die verschiedenen Bereiche mit einheitlichen Datenbeständen zu versorgen.

Mit dem Modell der abgestuften Kooperationen haben wir versucht, mit vergleichsweise sparsamen Mitteln, die unterschiedlichen Märkte aufzubauen. Hierbei haben wir Erfahrungen gesammelt und Investitionen jeweils in kleinen Schritten vorgenommen. Das Prinzip war, die Investitionskurve der Lernkurve folgen zu lassen und nicht umgekehrt. Die aufgrund der gemachten Erfahren getätigten Investitionen sind dann jeweils durch Einkünfte aus Werbung, Sponsoring, Content und Syndication (Verkauf von Inhalten) zu großen Teilen finanziert worden.

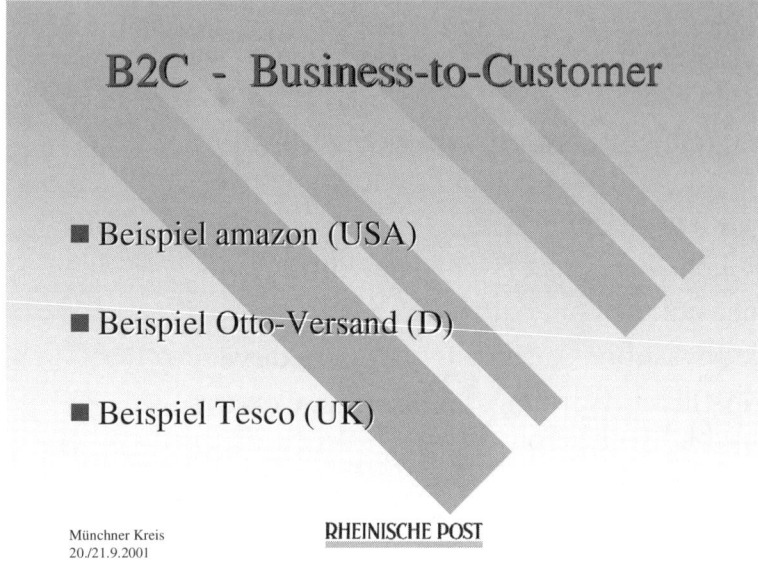

Bild 24

Wir haben auch immer versucht, Erfahrungen aus dem Internet erfolgreich tätiger Unternehmen zu nutzen. So hat die mittlerweile weltweit bekannte Bücherversand-firma Amazon gezeigt, wie wichtig es ist, zunächst eine Marke zu schaffen und mit dieser Marke Produkte zu verkaufen. Während es lange Zeit ungewiss war, ob Amazon wirtschaftlich überleben würde, ist in der zweiten Hälfte des Jahre 2001 der Turn around zu einem positiven Betriebsergebnis geschafft worden (Bild 24).

Amazon hat eine Riesenleistung vollbracht. Auch das ist eben von Herrn Bahlmann schon angesprochen worden. Amazon hat eine Marke aufgestellt, die heute fast jeder kennt. Jeder weiß, dass die Bücher verkaufen und fast jeder hat auch dort schon einmal etwas gekauft. Aber, und das ist der ganz wesentliche Punkt: Amazon ist aus dem Nichts heraus entstanden. Die haben in einem Zwei-Zimmer-Büro in New York angefangen. Sie haben wirklich am Punkt Null angefangen und dieses Unternehmen aufgebaut, d.h. sie haben alles selber lernen müssen, und sie haben eine ungeheure Leistung vollbracht, nämlich diesen Markennamen Amazon aufzu-bauen. Das ist das, woran die meisten anderen, die gescheitert sind, dann tatsächlich nicht weiter gekommen sind, weil sie es nie geschafft haben, einen Markennamen aufzubauen.

Der deutsche Otto-Versand und die britische Supermarktkette Tesco sind gute
Beispiele für erfolgreiche Internetaktivitäten unter Nutzung vorhandener Marken,
aus denen auch im Print- und Medienbereich sehr gute Lehren gezogen werden
können. In beiden Fällen ist das herkömmliche Geschäft um die Möglichkeit, das
Internet als weiteren Vertriebsweg zu nutzen, erweitert worden. Auf elektronischem
Wege können Informationen über die Produktspektren eingeholt und Bestellungen
aufgegeben werden; für die Warenverteilung bedient man sich jedoch der
herkömmlichen Wege und Erfahrungen. Im Gegensatz zu Amazon müssen daher
keine Riesensummen für den Aufbau eines Logistiknetzes und einer Infrastruktur
bereitgestellt werden. Da der zweite riesige Kostenblock, nämlich die Schaffung
eines bekannten Markennamens, entfällt, führt dies dazu, dass beide Unternehmen
in ihren Online-Aktivitäten schwarze Zahlen schreiben.

Vielleicht kann auch im Medienbereich die konsequentere Verkopplung von
herkömmlichen Aktivitäten und Nutzung der Infrastruktur des Internets zu wirtschaftlich sinnvollen Lösungen führen.

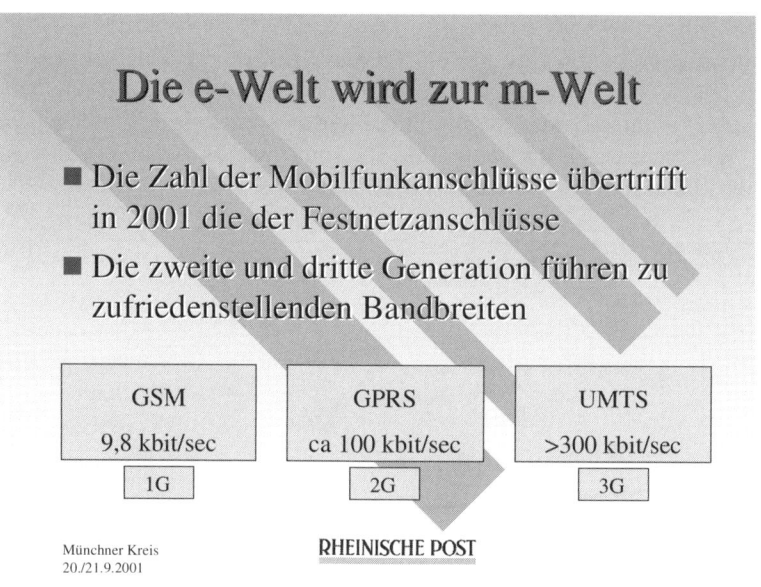

Bild 25

Zum Schluss sei auf ein Thema eingegangen, das möglicherweise sehr bedeutsam
für die Zukunft ist, nämlich die Welt des mobilen Internet (Bild 25). Hierbei handelt
es sich darum, neben der Telefonieanwendung das mobile Telefon zur Text- und
Bildübertragung zu nutzen.

Bild 26

Die bisherigen Telefone mit schwarzweiß Displays für wenige Zeichen werden sicherlich in Kürze durch Geräte, die für die hochauflösende Darstellung von Bildern ausgelegt ist, ersetzt werden (Bild 26). Mit der schrittweisen konsequenten Einführung von zunächst GPRS dann UMTS kommt man zu Kommunikationsmöglichkeiten, die denen im Festnetz überlegen sind.

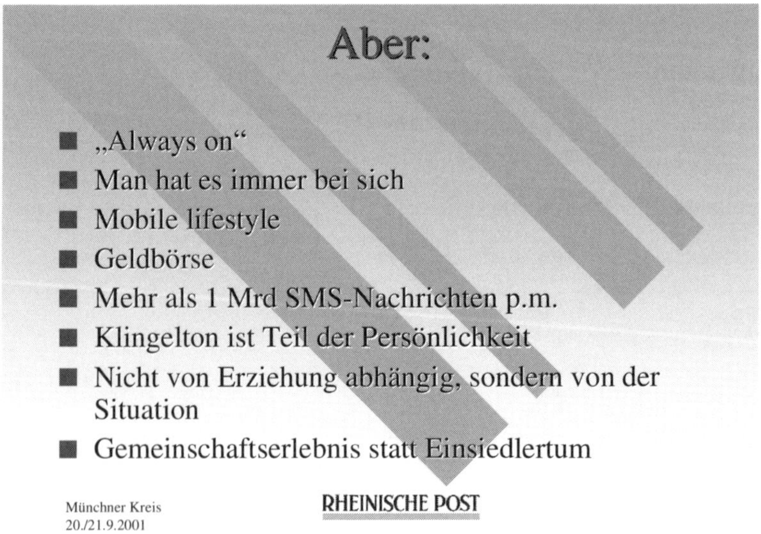

Bild 27

In spätestens ein oder zwei Jahren, wird nach einem technologischen Quantensprung über mobile Telefone Sprach-, Bild- und Textinformation in hoher Qualität an praktisch jedem Ort der Erde zu erhalten sein. Die wesentlichen Unterschiede zum heutigen Festnetz-Internet ist die Kenntnis der Kommunikationssysteme über den jeweiligen Standort des Nutzers, so dass entsprechende ortsbezogene Informationsangebote individuell zur Verfügung gestellt werden können. Viel wichtiger jedoch ist, dass die heutige junge Generation, für die Mobiltelefone Teil des Lebensstils sind, sich daran gewöhnt hat, für Leistungen zu zahlen (Bild 27).

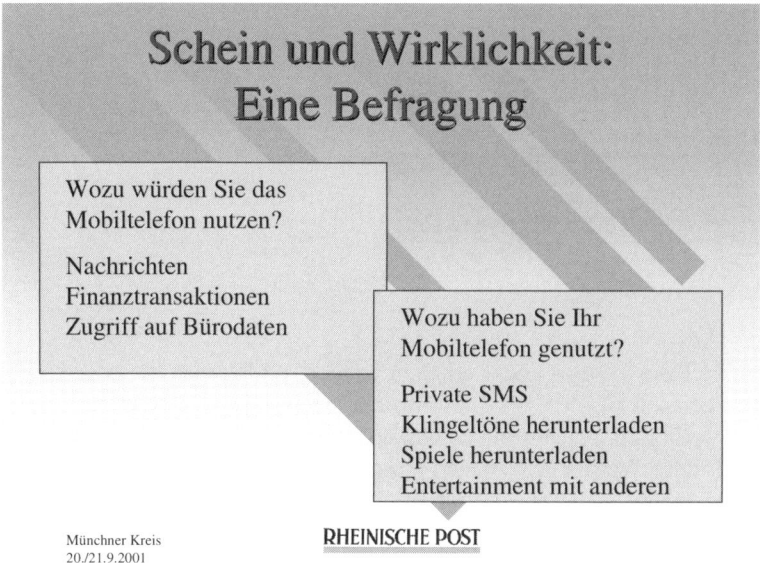

Bild 28

SMS-Anwendungen

- Stauinfos
- Klingeltöne
- Logos
- Horoskope
- Traumdeutungen
- Kommunikation

Münchner Kreis   RHEINISCHE POST
20./21.9.2001

Bild 29

Ob SMS-Nachrichten versendet oder erhalten werden, ob Klingeltöne oder Logos aus dem Netz geladen werden, ob Sportinformationen abgerufen werden – alles dieses ist kostenpflichtig. Auch wenn es sich teilweise um Pfennigbeträge handelt, können die auf diese Weise entstandenen monatlichen Gesamtkosten beträchtlich sein. Damit sind Mobilfunknetze für Netzbetreiber und Inhaltsanbieter von Anfang an von ungleich höherer Bedeutung als das Festnetz-Internet, über das bisher praktisch alle Leistungen kostenlos angeboten worden sind. Hierbei sind die heutigen Angebote wie Klingeltöne, Logos, Horoskope, Traumdeutungen, Kommunikationsmöglichkeiten nur der Beginn eines weltweiten völlig neuen Geschäftes mit massiven wirtschaftlichen Konsequenzen (Bild 28 und 29).

Bild 30

Bild 31

Angebote wie Jamba! von Gruner + Jahr oder zed der finnischen Firma Sonera
lassen ahnen, dass auch durchaus seriöse Firmen für die nächsten Jahre auf diesem
Sektor ein Riesengeschäft vermuten (Bild 30 und 31).

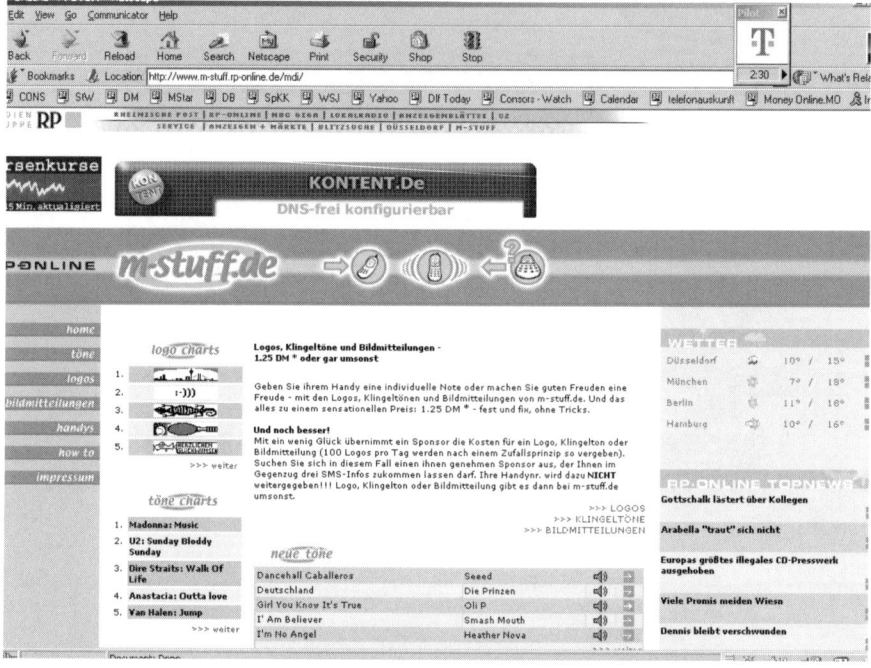

Bild 32

Bei RP-Online haben wir – wenn auch in bescheidenem Umfang – versucht, in
diesem Geschäft zumindest auf regionaler Ebene Fuß zu fassen. Mit dem Produkt
m-stuff.de machen wir erste Versuche, die Geschäftsmöglichkeiten in mobilen
Netzen zu testen (Bild 32).

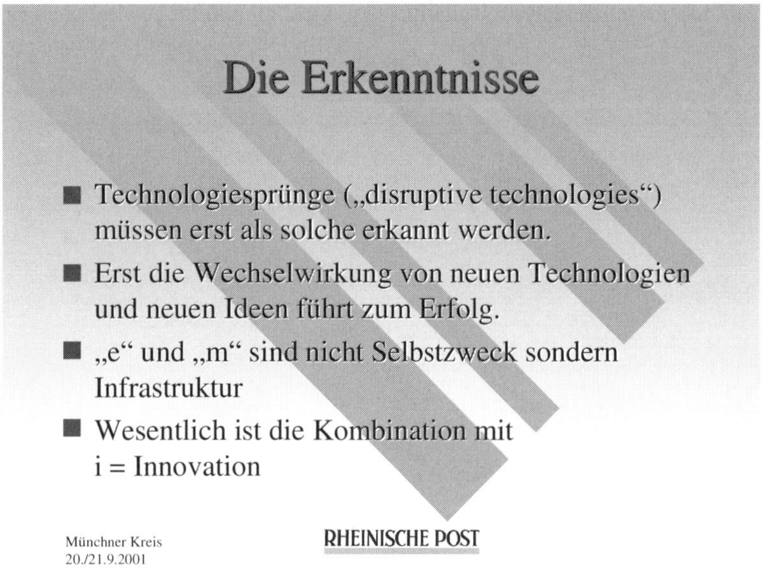

Bild 33

Der Beweis dafür, dass diese Aktivitäten wirtschaftlich erfolgreich sind, ist noch zu erbringen. Wichtig ist aber nicht das mobile Internet, das nur eine Infrastruktur darstellt, sondern, dass diese Infrastruktur die Basis für kreative Ideen ist; die eigentlichen Innovationen sind Geschäftsmodelle, die sich dieser Infrastruktur bedienen. Erst damit lassen sich zukunftsträchtige Erlösmodelle entwickeln (Bild 33).

4 Die Zukunft der Zeitungen

Prof. Dr. Anna Maria Theis-Berglmair
Universität Bamberg

Die Zukunft gibt den Zeitungsverlagen schon seit geraumer Zeit zu denken:

- Als es in der Folge der Etablierung des dualen Rundfunksystems zu einer Ausweitung des Zeitbudgets für die Mediennutzung kam, profitierten Zeitungen davon nicht (Schulz 1999).

- Reichweitenverluste sind gerade bei der Gruppe der Jugendlichen zu konstatieren und dies, obwohl junge Leute durchaus zu den eifrigen Lesern zählen (Piel 1996; Franzmann 2001).

- Die rückläufige Zeitungsnutzung scheint ein internationales Phänomen zu sein. Seit Mitte der achtziger Jahre des 20. Jahrhunderts ist die Auflage von Kauf- und Abonnementzeitungen sowohl in der EU als auch in den USA tendenziell rückläufig (Schönbach 1997: 11).

So gesehen ist die Zukunft der Zeitung schon länger ungewiss. Von Ungewissheit sprechen wir, wenn eine Situation an sich klar ist, wenn die Relevanz einzelner Variablen wie z.B. Verkaufszahlen, Einschaltquoten, Reichweite, Leser pro Ausgabe, bekannt ist, nicht aber deren gegenwärtige oder künftige Ausprägung. Diese Form der Unsicherheit hätte vielen Verantwortlichen in den Zeitungshäusern eigentlich schon ausgereicht.

Seit Mitte der neunziger Jahre ist eine neue Technologie hinzu gekommen, das Internet, von dem heute noch nicht klar ist, welche Konsequenzen es für Zeitungen bzw. Zeitungsverlage haben wird. Das hat die Situation insofern verändert, als wir es nunmehr nicht allein mit Ungewissheit, sondern mit Mehrdeutigkeit im Sinne von Ambiguität zu tun haben. In diesem Fall ist unklar, wie eine Situation zu interpretieren ist, welche Variablen überhaupt von Bedeutung sind: Was ist wichtiger, ein fester Kern von 6.000 regelmäßigen Nutzern eines Onlineangebots oder 600.000 monatliche Visits? Was sagen diese Zahlen aus, mit welchen anderen Zahlen sind sie vergleichbar, was kann überhaupt als Vergleichsbasis herangezogen werden? In mehrdeutigen Situationen ist unklar, welche Relevanz den einzelnen Faktoren zukommt; das unterscheidet sie von bloßer Ungewissheit.

Im Falle von Mehrdeutigkeit müssen die Anstrengungen darauf gerichtet sein, eine – zumindest vorläufige – Klarheit der Situation herbei zu führen, auf deren Basis sich Handlungen entwerfen und Aktivitäten einordnen lassen. Erst auf einer solchen Basis lässt sich über eine mögliche Zukunft sprechen.

Ich werde Ihnen im Folgenden kurz erläutern,

- wie sich die derzeitige Situation aus der Perspektive eines Kommunikationswissenschaftlers darstellt,

- welche Aktivitäten von Zeitungen bzw. Zeitungsverlagen im Internet derzeit zu beobachten sind,

- wie sich diese Aktivitäten kommunikationswissenschaftlich einordnen lassen

- und welche gegenwärtigen und künftigen Erfordernisse sich daraus ableiten lassen.

Eine kommunikationswissenschaftliche Situationsdefinition

Vor der Ankunft des Internets war die Welt für einen Kommunikationswissenschaftler noch relativ übersichtlich. Auf der einen Seite gab es die interpersonelle Kommunikation, auf der anderen Seite die Massenkommunikation (Bild 1). Bei der interpersonellen Kommunikation sind Sender und Empfänger identifizierbar, beide wechseln ständig ihre Rollen und nehmen aufeinander Bezug (Reziprozität). Die wechselseitigen Austauschprozesse fördern die Ausbildung interpersonaler Beziehungen und tragen wesentlich zur Identitäts- und Persönlichkeitsentwicklung bei.

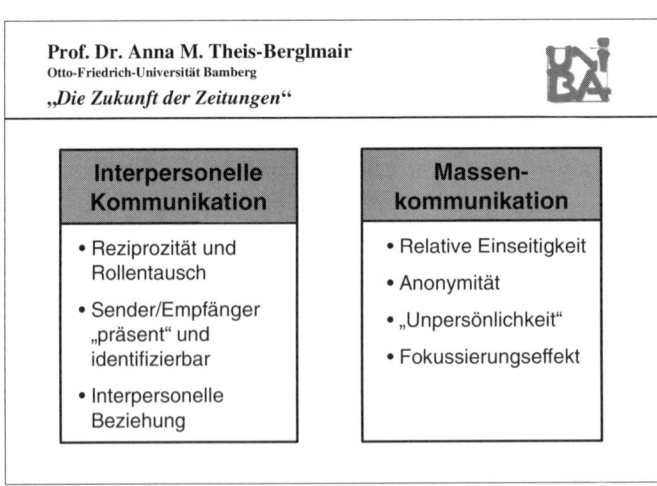

Bild 1

Massenkommunikation dagegen ist gekennzeichnet durch ihre relative Einseitig-keit, ihre Anonymität und „Unpersönlichkeit", aber auch durch ihre Fähigkeit, die Aufmerksamkeit vieler, untereinander nicht verbundener Rezipienten auf bestimmte Themen zu fokussieren, auf Themen, die durch medienspezifische Selektionskriterien auf die Medienagenda kommen und insofern die Aufmerksam-keitshorizonte von einzelnen Personen, Gruppen oder Organisationen zu über-schreiten in der Lage sind mit der Konsequenz, dass diese Themen fortan als bekannt vorausgesetzt werden können (unabhängig davon, ob sie das im Einzelfall tatsächlich sind).

Zeitungen, Radio und Fernsehen sind die klassischen Medien der Massenkommuni-kation, die in der Vergangenheit deutlich voneinander unterschieden werden konnten und im wahrsten Sinne des Wortes „Programmmedien" waren, die ihre Themen zu Produkten bündelten. Für diesen Bereich haben Medienorganisationen ihr Geschäftsmodell entwickelt, welches darin besteht, die Aufmerksamkeit möglichst vieler Personen auf ihre Produkte zu lenken und die so akkumulierte Aufmerksamkeit gegen Geld (der Werbekunden) zu tauschen (Theis-Berglmair 2000). Dieses Geschäftsmodell basiert im wesentlichen auf dem Fokussierungs-effekt der Massenkommunikation.

Was verändert sich durch das Internet an der Struktur dieser Kommunikationstypen?

In der Literatur liest man häufiger, dass das Internet auf dem Weg zu einem neuen Massenmedium sei, weil zunehmend mehr Personen diese technische Plattform nutzen. Das tun sie tatsächlich. Sie tun es aber zu ganz unterschiedlichen Zwecken und aktivieren dabei ganz verschiedene Kommunikationsformen, insbesondere die technisch vermittelte Individualkommunikation, wie z.B. E-Mail. Derartige Beob-achtungen mögen dazu anregen, über Grenzaufhebungen zwischen Massenkommu-nikation und interpersoneller Kommunikation zu sinnieren (Reardon/Rogers 1988: 297) oder über das langsame Verschwinden der Massenkommunikation (Lange 1994). Abgesehen von ihrem ausgeprägt prophetischen Charakter tragen diese Aussagen nicht viel zur Klärung der Situation bei und werden m.E. auch nicht den höchst differenzierten Entwicklungen im Medienbereich gerecht. Eine Entwicklung hin zu einer Grenzaufhebung zwischen Massenkommunikation und interpersoneller Kommunikation sehe ich jedenfalls nicht.

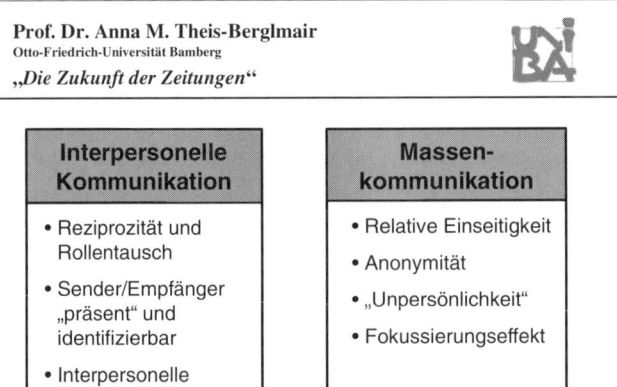

Bild 2

Vielmehr scheint sich ein dritter Kommunikationstypus zu etablieren, der zwischen der Massenkommunikation und der interpersonellen Kommunikation angesiedelt ist und den man als intertextuelle Kommunikation (Wehner 1997) bezeichnen könnte (Bild 2). Kennzeichen dieses Kommunikationstypus ist es, dass Texte miteinander interagieren. Das beste Beispiel hierfür ist eine Suchmaschine, bei der ein eingegebener Text dazu dient, andere Texte im Netz ausfindig zu machen. Der Begriff der intertextuellen Kommunikation entstammt zwar dem Bereich der Linguistik (Kristeva 1969; Genette 1993), mit den computerbezogenen Anwendungsbereichen einer intertextuellen Kommunikation beschäftigt sich aber v.a. die (Medien-)Informatik, z.B. bei der Entwicklung von Retrievalverfahren oder der Entwicklung von computergestützten Lernprogrammen.

Mit dem Internet verfügen wir über eine technische Plattform, die in ihrem Kern eine „intertextuelle Kommunikation" ermöglicht, an ihren Rändern aber auch andere Kommunikationsformen wie beispielsweise diverse Arten einer technisch vermittelten interpersonellen Kommunikation oder verschiedene Ausprägungen einer individualisierten Massenkommunikation. Beides hat es zwar auch schon vor der Ankunft des Internets gegeben: Das Telefon kann als frühes Beispiel für eine technisch vermittelte Individualkommunikation gelten und die Vielzahl der Special-Interest-Zeitschriften stellt eine Form der individualisierten Massenkommunikation dar. Mit dem vernetzten Computer tut sich sowohl im Grenzbereich zwischen intertextueller und Massenkommunikation auf der einen als auch zwischen intertextueller und interpersoneller Kommunikation auf der anderen Seite eine bisher nicht gekannte Vielfalt an Individualisierungsmöglichkeiten auf.

Allein deswegen verschwindet der Kommunikationstypus Massenkommunikation aber noch nicht. Die in diesem Bereich agierenden Medien erfahren jedoch eine Modifikation. Durch ihre Onlinepräsenz verändern die bisher separat voneinander existierenden Einzel-Massenmedien ihre spezifischen Eigenschaften und entwickeln zum Teil gattungsübergreifende Charakteristika: Elektronische Medien werden durch ihren Ableger im Internet weniger flüchtig, Programminhalte können nachgelesen werden, Filmsequenzen, Hinweise bedarfsabhängig abgerufen werden. Umgekehrt entsteht für Printmedien ein Aktualitätsdruck, denn im Netz werden sie nicht mit dem eigenen oder anderen Printprodukten verglichen, sondern mit anderen Angeboten im WWW (Theis-Berglmair/Höflich 1999).

Für den Bereich der Massenkommunikation bedeutet das, dass die Wettbewerbsverhältnisse zwischen den unterschiedlichen Sparten (Print, Radio, Fernsehen) sich verändern. Diensteanbieter müssen nicht bei ihrem angestammten Medium bleiben (So sucht bspw. die Financial Times in jüngster Zeit Radio-Redakteure). Bei den lokal- bzw. den regional orientierten Tageszeitungen steht zu erwarten, dass Cross-Media zu einer engen Kooperation der nach wie vor defizitär arbeitenden lokalen Fernsehsender mit den regionalen Printverlagen führen wird (und wahrscheinlich auch zur Auflösung des Lokalfernsehens als Fernsehen im traditionellen Sinne) (Rau 2001). Soweit reichen die Aktivitäten von Zeitungen derzeit aber noch nicht.

Aktivitäten von Zeitungen und Zeitungsverlage im Internet

Die Aktivitäten aller bundesdeutscher Lokal- und Regionalzeitungen im Internet lassen sich wie folgt kategorisieren (Roth 2001).

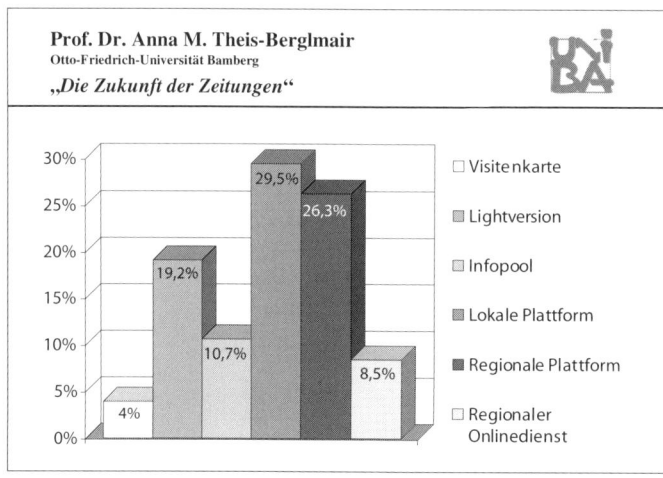

Bild 3

Von insgesamt 224 Tageszeitungen bieten an (Bild 3):

a) Visitenkarte (Postalische Adresse, Rufnummer) (4%)

b) Lightversion (Schnupperangebot mit reduzierter Information, Agenturmeldungen) (19,2%)

c) Infopool (Artikel der Printausgabe, z.T. vollständig, ergänzt um Ratgeber- und Sonderseiten, Agenturmeldungen) (10,7%)

d) Lokale Plattform (enthalten Elemente, die den Lesern der Printversion nicht zur Verfügung stehen, Bündelung der Informationen für das lokale Leben, Branchen-bücher, Chats, Foren und andere Formen der Anschlusskommunikation) (29,5%)

e) Regionale Plattform (Engagement reicht über das vom Printprodukt erreichte Verbreitungsgebiet hinaus, Links zu verschiedenen Stadtverwaltungen, Gemein-den, Vereinen, Freizeitbörse, Tipps) (26,3%)

f) Regionaler Online-Dienst (Fortlaufend aktualisierte überregionale Informatio-nen, ergänzt um eigens für den Onlinebereich erstellte Informationen, z.B. Specials zu Themen, die in der Printausgabe behandelt werden, Aufbereitung lokaler Themen in Form von Videos und Specials, lokale Nachrichten werden nur einmal täglich ins Netz gestellt, z.T wird aktiver Lokaljournalismus betrieben mit aktuellen Informationen, die noch nicht in der Printversion waren). (8,5%)

Weit über die Hälfte der Zeitungen verfolgt das Konzept einer lokalen bzw. regio-nalen Plattform, etwas zögerlicher noch wird der Schritt zum regionalen Online-Dienst vollzogen.

Mit diesen Angeboten streben die Verlage eine Individualisierung der Dienste an. Insofern als wir es mit Anbietern zu tun haben, die sich bislang im Feld der Massen-kommunikation engagiert haben, wäre es naheliegend, hier ebenfalls von einer individualisierten Massenkommunikation zu sprechen ähnlich der oben schon genannten Special-Interest-Zeitschriften. Bei einigen Informationsangeboten stellt sich jedoch die Frage, ob wir es hier tatsächlich noch mit Massenkommunikation im klassischen Sinne zu tun haben, oder wie wir diese Phänomene einordnen und bezeichnen sollen. Die Frage nach dem Kommunikationstypus ist durchaus von Relevanz, weil sich hieraus nämlich unterschiedliche Konsequenzen ergeben. Das möchte ich Ihnen kurz am Beispiel der „Daily me" erläutern.

Die „Daily me" als Prototyp einer individualisierten Massenkommunikation?

Angesichts der in nahezu allen gesellschaftlichen Bereichen erkennbaren Individu-alisierungstendenzen schienen lange Zeit die Chancen einer technisch realisier-baren „Daily me" groß zu sein. Eine „Daily me" bietet den Lesern/den Leserinnen die jeweils nur die neuesten Nachrichten aus denjenigen Sparten an, die den Rezi-pienten interessieren, was einer thematisch reduzierten Zeitung gleichkommt. Dieses Vorhaben war zumindest bisher noch nicht von besonderem Erfolg gekrönt. Warum?

Die Zeitung ist ein universelles Medium, d.h. kein Thema ist ausgeschlossen. Derartige General-Interest-Medien werden rezipiert, weil man erfahren möchte, was in der Gesellschaft bzw. in den unterschiedlichen Bereichen Gesprächsthema ist, was auf der Tagesordnung steht – und zwar unabhängig von dem, was einzelne Personen, Gruppen oder Organisationen selbst als relevant erachten. Gerade diese Besonderheit macht ihren Charakter als Medium der Massenkommunikation aus. Solchen thematisch universellen, auf Alltagsbewältigung ausgerichteten Medien kommt eine große Orientierungsfunktion zu (Theis-Berglmair 2001a). Diese Orien-tierungsfunktion ist angesichts der mit dem Internet nochmals steigenden Mitteilungsfülle nicht zu unterschätzen. Die enorme Informationsfülle zwingt Rezipienten nämlich dazu, hochselektiv mit ihrer knappen Ressource „Aufmerk-samkeit" umzugehen, denn Knappheit resultiert nicht aus dem Fehlen einer Sache, sondern aus ihren Verwendungsmöglichkeiten, wie Georg Franck in seiner Ökonomie der Aufmerksamkeit dargelegt hat (Franck 1998).

Mehr als je zuvor wird spürbar, dass Produkte der Massenkommunikation sich auf einem hart umkämpften Aufmerksamkeitsmarkt bewegen. Publizistische Märkte sind Aufmerksamkeitsmärkte und Aufmerksamkeit wird vom Rezipienten geschenkt. Erst bei hinreichend akquirierter Aufmerksamkeit fließt für die Anbieter von Massenkommunikation Geld. Angebote, die den Menschen es erleichtern, mit ihrer knappen Ressource Aufmerksamkeit umzugehen, haben daher einen beträcht-lichen Wettbewerbsvorteil. Die vielen Relaunches (optische Umgestaltungen) von (Tages-)Zeitungen, die wir seit Beginn der neunziger Jahre des 20. Jahrhunderts beobachten konnten (Blum/Blum 2001), mögen zwar vor dem Hintergrund des verstärkten Wettbewerbs zum Bildmedium Fernsehen initiiert worden sein. De facto gewinnen sie ihre Relevanz aber durch ihre aufmerksamkeits- und selektions-steuernde Funktion. Eine übersichtliche Gestaltung soll dem Leser/der Leserin vor allem die schnelle Orientierung ermöglichen (und vielleicht auch die Tatsache etwas „ausgleichen", dass Lesen, im Gegensatz zu Fernsehen und Radiohören, die ganze Aufmerksamkeit des Rezipienten erfordert).

Auch beim Printprodukt Zeitung lässt sich eine Reaktion der Rezipienten auf die steigende Informationsfülle beobachten, nämlich die eher oberflächliche Rezeption von Medieninhalten (Schulz 1999; 408), was durch ein entsprechendes Zeitungsdesign und die Aufbereitung der Texte selbst erleichtert wird.heute lesen bei weitem nicht alle Abonnenten ihre Zeitung ganz durch. Laut Allensbacher Markt- und Werbeträgeranalyse 1998 lesen 63% fast alle Seiten oder ¾ des Inhalts; 25% lesen ca. die Hälfte. Die Art des Lesens wird dabei nicht erfasst. Es ist aber anzunehmen, dass vielfach nur Schlagzeilen zur Kenntnis genommen oder einzelne Artikel kurz angelesen werden. In der Konsequenz müssen auch Zeitungen zunehmend für „den selektiven Leser und den Anleser gestaltet" (Blum/Blum 2001, S. 36) werden. Nur bei gegebenen (Themen-) Interesse ist der Leser/User bereit, höhere Transaktionskosten (d.h. Aufwendungen an Zeit und Aufmerksamkeit, mitunter auch an Geld) für eine größere Informationstiefe aufzuwenden.

Im Hinblick auf eine „Daily me" bedeutet das, dass eine Individualisierung auf der Sachebene bei einem universellen Medium wie der Zeitung nicht bereits auf der Primärstufe der massenmedialen Selektion ansetzt, sondern auf den nachgelagerten Selektionsstufen. Nicht die Reduzierung der Themenvielfalt, sondern deren Vergrößerung schafft zusätzliche Individualisierungspotenziale. Wie eine Untersuchung meines Kollegen Klaus Schönbach aus den frühen neunziger Jahren belegt, wirkt sich der Anstieg der internen Themenvielfalt einer Zeitung positiv auf die Leser pro Ausgabe aus (Schönbach 1997; 119). Je nach Themeninteresse fällt die individuelle Selektion der Informationssegmente und die jeweils realisierte Informationstiefe beim Leser ganz verschieden aus – ein Aspekt, der in bisherigen Untersuchungen über den Werbeträger Zeitung m.E. viel zu wenig beachtet wird.

Schon das Printprodukt Zeitung ermöglicht eine höchst individuelle Rezeption, sowohl was den Umfang als auch was die Intensität der Nutzung angeht. Auf der Sach- bzw. Themenebene muss also deutlicher unterschieden werden, welche Selektionsleistungen der User/Nutzer/Leser vom Anbieter erwartet und welche er lieber selbst vornimmt.

Auch hinsichtlich der Dimensionen Zeit und Raum bietet bereits das Printprodukt Individualisierungsmöglichkeiten. Tageszeitungen können – einmal in Händen – zu unterschiedlichen Tages- und Nachtzeiten an höchst unterschiedlichen Orten gelesen werden. Das Onlineangebot einer Zeitung ermöglicht darüber hinaus, dass auch solche Personen erreicht werden können, die für kürzere oder längere Zeit außerhalb des üblichen Verbreitungsgebiets des Printprodukts leben oder Personen, die aufgrund ihrer besonderen Lebensumstände bisher nur schlecht in das Vertriebssystem des Printprodukts eingebunden werden konnten, z.B. Binnenschiffer. Diese Individualisierungsmöglichkeiten sind jedoch marginal (Brüggemann 2000) und rechtfertigen nicht den finanziellen und personellen Aufwand, der mit einer Online-Zeitung verbunden ist. Nicht nur aufgrund der relativ geringen Zahl der Binnen-schiffer in Deutschland bleibt der Mehrwert einer Onlinezeitung fraglich. Warum überhaupt sollte ein technisches Medium schon allein dadurch dass es zeitlich später entwickelt wurde, zwingend einen Mehrwert gegenüber einem älteren Medium haben? Unsere Daten zeigen jedenfalls, dass es nicht den typischen Onlinezeitungsleser gibt, sondern den Internetnutzer, der mitunter auch auf das Onlineangebot einer Zeitung zurückgreift (Höflich/Schmidt 2001), dies aber – zumindest was Lokalzeitungen anbelangt – immer weniger tut. Diese Beobach-tungen relativieren die Redewendung vom „Mehrwert einer Onlinezeitung" doch beträchtlich.

Von der individualisierten Massenkommunikation zur Informationsdienstleistung

Wenn man sich vor dem Hintergrund dieser Ausführungen das oben dargestellte Engagement der Zeitungen im Internet vergegenwärtigt, stellt sich die Frage, ob der Terminus „individualisierte Massenkommunikation" tatsächlich das abbildet, was hier passiert oder ob wir hier nicht weiter differenzieren müssen (Bild 4).

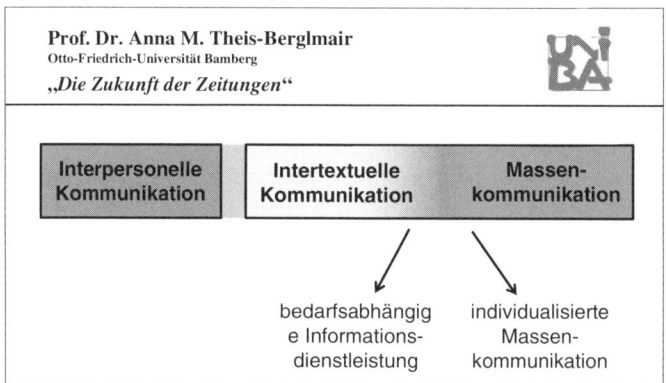

Bild 4

Mit anderen Worten:

- Es geht nicht nur um die mittlerweile gerichtlich geklärte (aber auch medienhis-torisch eindeutig beantwortbare) Frage, ob sich eine Onlinezeitung, die nur im Netz existiert, also kein Printpendant hat, „Zeitung" nennen darf oder nicht.

- Es stellt sich auch die Frage, ob das was Zeitungsverlage im Netz anbieten, noch hinreichend mit dem Zeitungsbegriff umrissen ist.

Wenn man das Engagement der Zeitungen nicht aus der Perspektive der Massenkommunikation, sondern von der intertextuellen Kommunikation her denkt, wird
eine bedarfsabhängige Informationsdienstleistung erkennbar, die eine Individualisierung in einer bisher nicht gekannten Weise ermöglicht: Informationen stehen für
den Leser genau dann zur Verfügung stehen, wenn er sie gerade braucht, just in time
sozusagen und nicht dann, wenn sie gerade auf der Agenda eines massenmedialen
Produkts stehen. Das ist die zeitliche Dimension der Individualisierung. Darüber
hinaus sind sie von jedem Ort her abrufbar (räumlicher Aspekt) und können unterschiedlich intensiv genutzt werden (sachlicher Aspekt). Ähnliches prognostiziert
Walter Bender von Media Lab, wenn er sagt: „Zeitungen werden in Zukunft ihr
Geld verdienen, indem sie Fragen ihrer Leser beantworten, die über den Zeitungs-
inhalt hinausgehen" (zit. nach Schmidt 2000). Onlinemedien ermöglichen damit die
Fortsetzung eines Trends, der seit Jahren schon beim Printprodukt Zeitung zu
beobachten ist, nämlich die Zunahme des Ratgeberjournalismus und der Service-
angebote.

Um den Schritt von einem Anbieter von Massenkommunikation zu einem umfassenden Informationsdienstleister zu vollziehen, bedarf es der bewussteren und
konsequenteren Orientierung am Nutzer Users/Nutzers/Lesers als dies bis dato der
Fall ist. Gerade in diesem Punkt ergeben sich die größten Desiderata, wie unsere
bundesweite Verlagsbefragung gezeigt hat (Theis-Berglmair 2001b). Verlage haben
zwar ein großes Interesse, zu erfahren, was den User interessiert. Offenbar will man
das aber nicht von ihm selbst erfahren. Denn der User zählt bislang zu den am
wenigsten genutzten Informationsquellen in puncto Onlineangebot – und das,
obwohl die Feedbackmöglichkeiten heute größer sind als je zuvor. D.h., die
Chancen, mehr über den Leser/User zu erfahren, werden bei weitem nicht ausgeschöpft. Im Hinblick auf ihr Online-Engagement, aber auch sonst, müssen die
Verlage ihre Informationsquellen und –strategien überdenken.

Fazit und Erfordernisse

• Das Internet treibt die bislang schon vorhandene Differenzierung der Kommunikationsformen weiter und schafft Raum für Angebote, die weder mit dem Begriff
  der traditionellen Massenkommunikation noch mit dem Terminus der individualisierten Massenkommunikation hinreichend beschrieben sind. Gleichwohl
  bleibt Massenkommunikation als Kommunikationstypus erhalten.

• Als Massenmedium kann eine Zeitung nur überleben, wenn sie auf dem Aufmerksamkeitsmarkt erfolgreich ist. Der verschärfte Wettbewerb auf diesem
  Markt macht es erforderlich, die Qualität des Angebots in Richtung eines profes-
  sionalisierten Journalismus weiterhin zu verbessern. Stärker leserorientierte Themen gekoppelt mit einer leserorientierten Aufbereitung (Design) erweisen sich als

kritische Erfolgsfaktoren für ein massenmediales Produkt. Eine fundierte Recherche und Analyse ist darüber hinaus ein wichtiger Schlüsselfaktor für individualisierbare Dienstleistungen.

• Angesichts der Diversifizierung des Angebots müssen Zeitungen ihr Selbstverständnis überdenken und entscheiden, wie weit sie auf der Skala der Kommunikationsformen gehen wollen. Obwohl die meisten Zeitungen das Ziel „Medienhaus" anpeilen, ist fraglich, ob ihre Aktivitäten damit tatsächlich schon hinreichend beschrieben sind. Diesbezüglich zeigt sich derzeit aber noch eine gewisse Diskrepanz zwischen dem Selbstverständnis von Zeitungsverlagen und ihren Aktivitäten.

• Die „Zeitung" der Zukunft ist eine Organisation, die sich als Informationslieferant in unterschiedlichen Kontexten betätigt.

• Die Besonderheit der unterschiedlichen Kontexte muss erkannt werden, weil sich nicht zuletzt daraus auch Konsequenzen für die Rolle ergeben, die dem Leser/ Nutzer/User zugedacht wird: Ist er bloßer Leser und Aufmerksamkeitslieferant wie im klassischen Geschäftsmodell der Massenkommunikation? Oder wird er als Koproduzent, als Initiator, Erfinder, Mitentwickler oder Gestalter gesehen und in welcher Rolle sieht sich der „Abnehmer" der Dienstleistung selbst?

• Das alles spricht für eine Diversifizierung der Strategien von Zeitungsverlagen, die sehr viel stärker kontextabhängig gestaltet sein müssen als es derzeit erkennbar ist. Denn die Zukunft im Informationssektor wird weniger durch einige wenige, einseitig ausgerichtete generelle Trends gekennzeichnet sein als durch eine Vielzahl von parallel ablaufenden, z.T. sogar gegenläufigen Entwicklungen Darauf müssen sich nicht nur Zeitungen, sondern alle Medienorganisationen einstellen.

Literatur:

Allensbacher Markt- und Werbeträgeranalyse (AWA) 1998. Allensbach.

Blum, Claudia/Blum, Joachim (2001): Vom Textmedium zum Multimedium. Deutsche Tageszeitungen im Wandel. In: Bucher, Hans-Jürgen/Püschel, Ulrich (Hrsg.): Die Zeitung zwischen Print und Digitalisierung. Opladen, S. 19-43.

Brüggemann, Thorsten (2000): Heimat erleben im Internet? Lokale Informationen im Cyberspace – Angebot und Nachfrage für lokale Informationen am Beispiel auswärtiger Nutzer der regionalen Tageszeitung „Augsburger Allgemeine". Diplomarbeit, Universität Bamberg (Kommunikationswissenschaft).

Franzmann, Bodo (2001): Lesezapping und Portionslektüre. In: Media Perspektiven 2/2001, S. 90-98.

Kristeva, Julia (1969): Sémeiotikè. Recherches pour une sémanalyse (Extraits). Paris.

Feierabend, Sabine/Klingler, Walter (2001): Kinder und Medien 2000: PC/Internet gewinnen an Bedeutung. In: Media Perspektiven 7/2001, S. 345-357.

Genette, Gerard (1993): Palimpsete. Die Literatur auf der zweiten Stufe. Frankfurt/M.

Morris, Merrill/Ogan, Christine (1996): The Internet as Mass Medium. In: Journal of Communication, Vol. 46, S. 39-50.

Piel, E. (1996): Immer mehr Bücher – immer weniger Leser? Zur Entwicklung des Leseverhaltens. In: Bertelsmann Briefe (136), S. 52-54.

Püschel, Ulrich (2001): Beharrungsvermögen und Wandel bei journalistischen Berichtmustern. In: Bucher, Hans-Jürgen/Püschel, Ulrich (Hrsg.): Die Zeitung zwischen Print und Digitalisierung. Opladen, S: 45-70.

Rau, Christiane (2001): Fernsehen im lokalen Raum. Dipl. Arbeit, Universität Bamberg (Kommunikationswissenschaft).

Rheingold, Howard (1994): Virtuelle Gemeinschaft. Soziale Beziehungen im Zeitalter des Computers. Bonn u.a.

Reardon, Kathleen K./Rogers, Everett M. (1988): Interpersonal versus Mass Communication. A False Dichotomy. In: Human Communication Research, Vol. 15, S. 284-303.

Roth, Judith (2001): Man nehme eine Prise Print ... Internetrezepte lokaler und regionaler Tageszeitungsverlage – eine Modellbildung. In: Theis-Berglmair, Anna M. (Hrsg.): Internet und die Zukunft der Printmedien, Münster/Hamburg (im Druck).

Schmid, Holger (2000): Unternehmen müssen sich im Internet-Zeitalter neu erfinden. Software „Napster" erschüttert Musikbranche. In: Frankfurter Allgemeine Zeitung, Nr. 65, S. 32.

Schönbach, Klaus (1997): Zeitungen in den Neunzigern: Faktoren ihres Erfolgs. 350 Tageszeitungen auf dem Prüfstand. ZV-Zeitungs-Verlags-Service.

Schulz, Rüdiger (1998): Nutzung von Zeitungen und Zeitschriften. In: Wilke, Jürgen (Hrsg.): Mediengeschichte der Bundesrepublik Deutschland. Köln, Weimar, Wien, S. 405-417.

Theis-Berglmair, Anna M./Höflich, Joachim (1999): Internet und lokale Kommunikation. Ein studentisches Projekt. Unveröffentlichtes Manuskript. Universität Bamberg (Kommunikationswissenschaft).

Theis-Berglmair, Anna M (2000): Aufmerksamkeit und Geld, schenken und zahlen. Zum Verhältnis von Publizistik und Wirtschaft in einer Kommunikationsgesellschaft – Konsequenzen für die Medienökonomie. In: Publizistik, 45. Jg., 2000, Heft 3, S. 310-329.

Theis-Berglmair, Anna M. (2001a): Funktionskonstanz und –wandel von Lokalzeitungen. Vom Zeitungshaus zum virtuellen Unternehmen. In: Maier-Rabler, Ursula/Latzer, Michael (Hrsg.): Kommunikationskulturen zwischen Kontinuität und Wandel. Universelle Netzwerke für die Zivilgesellschaft. Konstanz 2001, S. 255-267.

Theis-Berglmair, Anna M. (Hrsg.) (2001b): Internet und die Zukunft der Printmedien, Münster/Hamburg: Lit-Verlag (im Druck).

Wehner, Josef (1997): Medien als Kommunikationspartner. Zur Entstehung elektronischer Schriftlichkeit im Internet. In: Gräf, Lorenz/Krajewski, Markus (1997): Soziologie des Internet. Handeln im elektronischen Web-Werk. Frankfurt/M., S. 125-149

5 Redaktionsarbeit zwischen Online und Print-medium

Stephan Thurm
Vorarlberger Medienhaus, Schwarzach, Österreich
Thomas Knipp
The Wall Street Journal Europe, Brüssel
Dr. Klaus Schweinsberg
Redaktion Impulse, Köln

Stephan Thurm:

Für die freundliche Begrüßung und die Möglichkeit, hier das Vorarlberger Medien-haus vorstellen zu dürfen um Ihnen die Redaktionsarbeit im Vorarlberger Medien-haus zu zeigen, danke ich. Ich habe mich entschlossen, hier einen sehr praxisorien-tierten Vortrag zuhalten und nur ganz kurz auf die Rahmenbedingungen im Vorarlberger Medienhaus einzugehen, das Haus vorzustellen und dann gleich zwei Beispiele aus der Praxis vorzuführen.

Bild 1

Das Vorarlberger Medienhaus ist wirklich ein Multimediahaus; zum Einen sind Zeitungen im Vorarlberg das Kerngeschäft, das Herz des Geschäfts (Bild 1). Darüber hinaus Zeitungsdruck im gesamten deutschsprachigen Raum, Privatradio mit Antenne Vorarlberg und mein Bereich: Internet und Telephonie mit TELEPORT in der Region, mit der austria.com-Gruppe aber auch darüber hinaus. Das Ganze in einem Haus in Vorarlberg, im Medienhaus. Die Eckdaten: 65 Mio. Euro Umsatz, 450 Mitarbeiter, erwirtschaft in einer Region mit etwa 360.000 Einwohnern.

Die Zeitungsprodukte sind die Vorarlberger Nachrichten, die Neue Vorarlberger Tageszeitung und das Wann&Wo. An den Zahlen werden Sie unschwer erkennen, dass es ein sehr erfolgreiches Zeitungshaus ist, nicht untypisch für einen regionalen Zeitungsverlag, aber durchaus sehr erfolgreich: 85% Reichweite der Vorarlberger Nachrichten – des Leitmediums. Das Wann&Wo als Jugendzeitung auch mit 85% Reichweite in der Jugendzielgruppe, eine Gratiszeitung und die Neue Vorarlberger Tageszeitung mit 20%. Der nächste Wettbewerber, die Kronenzeitung, hat etwa 4½% Reichweite.

Mein Bereich Vorarlberg Online, für den ich heute spreche, ist ein eigenständiges regionales Internet Portal, und ich betone das Wort eigenständig, denn es wurde heute auch schon über Marken gesprochen. Wir haben uns damals entschlossen, Vorarlberg Online als eigene Marke zu positionieren, ein bisschen neben den Vorarlberger Nachrichten und natürlich in Kooperation mit den Vorarlberger Nachrichten. Diese eigene Marke bringt viele Vorteile, natürlich auch Nachteile. Wir haben es schon früh geschafft, diese Marke zu platzieren und deswegen sehen wir jetzt im Vordergrund die Vorteile. 14 Mio. Seitenaufrufe pro Monat ist ein hoher Wert, wenn man bedenkt, dass die Region 360.000 Einwohner hat. 84% der Vorarlberger geben an, Vorarlberg Online zu nutzen. Das ist für Österreich rekordwertig und ich denke, dass auch im deutschen Vergleich das durchaus vorzeigbar ist. Wie erreichen wir das? Das ist ein komplexer Mix aus aktuellen News, nützlichen Services, die vor allem für die Region relevant sind. Weiters setzen wir auf Unterhaltung und einen ganz besonderen Schwerpunkt auf Interaktion mit den Usern. Darüber hinaus haben wir schon von Anfang an diversifiziert. Wir sind in das ISP-Geschäft gegangen und sind jetzt regional der führende Internetserviceprovider im klassischen Dial Up-Geschäft, aber auch Breitbandbereich über Kabel, ADSL, Funk und alle möglichen Technologien. Seit letztem Jahr sind wir auch Telekom geworden. Wir bieten Sprachtelephonie an und sind mit 30.000 Kunden regionaler Marktführer. Das ganze Unternehmen, das muss man in diesen Zeiten auch dazu sagen, ist profitabel – das ist ja leider nicht selbstverständlich. Seit dem ersten Jahr seines Bestehens vor sechs Jahren ist Teleport profitabel. Es hat mittlerweile etwa 30% des Umsatzes der Zeitung erreicht und hat mit 70 Mitarbeitern in Vorarlberg schon eine ganz schöne Bedeutung in unserer Unternehmensgruppe erreicht.

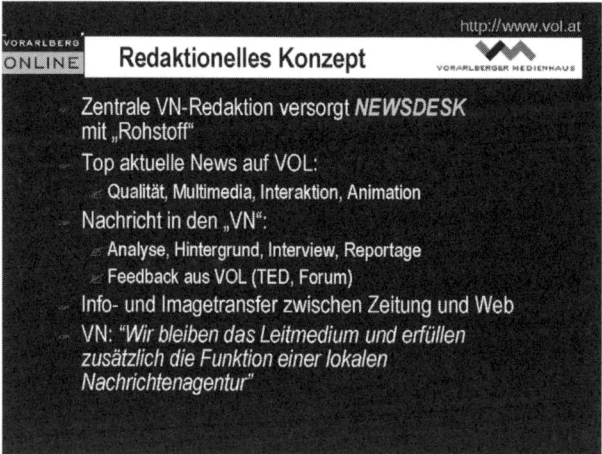

Bild 2

Nun zum redaktionellen Konzept, um das es heute eigentlich geht (Bild 2). Wir haben uns entschlossen, im Vorarlberger Medienhaus auf eine zentrale Nachrichten-redaktion zu setzen. Diese zentrale Redaktion liefert mit den Redakteuren der Vorarlberger Nachrichten Nachrichten-„Rohstoff", der in unserem zentralen „Newsdesk" landet. Die Redakteure der einzelnen Medien arbeiten unabhängig voneinander: Es gibt eine Zeitungsredaktion, es gibt eine Online-Redaktion und es gibt eine Radioredaktion. Aber alle gemeinsam nutzen diesen Newsdesk, der im Grunde nur virtuell existiert. Aus diesem „Rohstoff" werden dann auf Vorarlberg Online die topaktuellen News publiziert, wirklich minutenaktuelle Nachrichten. Wir greifen dabei zurück auf die Qualität der Vorarlberger Nachrichten, die auch als Quelle mit angegeben werden, reichern das mit Multimediaelementen und mit interaktiven Elementen an. Unsere Online-Redakteure haben auch die wichtige Aufgabe, die User zu animieren. Man kann fast sagen, dass sie mehr Animateure als Redakteure sind. Dagegen ist es in den Vorarlberger Nachrichten so, dass man sich am nächsten Tag, nachdem die Nachricht online schon publiziert wurde, sich auf Analyse, Hintergrund, Interview und Reportage konzentriert und natürlich auch Feedback aus dem Online-Dienst mit in die Zeitung einbaut. Dieses Feedback ist für die Kollegen sehr nützlich und natürlich auch interessant. Es kommt also zu einem Imagetransfer zwischen Online und Print, von dem beide Medien profitieren und nicht zuletzt auch das Radio, um das es heute aber weniger geht.

Zur Motivation der Vorarlberger Nachrichten, diese Kooperation einzugehen: Vorarlberg Online hat eine enorme Marktbedeutung im Online-Bereich mit 84% Reichweite. Es ging letztlich darum, ob Vorarlberg Online eine eigene Redaktion aufbaut, um diesen aktuellen Nachrichtenbedarf zu füllen oder mit den Vorarlberger Nachrichten zu kooperieren. Natürlich ist es erstens wirtschaftlich effizienter, zu kooperieren. Und zweitens ist es so, dass es für uns im Vorarlberger Medienhaus durchaus wichtig war, dass die Vorarlberger Nachrichten das Leitmedium bleibt. Die einzige Funktion, die die Vorarlberger Nachrichten zusätzlich übernehmen mußten, war im Grunde die einer Nachrichtenagentur. Sie mussten die Nachrichten, dabei allerdings nicht 3 Minuten vor Redaktionsschluss um 11 Uhr abends, sondern bereits während des Tages in den Newsdesk stellen. Das war eigentlich die größte Umstellung.

Die Erfahrungen sind folgendermaßen: Es gab natürlich anfängliche Widerstände, zum einen wegen der Mehrbelastung. Man muss vorher eine kurze Zusammenfassung seines Beitrags schreiben, bevor er dann in der Zeitung noch einmal gedruckt wird. Das hat sich sehr relativiert durch die einfache Möglichkeit, über Internet, über E-Mail diese Kurzfassung zu verbreiten und auch durch die Arbeitsteilung. Der Redakteur muss nur die Nachricht aus einer Pressekonferenz ganz kurz erfassen, der Online-Redakteur verarbeitet es dann weiter. Der zweite Punkt war die „gestohlene Aktualität". Aber angesichts der TV- und Radiomedien auch im regionalen Bereich ist das eigentlich hinfällig, weil die Zeitung sowieso nicht mehr die Top-Aktualität in allen Bereichen hat. Es gibt natürlich Exklusivmeldungen, auf die wir auch online Rücksicht nehmen, aber es ist mittlerweile sogar so, dass die Zeitungsredakteure uns sagen, dass sie an Aktualität zurück gewinnen, weil sie die Möglichkeit haben, Ihre Nachricht auch auf Vorarlberg Online vorab zu publizieren mit dem Hinweis: „Lesen Sie morgen mehr Details in der Zeitung." Die Kollegen sehen das mittlerweile durchaus als Gewinn und rufen uns an und wenn wir nicht innerhalb von 10 Minuten die Nachricht auf Vorarlberg Online publizieren, kommen schon die ersten „Beschwerden".

Die Herausforderung war, die Anforderung an Aktualität zu schaffen. Das schaffen wir mit Laptops, die mit Handy ausgestattet sind und von denen die Zeitungsredakteure von Pressekonferenzen bereits Kurzfassungen in den Newsdesk übertragen. Wir brauchen natürlich auch multimediale Inhalte, deshalb haben wir Fotographen mit eingebunden. Wir haben eine sehr einfache technische Infrastruktur, komplett digital, auf E-Mail basierend, mit der es auch dem Redakteur, der es überhaupt nicht gewohnt ist, mit Internet zu arbeiten, sehr einfach gemacht wird. Die Abstimmung erfolgt täglich in der Redaktionskonferenz, und da werden die Bälle hin und her gespielt, um in den Medien gegenseitige Verweise unterzubringen.

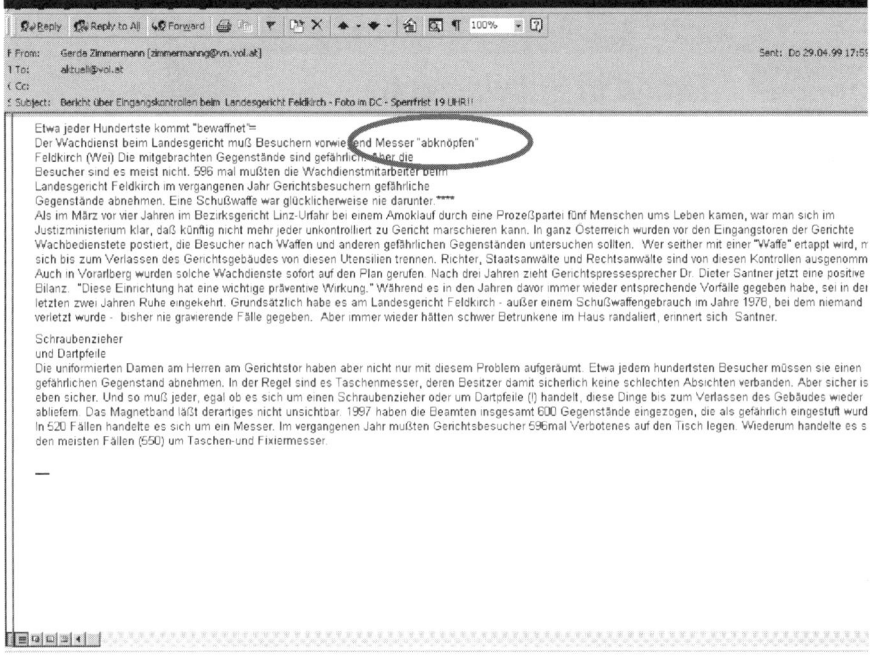

Bild 3

So sieht der Newsdesk aus (Bild 3): ganz einfach, ein E-Mail-Programm. Viele von Ihnen kennen vielleicht Microsoft Outlook. Da laufen die Nachrichten ein, von Radio, von den Bildredakteuren, von den Nachrichtenredakteuren. Hier ist z.B. ein Hinweis auf ein Bild in der Bilddatenbank zu einem bestimmten Vorfall. Hier ist eine Nachricht von einem Vorarlberger Nachrichtenredakteur, die mit einer Sperrfrist gesperrt ist. Natürlich dürfen wir nicht alles sofort publizieren, was auch in der Zeitung am nächsten Tag kommt, um Wettbewerber nicht zu fördern.

Bild 4

Das erste Beispiel (Bild 4): ein Multimedia-Beispiel. Rechts oben sehen Sie Bernd Hofmeister, einen unserer engagiertesten Fotografen, der mit Digital-Video-Kamera und Digital-Kamera unterwegs ist und das typische Regionalzeitungsge-schäft macht, um u.a. natürlich auch von Unfällen und regionalen Ereignissen zu berichten. Dieser Brand eines Hauses in Schwarzach war also sofort im Internet in Vorarlberg Online. Natürlich gab es dazu Bilderserien und sogar ein Video. Hier sehen Sie die Bilderserie zu diesem Brand, es sind 10, 15 Bilder von Bernd Hofmeister, die er wirklich 30 Minuten, nachdem er vor Ort war, online für uns bereitgestellt hat. Es gibt ein Video dazu, in dem man das Geschehen nahezu Life verfolgen kann. Am nächsten Tag wird es noch einmal in der Zeitung verwertet mit dem Hinweis auf die Berichterstattung von Vorarlberg Online „mit Videos und noch mehr Bildern".

Bild 5

Trauriger Anlaß, aber letzte Woche war natürlich mit den Terrorereignissen in den USA auch eine große Stunde des Internet (Bild 5). Auch hier haben wir eng zusammengearbeitet, weil wir Online die Aktualität liefern konnten, welche die Zeitung dann am nächsten Tag mit den Hintergründen gebracht hat. Sie sehen hier Hinweise, „mehr Infos auf Vorarlberg Online" zu diesen furchtbaren Anschlägen. Auf Vorarlberg Online haben wir natürlich minutenaktuell berichtet und berichten immer noch darüber.

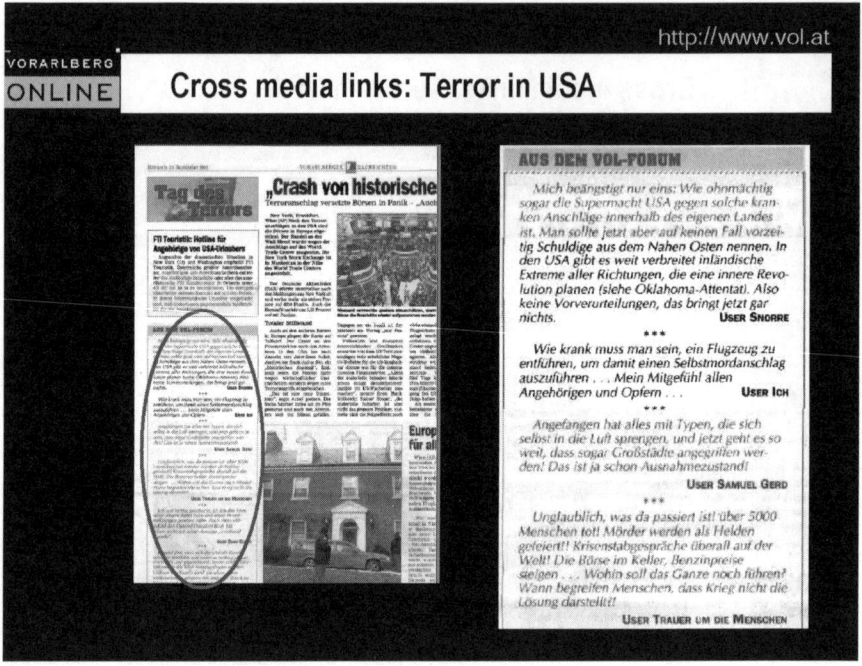

Bild 6

Hier sehen Sie die andere Seite in der Zeitung (Bild 6). Wir haben natürlich Foren-
beiträge, die es auf Vorarlberg Online zu diesem Thema gibt, auch in der Zeitung
abgedruckt.

Bild 7

Wie unterstützen wir das? Es ist ein kulturelles Thema, technisch dagegen ganz einfach. Im ganzen Haus gibt es Laptops, die in ein Funknetz eingebunden sind (Bild 7). Auch ausschließlich mobile Telefone fördern die Mobilität im Hause sehr. Es heißt nicht, dass jeder ständig nur in Bewegung ist. Es ist aber möglich, sehr einfach Teams zu bilden und Besprechungen abzuhalten und die wichtigsten Arbeitsmittel Computer und Telefon dabei zu haben. Wir haben ausschließlich Großraumbüros und eine sehr gute digitale Infrastruktur, mit der man einfach gut kommunizieren kann.

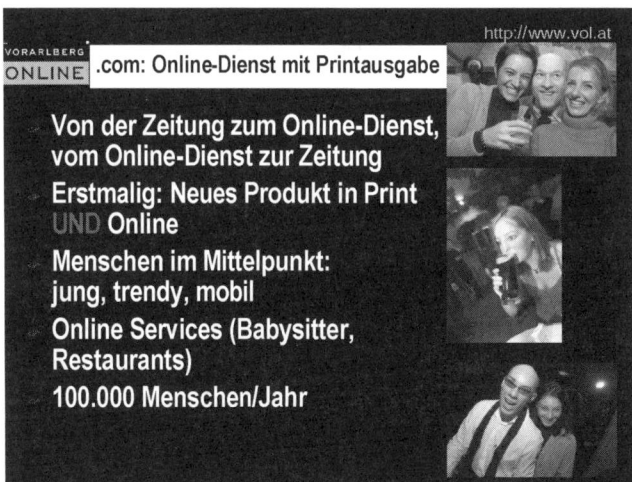

Bild 8

Das letzte Beispiel, das ich Ihnen zeigen möchte, ist sehr innovativ (Bild 8). Es ist das erste Cross Media-Produkt, das wir von der Online-Seite her angepackt haben. Ich habe bisher darüber gesprochen, was Print für Online tun kann, damit Vorarlberg Online erfolgreich ist. Jetzt ging es darum, ein Online-Produkt auch in Print zu übertragen, das sind unsere sogenannten „dot coms", wie „bregenz.com" und „feldkirch.com". Wir schicken abends junge Leute mit Digitalkameras los, die Hunderte von Fotos von Parties und Events machen, die am nächsten Tag auf den „dot com"-Diensten im Internet erscheinen. Das ganze regional aufgeteilt auf bregenz.com, bludenz.com, also die ganzen Bezirke. Daraus wird dann nahezu automatisiert eine Printausgabe gemacht. Aus diesen Hunderten von Bildern werden die besten ausgewählt und mit wenig Aufwand daraus eine Zeitung gedruckt, die gratis einmal die Woche an jeden Haushalt geht.

Bild 9

Das ist ein wirkliches Cross-Media-Produkt mit einer interessanten Zielgruppe: junge Menschen, trendy, mobil. Das Projekt ist sehr erfolgreich und es gibt auch noch ergänzende Online-Services dazu. Denn wenn man ausgehen will, braucht man natürlich einen Babysitter in der Region, Restaurant- und Veranstaltungstipps etc. Das haben wir auf den dot com-Onlinediensten abgebildet. Wir schaffen es mit diesem Produkt, etwa 100.000 Menschen im Jahr auf Fotos abzubilden. Die Party-reporter feiern mit, sie erhalten auch kein hohes Honorar dafür (Bild 9). Die sind aber gleichzeitig auch Promotionmitarbeiter von uns vor Ort und verteilen Flyer. Sie feiern also bei den Parties mit und am nächsten Tag um 11 Uhr sind die Bilder bereits online mit dem Hinweis in der Zeitung: „mehr Bilder gibt es natürlich Online".

Bild 10

So sieht es in der Zeitung aus (Bild 10). Hier sehen Sie „bregenz.com" als Beilage in Wann&Wo, der erfolgreichsten Gratiszeitung des Vorarlberger Medienhauses. Mit vielen Fotos und rechts daneben sehen Sie die Online-Ausgabe mit noch viel mehr Fotos und natürlich auch – das kann ich mir nicht verkneifen – Vorarlberger Klingeltöne mit der Landeshymne und Jodlern und allem, was man sich vorstellen kann zum Downloaden.

Das Fazit ist für uns: Die enge Kooperation ist möglich – das zeigt unser Haus – und natürlich auch sehr sinnvoll, sowohl wirtschaftlich als auch unter kollegialen Gesichtspunkten. Es ist auch so, dass durch die Reichweite, die Vorarlberg Online hat, Print und Online profitieren, dass neue und integrierte Produkte entstehen, wie Sie es jetzt gerade mit dot com gesehen haben.

Ich möchte noch betonen, weil das immer wieder angeführt wird, dass es sicherlich nicht auf die Technik ankommt, wenn man so etwas auf die Beine stellen will. Wir haben wirklich die einfachste E-Mail-Technik, die man sich vorstellen kann, um diese ganze Kooperation technisch zu realisieren. Es kommt vielmehr darauf an, eine offene Kultur im Haus zu haben, dass die Menschen von Print, Online und Radio miteinander kommunizieren, dass sie miteinander persönlichen Kontakt

pflegen. Darin liegt meines Erachtens eher der Schlüssel zum Erfolg. Vielen Dank
für Ihr Interesse, diese Präsentation finden Sie auch Online zum Download.

Dr. Klaus Schweinsberg

„Das Jahr 2000 wird das Ende der Zeitungs- und Zeitschriftenverleger einläuten,"
orakelte Microsoft-Gründer Bill Gates auf dem Weltwirtschaftsforum 1998. Unbe-
eindruckt von solchen Cyber-Szenarien werfen europäische Großverlage, wie seit
Kriegsende nicht mehr, neue Zeitungen auf den Markt: Gruner+Jahr und die Financial Times Group wagten mit der „Financial Times Deutschland" im Februar 2000
die erste Zeitungsneugründung in Deutschland seit 50 Jahren. Die „Frankfurter
Allgemeine Zeitung" kommt im Herbst 2001 mit einer Sonntagszeitung. Die „Neue
Zürcher Zeitung" plant ähnliches für 2002. Ist es also wirklich so schlecht bestellt
um die Zukunftsaussichten der Zeitungen?

Die stereotype Antwort, daß es weder Radio noch Fernsehen gelungen sei, den
Zeitungen ernstlich zu schaden und folglich die Zeitungen auch das Internet überleben werden, greift zu kurz. Denn Zeitungen, Radio und Fernsehen haben das
gleiche Geschäftsmodell. In Zeitungen gibt es Anzeigen; Radio- und TV-
Sendungen werden durch Werbung unterbrochen. Das Internet hingegen treibt
einen Keil in diese selbstverständliche Ehe von journalistischen Inhalten und
kommerziellen Werbebotschaften.

Radio und Fernsehen knabberten an den Werbeerlösen der Zeitungen und
bedrängen allenfalls deren Anzeigengeschäft – das Internet bedroht deren Existenz.
Es stellt das Geschäftsmodell per se zur Disposition. Im Netz ist der Anbieter jour-
nalistischer Inhalte nicht zwangsläufig darauf angewiesen, gleichzeitig Werbung zu
transportieren. Produktions- und Vertriebsaufwand sind gering im Vergleich zur
Zeitung, wo für die Verbreitung von Nachrichten jeweils erhebliche Druck- und
Verteilkosten anfallen. Heißt dies, daß das Internet die Zeitungen auch überflüssig
macht?

Bisher lagen die Stärken der überregionalen Qualitätszeitungen darin, daß sie im
Vergleich mit den elektronischen Medien umfassend und tiefschürfend berichteten
und im Vergleich zu den elektronischen Medien ein höheres Maß an Glaubwürdigkeit genossen. Jetzt erweist sich das World Wide Web zumindest bei der Informationstiefe als ernsthafter Konkurrent. Das neue Medium erlaubt die Kombination von
Nachrichten aller Art mit entsprechenden Archivmaterialien, Finanzmarktinforma-
tionen, verwandten Geschichten auf anderen Sites, Weblinks bis hin zu Audio- und
Videodateien.

Überlegen ist das Internet allen etablierten Medien auch darin ortsunabhängig aktuelle Informationen zur Verfügung zu stellen. Geräte wie die Personal Digital Assistants (PDA) sowie internetfähige Handys erlauben dem Nutzer, immer und überall aktuelle Informationen zu empfangen und gegebenenfalls umzusetzen, zum Beispiel an der Börse.

Dennoch gibt es Funktionen, die eine Tageszeitung besser erfüllt. Zu den wichtigsten zählen Glaubwürdigkeit und Überblick. So macht das Internet Inhalteanbietern den Markteintritt leicht. Je einfacher es aber ist, Inhalte zu verbreiten, desto mehr zweifelhafte Informationsangebote gibt es. Zeitungen verfügen im Gegensatz zu den zahlreichen Newcomern im Netz über eine Marke, die für seriösen Journalismus steht. Das Wissen um Zusammenhänge in Politik und Wirtschaft, journalistische Kompetenz und solide Hintergrundrecherchen sind noch immer eine Domäne der Qualitätspresse. Dies wiederum bewirkt, daß man Zeitungen eine Meinung zubilligt; eine Meinung, die man im Zweifel übernimmt.

Der Zeitungsleser erwartet von seinem Blatt heute mehr denn je, daß es analysiert, recherchiert und kommentiert. Gleichzeitig soll die Zeitung sortieren, ordnen und gewichten; sie dient als Navigator durch das Datenmeer, als Browser durch die vielfältigen Informationsangebote.

Strategien und Konzepte eines Tageszeitungsverlags sehen heute völlig anders aus als noch vor wenigen Jahren. Es überlebt, wer seinen Markennamen auf allen Informationskanälen nutzt. Die Tageszeitung ist dabei ein Teil im Mosaik der Dienste, die dem Leser angeboten werden. Da Wirtschaftsnachrichten besonders zeitkritisch sind, gilt hier ein besonders exakter Maßstab für Aktualität und Glaubwürdigkeit.

Die Erfolgsstrategie einer überregionalen Tageszeitungen lautet heute: Eine Marke – alle Medien. „I'm not in the newspaper business ... Right now, many of our people, want it on paper and we will try to serve that market. When they want it on the Internet, we'll be there for them. If they want it beamed directly into their minds, we will create a cerebral cortex edition", beschreibt der Herausgeber der New York Times das Konzept. Der Abonnent erhält die für ihn relevanten Nachrichten über das jeweils beste Medium. Am Frühstückstisch ist die gedruckte Zeitung nach wie vor unschlagbar. Auf der Fahrt zur Arbeit im Auto oder Zug erreichen den Leser eilige Nachrichten per Handy. Im Büro wird der Nutzer über die Website den ganzen Tag mit laufend aktualisierten Informationen bedient. Vor längeren Reisen im Flugzeug wird der PDA synchronisiert, um an Bord die neuesten Nachrichten durchgehen zu können. Der Absender all dieser Informationen ist eine Marke – die der Tageszeitung.

Wichtig ist, daß die Redaktion auf allen Kanälen mit einer Stimme spricht. Zeitungen, deren Online-Auftritt ein journalistisches Eigenleben führt, haben oft damit zu kämpfen, daß Zeitung und Website die selben Ereignisse unterschiedliche bewerten. Das wird vom Leser nicht goutiert. Für die Struktur der Redaktion heißt das: One Newsroom – all Media. Alle Medien müssen aus einer Nachrichten- redaktion bedient werden. Für die Technik bedeutet dies, daß es für Print wie Internet ein einheitliches Redaktionssystem geben muß. Alle Redakteure schreiben für alle Medien – bei der Umsetzung dieser Philosophie ist die Financial Times Deutschland wohl in Deutschland am weitesten. Andere Blätter, die bisher separate Online-Redaktion unterhielten wie z.B. die FAZ oder BILD, schwenken zuneh- mend auf diesen Kurs ein.

In der Online-Ära sind Tageszeitungen Anachronismus und Avantgarde zugleich. Durchsetzen werden sich in den nächsten Jahren jene Verlage, die ihren Lesern unter dem Dach einer gemeinsamen Marke einen umfassenden Informationsdienst anbieten, in dem sich Zeitung und Internet, PDAs und Handys ergänzen.

Thomas Knipp:

Viele der Aspekte, auf die ich heute morgen eingehen wollte, sind schon genannt worden. Deswegen versuche ich, es etwas anders aufzuzäumen und vielleicht noch zu sagen, dass ich nicht nur für das Wall Street Journal arbeite, sondern auch noch für das Handelsblatt, wo ich ursprünglich herkomme. Sie wissen vielleicht, dass es eine Kooperation zwischen dem Handelsblatt und dem Wall Street Journal Europe gibt. Das Wall Street Journal Europe ist Teil des weltweiten Wall Street Journal Imperiums. Es gibt das amerikanische Journal, das in Europa, das in Asien – drei große Netzwerke, die auch an sich im Printbereich sehr stark miteinander koope- rieren. Das hat gerade in Zeiten von Krisen sehr viele Vorteile. Als am vergangenen Dienstag das World Trade Center zusammengebrochen ist, mußte unser World Headquarter, was 200 m davon entfernt liegt, natürlich evakuiert werden. Wir haben Glück gehabt, dass von unseren Kollegen nur einige verletzt worden sind und niemand zu Tode gekommen ist. Wir haben an diesem Abend und in dieser Nacht Teile des amerikanischen Journals aus Brüssel und aus Asien heraus produziert und von diesen Standorten in der Welt an unsere Druckereien in Amerika geschickt – so lange bis die Kollegen in Amerika in der Lage waren, Teile des News Rooms in New Jersey auf der anderen Seite des Flusses notdürftig aufzubauen.

Lassen Sie mich auf etwas kommen, was vielleicht für Sie nicht so ganz offensicht- lich wichtig ist und was für viele Verlagsmanager häufig auch nicht wichtig ist. Das ist Kultur, Redaktionskultur. Was macht das Spezifikum einer Redaktion aus? Unser Geschäft, das Nachrichtengeschäft, hat sehr viel mit diesen kulturellen

Fragen zu tun. Es sind weiche Faktoren, die sehr häufig für die Verlagsmanager nur ganz schwer zu greifen sind und die auch als nicht besonders wichtig erachtet werden. Da unterscheiden sich die Verlagsmanager nicht so sehr von anderen Managern, denn wir wissen, dass etwa bei grossen Fusionen auf die Kulturunterschiede zunächst einmal nicht so sehr geguckt wird. Es kommt darauf an, dass es auf dem Papier Sinn macht. Wenn man das erreicht hat, ist eigentlich das Wichtigste erreicht, und die Kultur ist nicht so wichtig. Das kriegt man schon hin. Aber die Kultur ist ganz wichtig. Das Beispiel DaimlerChrysler zeigt das. Für mich ist es sehr interessant gewesen, aus einem deutschen Zeitungshaus zu kommen und in ein amerikanisches zu gehen und zu sehen, wie diese Kulturunterschiede funktionieren.

Warum sind Redaktionskulturen im Bereich Print und Online so wichtig? Ich sage noch einmal: im Unterschied zum Kollegen Schweinsberg, der einen Neubau auf die Wiese gestellt hat, mußten wir beim Wall Street Journal vor ein paar Jahren und beim Handelsblatt in Deutschland, wie Sie gesagt haben, „Altbausanierung" betreiben. Das ist natürlich schon ein großer Unterschied und vieles von dem, was ich Ihnen zu erzählen habe, erklärt sich natürlich auch ein bisschen aus der Tatsache, das „Altbausanierung" betrieben werden muss. Das hat viel damit zu tun, dass Hürden in den Köpfen der Leute überwunden werden müssen, dass Brücken zwischen Kulturen gebildet werden müssen, und dass die „Vorgartengrenzen" niedergerissen werden müssen, wenn man zusammenarbeiten muss. Da ist es natürlich viel einfacher, wenn man einen „Neubau" hinstellt, als wenn man bestehende Strukturen verändern muss.

Ganz wichtig ist in dieser Frage die Redaktionskultur, die sehr stark die Qualität, die Anmut, die Darreichung eines Produktes bestimmt. Warum sieht die FAZ, für die ich vor vielen Jahren auch einmal gearbeitet habe, so aus wie sie aussieht? Warum ist sie so geschrieben wie sie geschrieben ist? Warum sind die Überschriften manchmal so ein bisschen verquer formuliert? Es erklärt sich sehr stark aus einer lang entwickelten Redaktionskultur. Ganz wichtig: Aus der Redaktionskultur heraus entwickelt sich auch das News Judgement, also die Gewichtung und die Bewertung von Nachrichten. Das ist auch ganz schwierig zu begreifen für jemand, der nicht Journalist ist – selbst für Journalisten ist es manchmal schwierig zu begreifen. Im Prinzip ist es aber die Fähigkeit einer Redaktion, Geschichten mit Relevanz für Ihre Leserschaft zu erkennen, aufzubereiten und zu positionieren. Die Relevanz von Geschichten bei der Vorarlberger Zeitung ist sicherlich eine andere. Da muss ich andere Geschichten erkennen, die für die Leser dort relevant sind, als das bei uns, beim Handelsblatt oder beim Wall Street Journal, der Fall ist. Das ist ganz wichtig. Ich kann vielleicht ein guter talentierter Wirtschaftsjournalist bei unseren Zeitungen sein, wäre aber vielleicht gar nicht so talentiert, wenn ich für eine Lokalzeitung arbeiten müßte. Da geht es auch um ganz unterschiedliche Talente.

Diese für unsere Leser relevanten Themen zu erkennen, vor allem Themen, die ein bisschen am Rande liegen – darin liegt die große Kunst. Ich will Ihnen zwei Beispiele nennen, wo es schief gegangen ist, oder wo es nicht sofort perfekt funktioniert hat. Das eine Beispiel ist die Diskussion um die deutsche Leitkultur, die es vor einiger Zeit einmal gegeben hat. Da waren wir beim Handelsblatt der Meinung, dass das eigentlich ein Thema war, was für uns nicht relevant war, weil wir eine Wirtschaftszeitung sind – zwar auch über Politik schreiben, aber diese Diskussion wäre nicht eigentlich wichtig. Wir haben relativ schnell lernen müssen, dass sie für uns sehr wichtig war, weil die Diskussion um die deutsche Leitkultur natürlich Auswirkungen auf die Tatsache hatte, ob talentierte Ausländer zu uns kommen, um bei uns zu arbeiten. Dann ist es natürlich ein Wirtschaftsthema und somit ganz wichtig. Das Talent, solche Themen zu erkennen, ist ganz wichtig.

Ein anderes Thema, dieses Mal aus dem Bereich des Wall Street Journal, war der Absturz der Concorde. Ich erinnere mich sehr gut daran, weil ich gerade die Nachrichtenproduktion geleitet habe. Ich rief in unserem Pariser Büro an und sagte dem Bürochef dort, ob er schon vom Absturz der Concorde gehört hätte. Wir müßten uns jetzt zusammensetzen und überlegen, wie wir das denn machen wollen. Und seine Antwort war: „You know, at the Journal we don't cover air plane crashes."

Ich habe dann gedacht, dass das eine mögliche Sichtweise ist und dass es auch stimmt, dass wir das normalerweise nicht tun. Mein Argument war, dann zu sagen, dass das kein normaler Flugzeugabsturz war. Unsere Leserschaft benutzt dieses Flugzeug wahrscheinlich mehr als alle anderen auf der Welt. Insofern mußten wir es machen. Wir waren dann doch in der Lage, den Kollegen in Paris relativ schnell zu überzeugen.

Das Talent, „stories" zu erkennen, ist also sehr wichtig. Auch das Talent, große Ereignisse, also große Deals in der Wirtschaftswelt, aber auch Katastrophen wie die im World Trade Center, zu erkennen, aufzubereiten, in die richtigen Proportionen zu bringen. All dies muss – und das ist eben der Unterschied zu Projekten, die man längerfristig macht – in relativ kurzer Zeit geschehen. Sie haben einen sehr breiten Nachrichtenstrom, den Sie in sehr kurzer Zeit, nämlich im Laufe eines Tages oder im Laufe von wenigen Minuten verdichten müssen. Der Pool von Talenten, den Sie dafür benötigen, ist normalerweise in einer Printredaktion vorhanden.

Im Online-Bereich ist es ein bisschen anders, zumindest in den sogenannten Altbauten, um diesen Begriff noch einmal aufzunehmen. Da ist es so gewesen, dass das Online-Geschäft zumindest am Anfang sehr häufig als etwas betrachtet worden ist, dass man nicht unbedingt haben muss, dass etwas ist, was man nicht versteht, was jung und flippig ist. Und insofern hat man dem lange Zeit keine sehr große Bedeutung beigemessen. Daraus ist die Tatsache entstanden, dass die Leute, die talentiert waren, die ein gutes Nachrichtenjudgement hatten, die gut geschrieben haben, die gut recherchieren konnten, natürlich nicht für online geschrieben haben, sondern für das Printmedium. Insofern haben sich in der Online-Welt sehr häufig – nicht überall – Mitarbeiter durchgesetzt, die gut waren in der Präsentation, weniger aber im kernjournalistischen Geschäft.

Warum erzähle ich Ihnen das alles? Mehr und mehr werden diese beiden Vertriebsformen – und mehr ist es ja eigentlich nicht – nicht mehr als unterschiedliches Produkt wahrgenommen, sondern als ein Produkt. Wenn Sie dieses eine Produkt auf unterschiedlichen Wegen verteilen wollen, dann müssen Sie eigentlich eine Konsistenz herstellen zwischen dem, was Sie im Print machen und dem, was Sie in Online machen. Häufig ist das nicht so. Häufig erhalten Sie im Online-Bereich eine Nachrichtenwirkung, eine Nachrichtenbewertung eines Sachverhaltes, der vollkommen konträr läuft zu dem, was Sie am nächsten Tag in der Zeitung haben, weil die Printredaktion mit Ihrer Tiefe, mit Ihrem Talent, mit Ihrer Erfahrung zu einem ganz anderen Schluss kommt, manchmal oder meistens auch zu dem richtigeren. Das muss man natürlich ändern. Es ist nicht in allen Verlagen so, aber es ist sicherlich ein großes Problem bei den „Altbausanierern".

Ich sage Ihnen kurz ein paar Worte zu den zwei Modellen, die entstanden sind. Es gibt das integrative Modell. Das ist aus dem angelsächsischen Raum gekommen. Beispiele dafür sind das Wall Street Journal, die FT und FT Deutschland. Die redaktionellen Leiter des Online-Geschäftes, sind dem Chefredakteur der Gesamtzeitung unterstellt. Die Newsdesks arbeiten sehr eng zusammen. Es gibt eine wechselseitige Teilnahme an den Redaktionskonferenzen oder es gibt, um es besser auszudrücken, eigentlich nur eine Redaktionskonferenz, an der alle teilnehmen. Die Kollegen, die die Printausgabe machen und die das digitale Angebot machen, sitzen geografisch sehr eng zusammen. Es gibt gemeinsame Newsrooms. Alles passiert auf Zuruf, so dass wir in der Lage sind, Dinge zusammen zu spielen und gemeinsam aufzubereiten.

Ich nenne Ihnen ein Beispiel. Als die Fusion von AOL und Time Warner bekannt wurde, war das eine Nachricht, die das Wall Street Journal als erste hatte, leider sehr spät. Der Bürochef unserer Redaktion in Los Angeles bekam diese Nachricht um 11 Uhr seiner Zeit. Das war also 2 Uhr New Yorker Zeit. Da ist selbst das amerikanische Wall Street Journal gedruckt. Es war aber schon 8 Uhr morgens europäischer Zeit. Er hat dann einen schnellen Text geschrieben für Dow Jones Newswires, die Nachrichtenagentur, die uns gehört und auch für Online. Wir haben in Europa diesen Ball sofort aufgenommen und das Thema wirklich multimedial über den Tag hinweg gespielt. Wir haben immer simultan die neuesten Nachrichten dieses Deals gehabt, auf den Newswires und auf unserer Online-Seite wsj.com, und wir haben dazu, weil uns 50% des Wirtschaftsnachrichtensender CNBC gehören und wir eng kooperieren, Fernsehen gemacht. Wir haben im Stundentakt Kollegen aus Europa auf dem Bildschirm gehabt, die dann jeweils neue Aspekte zu dem Thema beschrieben haben. Um 2 Uhr mittags haben wir damit aufgehört. Die amerikanischen Kollegen bei CNBC fingen mit ihrer Berichterstattung an und hatten sofort die Vorstandsvorsitzenden der beiden Gesellschaften zum Interview. Am nächsten Tag gab es eine tiefschürfende Analyse dieses Themas im Wall Street Journal zu lesen. Das ist sozusagen das perfekte Beispiel von multimedialer Spielweise, die aber voraussetzt, dass Sie sehr eng miteinander zusammen arbeiten, dass es sehr kurze Wege und auch klare Entscheidungsstrukturen gibt.

Sie müssen schon auf einem relativ hohen Level in der Redaktion – bei uns geschieht das auf der Ebene der Chefredaktion – entscheiden, was Sie wann über welchen Distributionsweg spielen wollen – Internet, SMS, Palm-Computer usw. Das muss ohne große Verzögerung auch umgesetzt werden. Das ist das integrative Modell.

Dann gibt es ein Modell, das ich einmal „teile und herrsche" nenne. Wir sind ja hier sozusagen unter uns. Da kann man auch ein bisschen über die Entstehungsgeschichte von solchen Modellen reden. Eigentlich machen sie keinen Sinn. Wir haben das eben sehr schön gesehen an den Beispielen, die Herr Schweinsberg gebracht hat. Auch die Beispiele, die wir aus dem Vorarlberg gesehen haben, zeigen, dass es keinen Sinn macht. Aber warum gibt es sie trotzdem? Ich nenne einmal zwei Namen für dieses teile-und-herrsche-Strategie: Handelsblatt und FAZ. Reden wir einmal über die FAZ. Die Herausgeber, ein Herausgeber im Speziellen, hat immer gesagt hat: Internet – ich weiß nicht, was das ist, das kann nicht wichtig sein, das machen wir nicht. So einfach war das. Über Jahre hinweg. Die Verlagsseite hatte mit dieser Sichtweise verständlicherweise zunehmende Probleme. Vor etwa einem Jahr hat man sich dann auf Verlagsseite durchgesetzt und gesagt: okay, wir müssen es nicht mit der Printredaktion machen können, wir machen es neben der Printredaktion. Sie haben dort FAZnet aufgesetzt, die jetzt die Website der FAZ machen. Es gibt eine relativ lose bis nicht bestehende Kooperation zwischen den beiden Teilen. Das erklärt sich sozusagen aus den Strukturen, die in einem „Altbau" gegeben sind. In unserem Verlag war es ähnlich, hat sich aber ganz deutlich gebessert. Ein anderer Punkt, der dafür gesprochen hat, das Geschäft in unterschiedlichen Gesellschaften zu betreiben, war der, dass der Markt lange Zeit noch ganz anders aussah, und wir geplant hatten, so ein Geschäft vielleicht auch einmal an die Börse zu bringen und damit viel Geld zu machen.

Alle diese Dinge sind natürlich nicht mehr zu erreichen. Insofern ist das integrative Modell natürlich das, was sich in Zukunft meiner Meinung nach durchsetzen wird. Warum ist es wichtig, dass wir integrativ vorgehen müssen? Die Kulturen müssen wirklich zusammen rücken zwischen Print und Online. Es gibt, wie der Kollege es eben gesagt hat, nur einen Journalismus und das ist guter Journalismus. Und der wird immer wichtiger. Print und Digital sind nur unterschiedliche Distributions-formen, nichts anderes. Der Leser nimmt die Unterschiede nicht mehr wahr. Er benutzt die unterschiedlichen Distributionsformen zu unterschiedlichen Zeiten und in unterschiedlichen Situationen. Den Unterschied, den wir machen, den sieht unser Kunde nicht. Aus allem Grund heraus wird dieses Zusammenrücken der Kulturen immer wichtiger. Wir müssen da wirklich lernen, wir Alten. Ich bin im Print-geschäft groß geworden. Ich habe meinen Beruf angefangen, als gerade die letzten Bleisatzmaschinen außer Dienst gegangen sind. Wir müssen von den Online-Kollegen lernen, weil die uns eine Menge beibringen können, was Aufbereitung in diesem Medium angeht.

Warum ist das Zusammenrücken so wichtig? Zusammenrücken ist wichtig, weil es technische Entwicklungen gibt, über die vielleicht heute noch nicht gesprochen worden ist. Das sind sog. Flatscreens, vollkommen flexible Bildschirme. Warum ist die Zeitung bis heute das ideale Distributionsmodell gewesen? Weil Sie sie zusam-menrollen, zusammenfalten, in die Tasche stecken können, in der U-Bahn lesen können – wann Sie wollen, wo Sie wollen. Es wird – und da streiten sich die Wissenschaftler, die an diesem Produkt arbeiten, im Augenblick noch ein bisschen – fünf bis acht Jahre dauern, bis Bildschirme das auch können. Das Produkt heißt E-Paper, elektronisches Papier. Es sieht aus wie Papier. Sie können es zusammen-falten, in die Tasche stecken. Der einzige Nachteil oder Vorteil ist, je nachdem wie Sie wollen, dass Sie keine schwarzen Finger bekommen, wenn Sie es lesen.

Diese Technik wird in fünf bis acht Jahren einsatzbereit sein, vielleicht schneller. Dann sind Sie in der Lage, etwas herstellen zu können, was aussieht wie eine Zeitung, aber im Prinzip ein Bildschirm ist und was Sie gekoppelt mit UMTS immer, always on, eingelinkt in das Internet, einsatzbereit haben. Es sieht aus wie eine Zeitung, wird aber elektronisch gedruckt. Das wird gewaltige Konsequenzen haben, nicht nur für die Verlage, die sich überlegen müssen, wie sie diesen riesigen Kostenapparat, den sie heute haben, weil sie heute noch drucken und verteilen müssen, neu ausrichten wollen und wie sie sich da neu positionieren wollen. Das hat auch gewaltige Auswirkungen darauf, wie eine Redaktion arbeitet. Die müssen sich dann fragen: Was wollen wir? Dann wird es den Unterschied zwischen Print und digital nicht mehr geben, weil dann in dieser gedruckten digitalen Form immer alles da ist. Dann müssen wir uns fragen, was wir eigentlich sein wollen als Wall Street Journal, als Handelsblatt, auch als Financial Times Deutschland. Wollen wir eine Nachrichtenagentur sein? Wollen wir sagen, dass wir das gar nicht können, weil wir nicht genügend Leute dafür haben, um das schnell genug zu beliefern? Wollen wir nur noch Hintergrundinformationen machen? Das werden uns unsere Leser vielleicht gar nicht zugestehen, dass wir ihnen nur das liefern. Oder soll es eine Mixtur aus beiden sein?

Die Diskussionen über diese wirklich gewaltigen strategischen Herausforderungen, die nicht nur auf uns journalistisch zukommen, sondern auch auf uns als Verlagshäuser, hat meiner Meinung nach noch nicht ernsthaft begonnen. Aber, es ist gar keine Frage, dass wir uns darauf vorbereiten müssen. Es ist eben schon gesagt worden, dass es nur ein Mittel gibt. Abseits der Technik und abseits von allen Strategien, abseits der Frage, ob wir „Neubauten" hinstellen oder „Altbauten" sanieren, gibt es nur eine Sache, die wir tun müssen und wie wir überleben können, zumindest im Bereich der Wirtschaftspresse – wir müssen Qualität produzieren, die glaubwürdig und die für jeden Leser unverzichtbar ist oder zumindest das Image hat, unverzichtbar zu sein. Und dafür wird auch gezahlt. Nehmen Sie WSJ.com als Beispiel. Es ist mit 6 Millionen zahlenden Kunden die größte bezahlte Website auf der Welt. Wir haben immer gesagt: Leute, ihr kriegt guten Inhalt und für diesen guten Inhalt müßt ihr bezahlen. Das war damals, als wir das eingeführt haben, revolutionär. Viele haben gesagt, dass das nie gutgehen kann. Es ist gut gegangen. Wir haben es, und das ist unsere feste Überzeugung, nur deswegen tun können und nur deswegen geschafft, weil wir in englischer Sprache veröffentlichen und damit einen riesigen Markt haben. Aber wir haben es auch deswegen geschafft, weil wir einen Inhalt produzieren, der so eindeutig qualitativ gut ist, und auch als solcher bekannt und glaubwürdig ist, dass die Leser bereit sind, dafür Geld zu bezahlen. Qualität, Qualität, Qualität – das ist der Weg in die Zukunft und da müssen vielleicht auch noch viel Verlage ein bisschen umdenken.

6 Anzeigengeschäft Online versus Print

Dr. Hans Gasser
Süddeutsche Zeitung GmbH, München
Dr. Falk von Westarp
Monster.de GmbH, Wiesbaden
Dr. Kay Kohlhepp
Versum.de AG, Düsseldorf

Dr. Hans Gasser

Es herrscht Unsicherheit, Ungewissheit und Mehrdeutigkeit bei der Frage nach der Zukunft der Zeitung, das wurde heute schon von Frau Professor Theis-Berglmair festgestellt. Ich füge hinzu – und das seit den ersten Tagen des Fernsehens vor etwa 50 Jahren.

Bei der Geburt eines neuen Mediums wurde in der Vergangenheit immer wieder der gleiche Fehler gemacht, die falsche Prognose aufgestellt: Das ist das Ende der Zeitungen. Bill Gates war der prominenteste Vertreter in jüngster Vergangenheit als er das Jahr 2000 als den Beginn vom Ende der Zeitungen hinstellte. Die schrecklichen Ereignisse der vergangenen Tage haben es sehr eindrucksvoll bewiesen. Zeitungen und Fernsehen waren die uneingeschränkten Leitmedien des Geschehens. Spitzenreichweiten im TV, höchste Auflagen bei den Zeitungen, ein meßbares Zeugnis für diese Behauptung. Besonders gefragt in diesen Tagen ist die überregionale Qualitätspresse. Aber nicht nur Bill Gates hat den Zeitungen ab dem Jahr 2000 den Niedergang prophezeit – auch so manch anderer Experte spielt das Lied vom Tod der Zeitungswerbung, speziell der sogenannten Rubrikenanzeigen, d.h. Kraftfahrzeuge, Immobilien und Stellenanzeigen. Das Jahr 2000 war, allen Unkenrufen zum Trotz, für nahezu alle Zeitungen und Printmedien in diesem Lande ein Superjahr. Die Süddeutsche Zeitung zum Beispiel steigerte signifikant ihre Auflage, ihren Umsatz, ihr Ergebnis. Und auch sonst bin ich der Meinung, dass Herr Gates irrt, und dass das Internet für die Zeitungen nicht die größte Bedrohung, sondern die größte Chance darstellt. Denn die Krise des Neuen Marktes zeigt den Weg. Nicht Online-Only wird erfolgreich sein, sondern die Symbiose von Offline und Online, in unserem Fall von Zeitung und Internetportal. So wie die redaktionellen Inhalte sich mediumgemäß im Internet anders darstellen, so werden sich auch die kommerziellen Inhalte, die Anzeigen online neu und anders präsentieren. Die große Herausforderung für unsere Verkäufer und für die Marketingverantwortlichen im Verlag wird die Suche nach neuen Crossmedia-Produkten sein, nach neuen Geschäftsmodellen für unsere alten, bestehenden, und neuen Kunden.

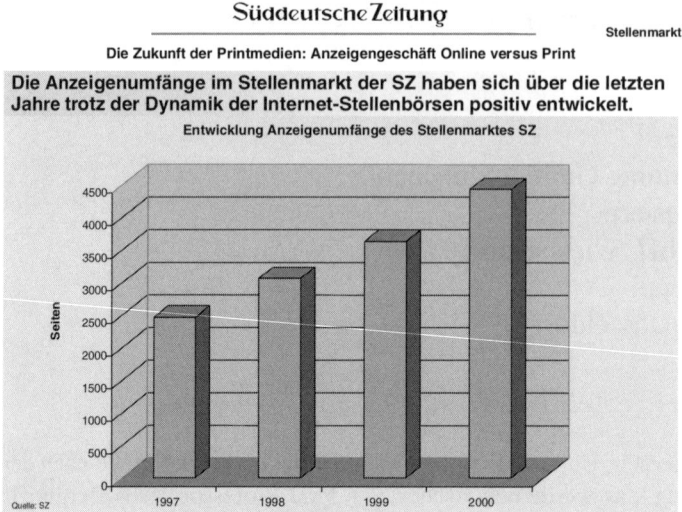

Bild 1

Ich möchte Ihnen zur Behauptung dieser Feststellung einige Facts, auch als Grundlage für die Diskussion und für Ihre Fragen vermitteln (Bild 1). Die Süddeutsche Zeitung steigert signifikant ihre Auflage. Seit 1995 steigt die Auflage und neben diesem Wachstum der Auflage gibt es selbstverständlich auch ein Wachstum der Anzeigenumfänge. Ich beschränke mich heute im Wesentlichen auf den Bereich des Stellenmarkts, der eine der Domänen der Süddeutschen Zeitung ausmacht. Die Anzeigenumfänge im Stellengeschäft haben sich trotz der Dynamik der Internet-Stellenbörsen seit 1996 sehr positiv entwickelt.

Auch die Anzahl der Positionen, die in den Stellenmärkten der Zeitungen für Printmedien dargestellt wurden, sind beeindruckend (Bild 2). An der Spitze die FAZ, direkt gefolgt von der Süddeutschen Zeitung und dann – mit großem Abstand – einer Reihe meist regionaler Marktführer.

Von den unzähligen Pure-Online-Stellenbörsen in Deutschland haben sich nur wenige im Markt positionieren können.

Die Entwicklung der Zugriffe bei den führenden Online-Stellenbörsen ist durchgängig positiv. Die Reichweiten, wie sie sich seit 1999 entwickelt haben, sind durchweg beeindruckend.

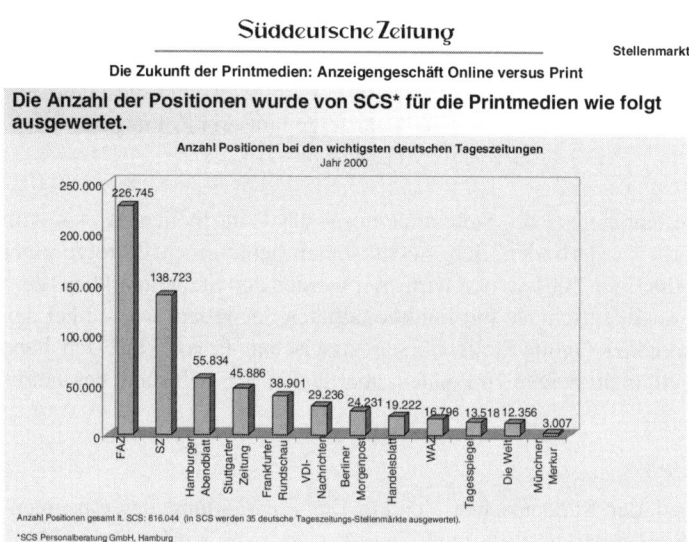

Bild 2

Auch die Anzahl der Angebote innerhalb der Online-Stellenmärkte haben mehr als
eine kritische Masse erreicht (Bild 3). Bei Stellenanzeigen.de ist bei der führenden
Säule festzuhalten, dass es durch eine Kooperation mit der randstad-Jobbörse diese
Höhe ergibt. Bei monster.de – es sieht auf dieser Säule in Deutschland nicht wie ein
„Monster" aus – sind es immerhin 650.000 Angebote weltweit, wenn meine Infor-
mation stimmt.

Bild 3

Wie werden Online-Stellenbörsen die Printmärkte beeinflussen? Wir glauben, dass Personal-Image-Anzeigen im Print zunehmend an Bedeutung gewinnen werden. Wir verzeichnen seit einigen Jahren verstärkte Farbigkeit und gestalterische Momente sowie Image-Faktoren in den Stellenanzeigen unserer Zeitungen.

Wie wird sich die Kompetenz des Stellenmarktes – des Print-Stellenmarktes – im Online-Stellenmarkt wiederfinden? Ich möchte Ihnen heute einen Prototyp einer Web-Site zeigen, die Ende 2001 starten wird. Wir werden den Stellenmarkt aus dem Printgeschäft auf sueddeutsche.de mit Funktionalitäten darstellen, wie sie bei den führenden erfolgreichen Online-Stellenbörsen inzwischen Praxis sind. Ich habe gehofft, Ihnen heute mehr zeigen zu können, aber lassen Sie sich Ende des Jahres überraschen.

Wie sehen wir bei der Süddeutschen Zeitung die Entwicklung des Anzeigen-geschäfts? Die Stellenmärkte Print und Online sind, wie wir im Jahre 2001 schmerzlich erkennen müssen, abhängig von der Konjunktur und der jeweiligen Arbeitsmarktsituation. Im Jahr 2001 sinken die Angebote und Umsätze konjunktur-bedingt, nicht nur bei Print-Stellenmärkten, selbstverständlich auch bei Online-Börsen. Wir erwarten für die kommenden Jahre eine Konzentrationswelle bei Online-Stellenmärkten. Ein Beispiel: monster.com, das jobline.com übernommen hat. Oder aus den USA careerbuilder.com und headhunter.com – zwei Online-Börsen, die von den größten amerikanischen Zeitungsgruppen als ihr Internet-Portal für das Stellengeschäft fusioniert und entwickelt werden. Die führenden Print-Stellenmärkte werden offensiv neue Crossmedia-Produkte anbieten. Immobilien und Kfz-Börsen werden sich wie das Stellenanzeigengeschäft crossmedial verknüpfen.

Mein Fazit: Im Mediengeschäft vollzieht sich wie in anderen Bereichen der Wirtschaft auch die Fusion von Online- und Offline-Aktivitäten. Online-Only-Anbieter werden nur in kleinen Nischen oder als globale oder zumindest nationale Markt-führer bestehen können.

Dr. Falk von Westarp

Ich werde Ihnen nicht nur gleich den Namen Monster.de erklären – mir wurde auch beim Mittagessen dringend angeraten, Sie mit ein paar Hintergrundinformationen über Monster zu versorgen und was sich hinter diesem auffälligen Namen verbirgt. Also zuerst einmal die Anekdote: Monster wurde in den USA von einem Herrn gegründet, der damals in der traditionellen Personalberatung tätig, Jeff Tailor. Die Anekdote sagt, dass er mit einem Kunden zusammen saß, um eine Recruiting-

Kampagne zu besprechen. Sie haben da gebrütet und der Kunde sagte: we need a monster-idea im Sinne von einer großartigen Idee für diese Kampagne. Die großartige Idee, die heraus gekommen ist, war eben der erste Schritt ins Online-Recruitment und der Grundstein zur Namensbildung von Monster. Inzwischen hat sich natürlich herausgestellt – und wir haben heute schon viel über Marken gehört und ich werde auch im Vortrag noch einmal darauf zurückkommen –, dass nichts ein glücklicherer Griff war, als dieser Namen, um sich von vielen Angeboten, die namentlich und markenmäßig kaum mehr zu unterscheiden sind, die das Wort „Job" oder „Stellen" im Namen haben. Monster wird global auch schon zu den führenden Marken tatsächlich an Markenwert gezählt.

Vielleicht noch ein bisschen Hintergrundinformation über Monster. Monster gehört zu TMP Worldwide. TMP Worldwide ist der weltweit größte Personalberatungskonzern, hat im letzten Jahr ungefähr 3 Mrd. DM umgesetzt. Davon war der Monsteranteil ungefähr 1 Mrd. DM. Damit jetzt nicht der Eindruck entsteht, dass wir irgendwie der Flaute unterlegen sind, die in diesem Jahr passiert ist. Im ersten Halbjahr von 2001 hat Monster 600 Mio. DM umgesetzt, d.h. wir konnten bisher noch keinen Abwärtstrend erkennen. Monster agiert als globales Netzwerk traditionell am stärksten in den USA, wo auch der Heimatmarkt ist. Es ist seit einigen Jahren in Europa tätig. Seit einem Jahr inzwischen unter den kommerziellen Stellenbörsen in Deutschland, so sagen verschiedene unabhängige Institutionen, die Traffic messen, also Besucher auf der Seite, auf Platz 1. Aber ich will da nicht zu sehr darauf herumreiten, weil es verschiedene Studien und verschiedene Methoden zum Messen gibt, sondern ich werde später einfach noch einmal darauf zurück kommen. Es ist auch Ziel des Vortrags, zu zeigen, wie dieser Markt eigentlich funktioniert für Recruitment. Wer sind die Player? Was sind die Geschäftsmodelle? Wer verdient Geld? Wer verliert Geld? Alle diese Punkte sollten nach dem Vortrag etwas klarer geworden sein.

Ganz kurz möchte ich nur durch ein paar Zahlen pushen. Ich habe das Glück, dass Herr Dr. Gasser schon ein bisschen über den Erfolg von Online-Stellenbörsen erzählt hat, zumindest was Besucherzahlen angeht. Deswegen kann ich es hier kurz machen. Eine aktuelle Forrester-Studie sagt, 35 Mio. Europäer suchen ihre Jobs im Internet, d.h. es sind mehr als 15% der gesamten Bevölkerung (Bild 1). Es wurde nicht ganz Europa untersucht, aber die 7 größten Länder. Interessanterweise ist Deutschland in der Nutzung des Internets für Online-Stellensuche führend und zwar mit Abstand. 70% der deutschen Internet-User nutzen das Internet für ihre Jobsuche. In anderen Bereichen liegt Deutschland in der Internet-Nutzung immer noch etwas zurück, besonders hinter den skandinavischen Ländern. 34 Mio. Deutsche sind derzeit online. Das nur als kleinen Einstieg.

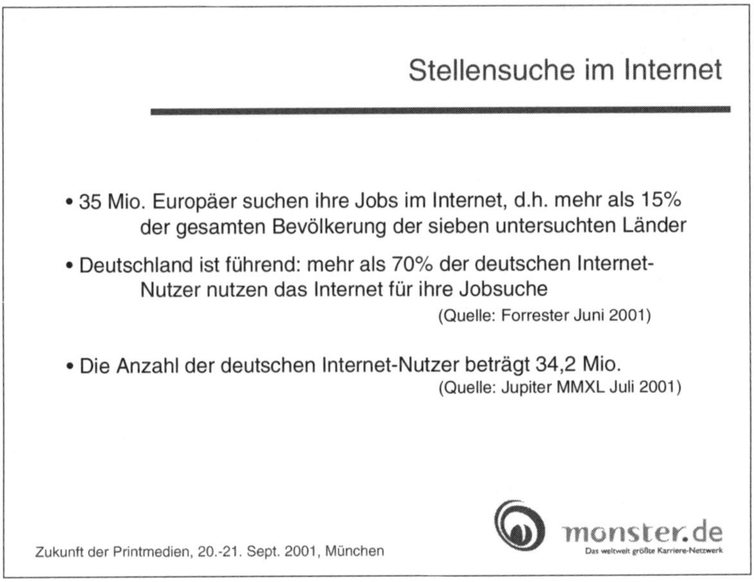

Stellensuche im Internet
• 35 Mio. Europäer suchen ihre Jobs im Internet, d.h. mehr als 15% der gesamten Bevölkerung der sieben untersuchten Länder
• Deutschland ist führend: mehr als 70% der deutschen Internet-Nutzer nutzen das Internet für ihre Jobsuche
(Quelle: Forrester Juni 2001)
• Die Anzahl der deutschen Internet-Nutzer beträgt 34,2 Mio.
(Quelle: Jupiter MMXL Juli 2001)
monster.de
Zukunft der Printmedien, 20.-21. Sept. 2001, München

Bild 1

Stellensuche im Internet
Jobmessen
Homepage Firmen
Fachzeit-schriften
Arbeitsamt
Stellenm. Internet
Zeit.
0 10 20 30 40 50 60 70 80
Job-messen
Homepage Firmen
Fachzeit-schriften
Arbeitsamt
Stellen. Internet
Zeit.
Abitur/Uni
Mittlerer Abschluß
0 10 20 30 40 50 60 70 80
(Quelle: Emnid 2001)
monster.de
Zukunft der Printmedien, 20.-21. Sept. 2001, München

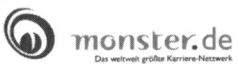

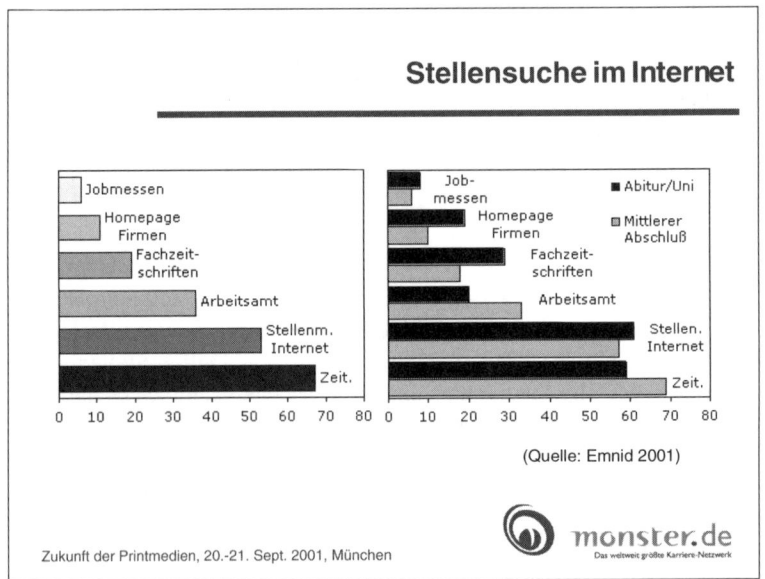

Bild 2

Hier eine aktuelle Studie von Emnid, die ich in den Vortrag genommen habe, weil
sie Online-Stellensuche, Online-Plattform im Vergleich zu traditionellen Zeitungen
zeigt (Bild 2). Man sieht auf der linken Seite, dass die Stellensuche im Internet noch
hinter den Zeitungen liegt, aber ich finde es schon relativ überraschend, wie nahe
eigentlich diese beiden Medien schon aneinander sind. Auf der rechten Seite, so
sagt zumindest diese Studie, sieht man, wenn man weiter differenziert und die
Granularität verändert sich, in diesem Fall die Leute anschaut, die einen höheren
Anschluss haben wie Abitur oder Uni, dass hier die Stellenmärkte im Internet bei
der Jobsuche schon vor den Zeitungssuchenden sind, wohlgemerkt auf der
jobsuchenden Seite in diesem Falle.

Nutzerzahlen

Nielsen//NetRatings: Vergleich deutscher Online-Jobbörsen (Juli 2001)			
Rang	Website	Besucher	Reichweite
1.	Arbeitsamt	754.700	4,98 %
2.	Monster	239.600	1,58 %
3.	Jobpilot	220.900	1,46 %
4.	Stepstone	205.600	1,36 %
5.	Jobline	118.100	0,78 %
6.	Jobscout24	71.000	0,47 %

(Quelle: Nielsen NetRating, Juli 2001)

Zukunft der Printmedien, 20.-21. Sept. 2001, München   monster.de
                                                                         Das weltweit größte Karriere-Netzwerk

Bild 3

Hier ein kurzer Ausschnitt von Nielsen NetRating, einer unabhängigen Institution,
die Traffic zählt (Bild 3). Sie zeigt, und wir haben es eben schon gesehen, dass sich
die Namen ähneln. Die Player, die im deutschen Markt eigentlich zur Zeit eine
Rolle spielen, wohlgemerkt in dem Bereich kommerziellen Jobbörse.

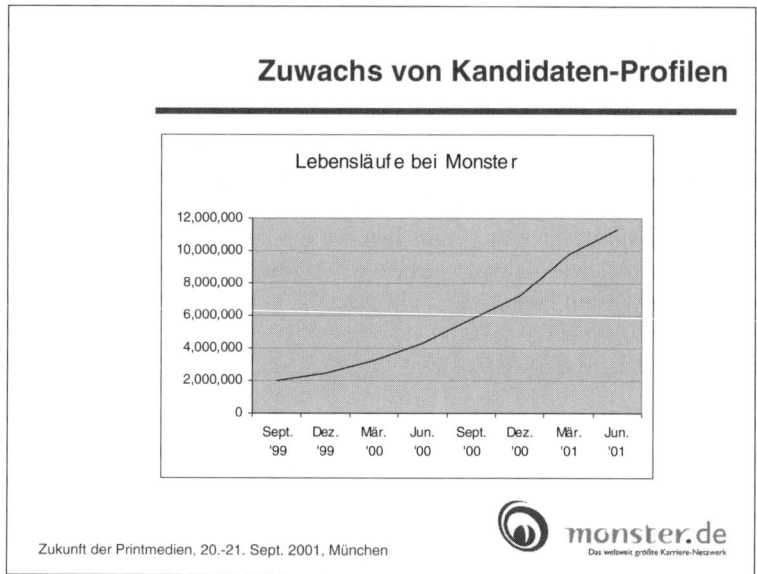

Bild 4

Interessanter ist vielleicht ein Phänomen, auf das ich auch später noch einmal zurückkommen werde, dass sich die gesamten Paradigmen dieses Marktes zu ändern scheinen. Während ich früher bei der Jobsuche tatsächlich durch Anzeigen geblättert habe oder im Internet dann gebrowst habe, gibt es hier eine Bewegung hin zu der Abgabe von kompletten Profilen in einer Lebenslaufdatenbank, wo der Personaler mich ansprechen kann, wenn ich seinen Anforderungen entspreche. Hier sieht man die Entwicklung über die letzten Quartale (Bild 4). Inzwischen sind es über 12 Mio. Lebensläufe in der globalen Monsterdatenbank, und wir sprechen hier von kompletten Profilen von Kandidaten.

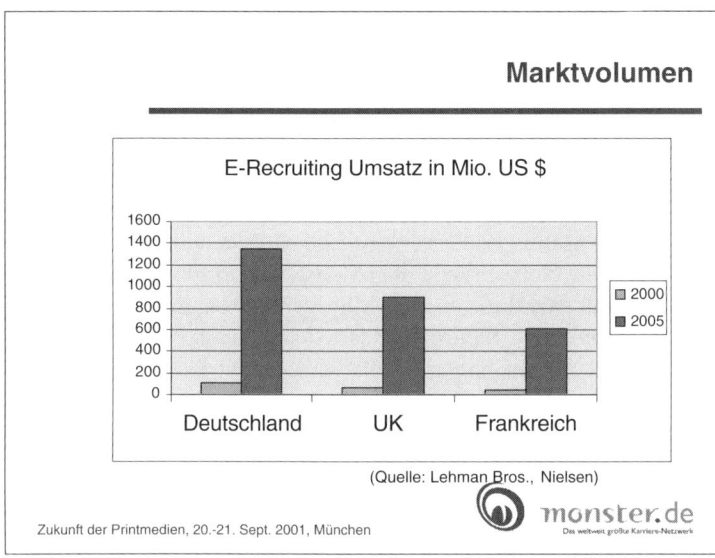

Bild 5

Marktvolumen in diesem Markt (Bild 5). Es gibt verschiedene Studien, die sagen, in fünf Jahren werden wir hier mehrere Mrd. – in diesem Falle 3 Mrd. Mark – Marktvolumen haben. Im Augenblick sind wir bei wenigen Millionen Mark Marktvolumen.

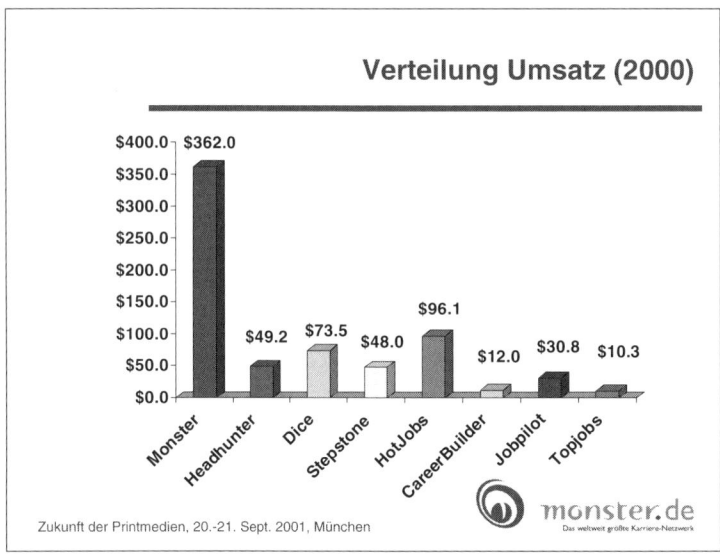

Bild 6

Was vielleicht interessanter als der Forecast ist, wie sieht der Markt im Augenblick aus? Hier ist die Umsatzverteilung aus dem Jahr 2000 (Bild 6). Auch da haben wir eben bei Herrn Dr. Gasser schon ein paar Namen gesehen. Dieses sind tatsächlich am Umsatz gemessen die großen Player in diesem kommerziellen Jobmarktgeschäft. Man sieht hier nicht ohne Grund, dass viele internationale Player dabei sind und so gut wie kein nationaler. Headhunter und Careerbuilder – Sie sagten es selbst – sind quasi Modelle amerikanischer Zeitungen, die zusammen gekommen sind, um eine gemeinsame Online Plattform zu machen. Alle anderen, Stepstone, Jobpilot, Moster, sind globale Netzwerke, wobei Stepstone und Jobpilot auf Europa reduziert sind. Das hier sind jetzt die Umsätze. Man sieht schon, dass dieser Markt sehr stark zur Konzentration neigt. Natürlich ändert sich da noch viel. Ein Beispiel ist, dass hier HotJobs noch als unabhängiger Player genannt ist. Das stimmt im Augenblick nicht mehr. Es wurde gerade übernommen oder ist im Merger mit Monster, d.h. hier ist noch einmal eine starke Konzentration sichtlich.

Interessanter ist – und wir haben heute schon einige Beispiele darüber gehört, wie schön man Modelle aus dem Printbereich, wo ja die Informationen vorhanden und die Pipelines zu den Kunden da sind, wie man das Komplementär im Internet abbilden kann oder aber sogar sogenannte Synergien erwirken kann. Ich habe relativ wenig über Businessmodell gehört, nur vom Wall Street Journal, dass es da erfolgreich umgesetzt wird. Ich will nicht sagen, dass es nicht so wäre, aber dieses Beispiel zeigt eigentlich ganz gut, dass es im Karrierebereich relativ viele Investitionsgräber gibt, oder um es positiv zu formulieren und zurückzukommen auf Vorträge des heutigen Morgens: Es ist einfach unheimlich kostenspielig, die Marke aufzubauen, die ich brauche, um in dem Markt Bestand zu haben. Und ich war sehr froh, das heute morgen in verschiedenen Vorträgen gehört zu haben: Die Marke ist hier ein unheimlich wichtiges Instrument, um die User zu aquirieren, die ich brauche, um am anderen Ende des Markte, nämlich im Geschäft mit den Unternehmen die Umsätze zu machen.

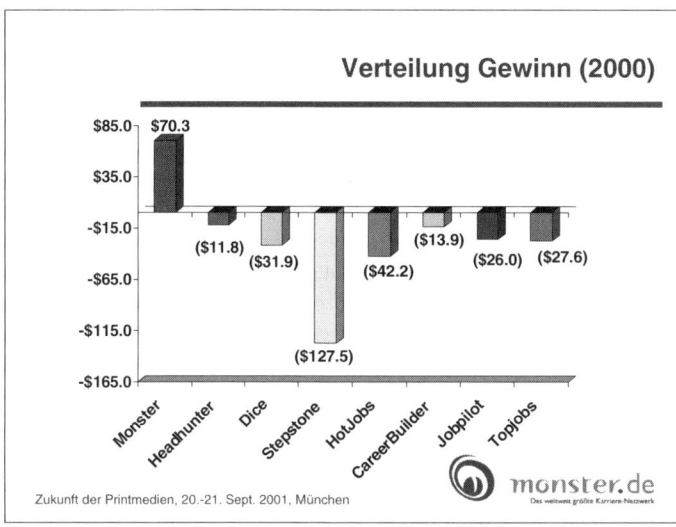

Bild 7

Man sieht hier also, dass die Zahlen in Klammern Verluste sind (Bild 7). Bei manchen Wettbewerbern ist es doppelt so viel Verlust wie Umsatz. Das sind natürlich Zahlen, die immer noch aus diesem Hype resultieren, wo man glaubt, man muss schnell in den Markt, ganz viel Geld ausgeben und hinterher würden dann die Umsätze reinkommen. Headhunter und Careerbuilder als Ansätze von Verlagen in den USA sind ebenfalls noch nicht in der Gewinnzone. Über wieviel Jahre jetzt wieviel investiert wurde, kann ich im Augenblick nicht sagen.

Bild 8

Das war der Rahmen, den ich abstecken wollte. Jetzt komme ich zum eigentlichen Thema: Welche Determinanten bestimmen diesen Markt und noch viel stärker zukünftig? Mit Sicherheit ist der Arbeitskräftemangel ein Faktor (Bild 8). Wir sollten es unabhängig von konjunkturellen Schwankungen betrachten. Hier ist ein langfristiger Trend zu erkennen, der eine weitere Verknappung der Fachkräfte vorsieht. Was resultiert daraus? Der Bewerber selber wird aufgewertet. Man könnte sagen, dass sich der Markt wendet von einem Anbietermarkt, also anbieten von Jobs, zu einem Nachfragermarkt, also der Bewerber wird aufgewertet. Das schlägt sich nieder in dem Aufkommen von Lebenslaufdatenbanken, d.h. der Bewerber sagt: Ich stelle mein Profil ein und dann sollen doch Leute gucken, ob Sie mit mir etwas anfangen können und mir ein attraktives Angebot machen anstatt, dass ich hier Klinken putzen gehe. Das ist vielleicht ein Aspekt, der da eine Rolle spielt. Ein zweiter Aspekt, der sicherlich nicht nur den HR-Bereich betrifft, ist der Druck zur Verschlankung der betrieblichen Prozesse und damit verbunden und sicherlich abhängig davon, der Druck zur Integration externer Dienstleistungen. Da gibt es im Endeffekt zwei Bereiche, die eine Rolle spielen. Das eine ist die Auslagerung von Teilen oder kompletten Recruitingprozessen, d.h. man will nicht mehr Media-Agenturen, Zeitungsverlage, Personalberater, Preselection-Leute koordinieren, sondern man möchte die gesamte Dienstleistung auslagern und möchte am Schluss die Kandidaten präsentiert bekommen, eventuell sogar noch darüber hinaus, indem man Zeitarbeitsfirmen nimmt, wo selbst die Einstellung outgesourct ist.

Das Zweite ist im technischen Bereich eine sehr wichtige Sache. Da tut sich sehr viel im Markt im Augenblick. Es ist die Integration der technischen Systeme, d.h. es gibt sowohl eine Bewegung der Online-Stellenbörsen in Richtung Integration in die Inhouse-Systeme der Unternehmen hinein, HR-Systeme, SAP, People Soft usw., aber auch kleine Softwarelösungen als eine umgekehrte Richtung, d.h. Anbieter von Inhouse-Systemen versuchen jetzt, in Standardisierungsdiskussionen Schnitt-stellen zu finden, gemeinsame Standards zu finden mit den großen Online-Stellen-börsen, weil natürlich längst erkannt wurde, dass dieser Datentransfer automatisiert werden kann und dass das vom Kunden auch gefordert ist.

Der dritte Punkt ist die Globalisierung. Die Key-Player hatten es schon gezeigt. Die Nachfrage ist einfach da, zentral koordiniert über Grenzen hinweg. Ich meine nicht nur europäische Grenzen, aber an dem Beispiel wird es besonders deutlich, Recruitierung-Prozesse zu koordinieren. Das ist etwas, weswegen sich internatio-nale Netzwerke versuchen, international breit zu etablieren.

Warum erzähle ich Ihnen das alles? Natürlich möchte ich hier zumindest als Gedanken einbringen, ob es für Verlage sinnvoll ist, sich in diese Märkte zu begeben, und ich sage bewußt *diese* Märkte. Es steht für mich auch außer Zweifel, dass sich der Printmarkt halten wird. Wir sehen Steigerungszahlen. Herr Dr. Gasser hat es schon angesprochen. Es gibt eine gewisse Verschiebung von Profilanzeigen hin zu Imageanzeigen. Selbstverständlich gibt es dort bestimmte Komplementaritäten zwischen Online-Angebot und Printangebot. Aber ich sage es bewußt: Wenn man in dem Markt Recruitmentbestand haben will und dort tatsächlich auch mit dem Online-Angebot etwas verdienen will, das Online-Angebot designen will, um das Offline-Angebot am Leben zu erhalten oder zu ergänzen, dann muss man diesen Paradigmen, die ich aufgezählt habe, Rechnung tragen.

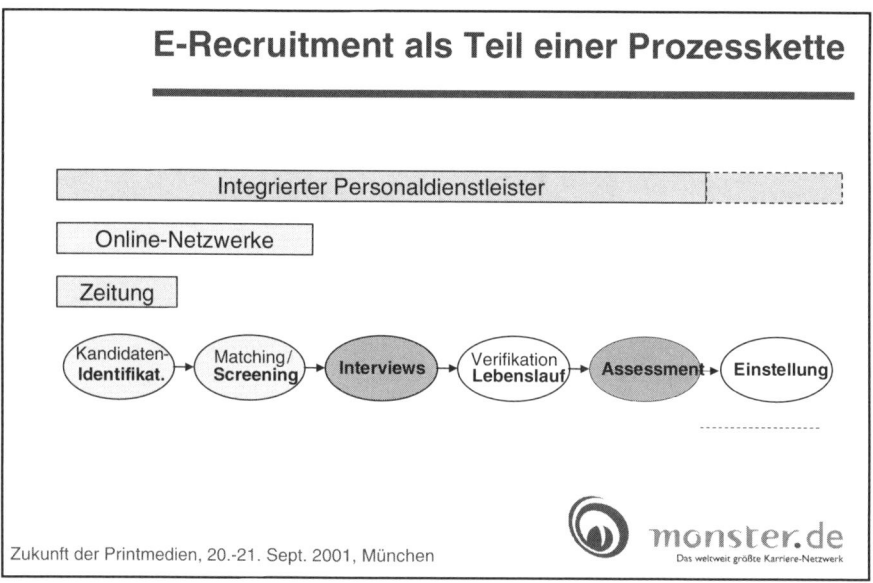

Bild 9

Wir sehen an dieser Grafik hier (Bild 9), dass es zumindest bisher so ist, dass in dem Recruiting-Prozess, der unten aufgezeigt ist, von der Kandidatenidentifikation bis hin zur Einstellung, die Zeitung eigentlich nur den ersten Schritt, nämlich die Kandidatenidentifikation unterstützt. Bestimmte Online-Netzwerke, vielleicht dann auch Online-Services der Zeitung – es kommt darauf an, wie technisch aufwendig die gemacht sind – unterstützen schon Matching und Screening, also sprich: man automatisiert schon vor Auswahl von Kandidaten. Das geht natürlich, wenn man IT-Technologie einsetzt, auch automatisiert. Wenige Anbieter, und TMP gehört dazu, deshalb ist das ein Erklärungsansatz der Dominanz von Monster im Markt, können eben die komplette Prozesskette anbieten und damit ein Bedürfnis in dem Markt erfüllen. Ich sage es noch einmal bewußt, ich sage nicht, dass diese drei Ebenen miteinander konkurrieren. Ich sage nur, wenn es als eine Zukunft der Verlage im Stellenanzeigengeschäft angesehen wird, in diese Bereiche vorzustoßen, dann sind

bestimmte Dinge einfach zu beachten, insbesondere immense Investitionen in
Technologie und Branding.

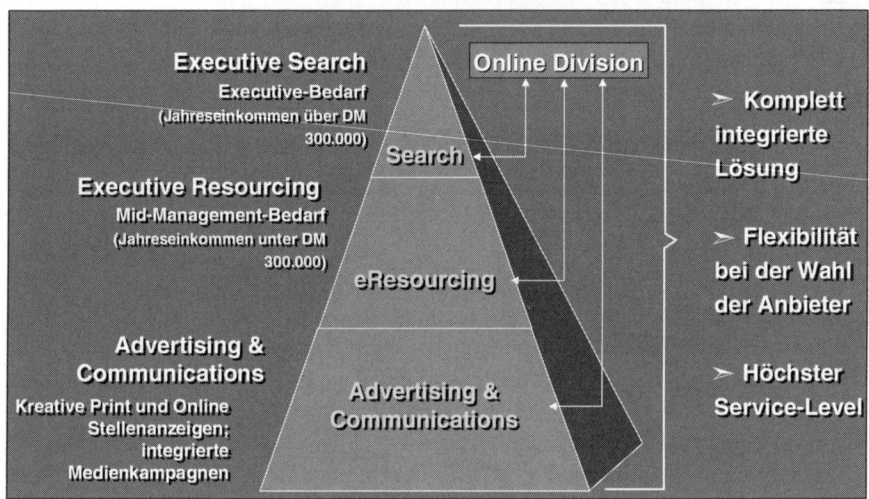

Integrierte Personaldienstleistung
(Bsp. TMP Worldwide)

Bild 10

Ganz kurz zur Struktur von TMP Worldwide (Bild 10). Man sieht es eigentlich
schon am Bild. Man hat verschiedene Bereiche: ganz unten quasi Mediakampagnen
für das Recruitment, dann darüber mit Managementlevel Personalberatung und
darüber Executive Search. Alle drei Bereiche können durch die Online-Plattform
komplementiert werden. Die Online-Plattform ist also nicht etwa nur ein Tool für
Low Level Jobs, sondern führt intern bei TMP zu einer Verstärkung und gegenseitigen Befruchtung der Services.

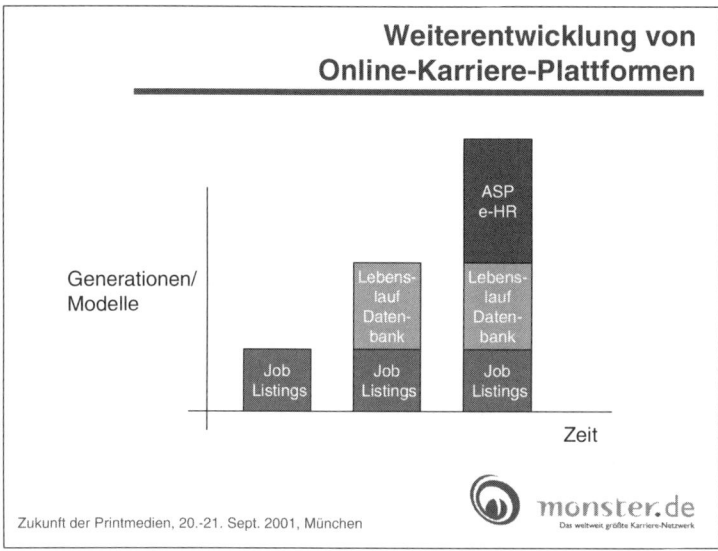

Bild 11

Hier noch ganz kurz die Historie der Jobboards (Bild 11). Früher als reine Joblistings, dann im Verlauf der Zeit schon mit einer Lebenslaufdatenbank versehen. Inzwischen tatsächlich auch als Software-Anbieter für Application Service Providing, Workflowunterstützung im kompletten Recrutiment-System, Response-Management, Verwaltung von Lebensläufen usw., ein Punkt, der auf der technischen Seite eine Rolle spielt.

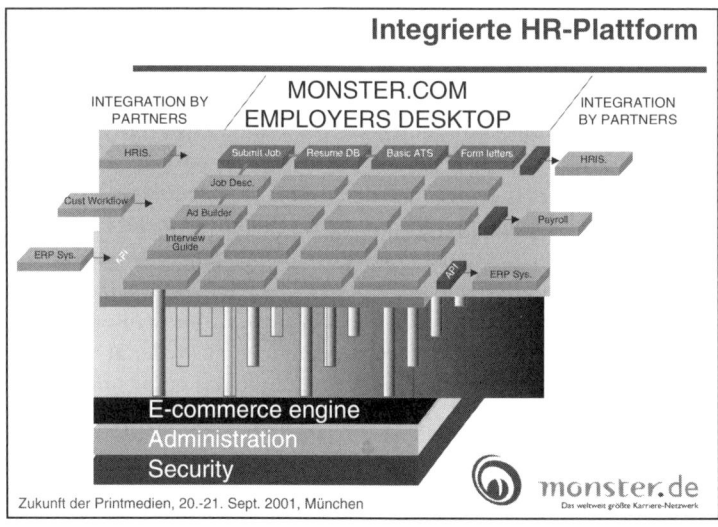

Bild 12

Hier das technische Abbild, wie eine Online-Plattform, nicht der Zukunft, sondern real, integriert ist in verschiedene Softwarestrukturen der Unternehmung (Bild 12). Sie haben rechts und links Partner auf der Softwareanbieterseite, d.h. große Anbieter von HR-Modulen. Zu denen werden Schnittstellen installiert, XML ist sicher kein Fremdwort für Sie. Darunter befinden sich verschiedene Layer der Sicherheit. Auch dieses Bild nur, um Ihnen deutlich zu machen, dass es hier nicht einfach nur um das Abdrucken von Stellenanzeigen im Internet geht, sondern es geht hier auch neben der HR-Kompetenz um Software-Kompetenz, die man erwerben muss, wenn man in diesem Markt mitspielen will.

Erfolgsfaktoren für den E-Recruiting-Markt

- Intensive Marketingaktivitäten zur Generierung von Profilen qualifizierter Kandidaten
- Schneller und gezielter Zugriff auf Kandidaten verschiedener Bereiche
- Angebot integrierter Personaldienstleistung über alle Stufen des Recruiting-Prozesses hinweg
- Grenzübergreifende multilinguale Netzwerke
- Integration der von Unternehmen eingesetzten Software-Lösungen zur medienbruchfreien Abwicklung

Zukunft der Printmedien, 20.-21. Sept. 2001, München

Bild 13

Hier noch einmal zusammengefaßt, was aus dem Vortrag abgeleitet werden kann (Bild 13). Es ist immens teuer, in einem stark zur Konzentration neigenden Markt eine Marke zu etablieren. Man muss mit immensen Marketingaktivitäten zur Generierung von Profilen und Traffic rechnen. Man muss verstehen, dass der Personaler den schnellen und gezielten Zugriff auf Kandidaten haben möchte und dass er nicht nur passiv auf Kandidaten warten möchte. Man muss im Endeffekt in der Lage sein, darstellen zu können, dass man Personalberatungsdienstleistungen – und darum geht es ja auch bei Printstellenanzeigen in Zeitungen, letztendlich geht es dem Personaler darum, Kandidaten zu finden – über verschiedene Prozessstufen hinweg abbilden kann. Für die Zeitung würde das bedeuten, dass man entweder akquirieren oder starke Partnerschaften eingehen müßte mit Partnern, die das bereits machen.

Trendübergreifende multilinguale Netzwerke: Da habe ich im Verlagsgeschäft noch nichts gehört, aber ich kann mir auch strategische Allianzen vorstellen, wenn man den Gedanken weiter denken möchte.

Die Softwareintegration: Ich nehme an, dass in den Softwarelösungen der Verlage erste Schritte in diese Richtung unternommen werden müssen. Hier gilt es natürlich, hinten dran zu bleiben und den Anschluß nicht zu verlieren.

Zusammenfassung und Ausblick

• Online-Auftritte der Verlage werden nicht mit den großen Online-Karriere-Sites konkurrieren können (Regionalität, kaum Softwareentwicklungskompetenz, keine HR-Kompetenz etc.).

• Der Bedarf an Print-Stellenanzeigen bleibt, der Substitutionsdruck in Richtung Online nimmt jedoch zu (zugleich: Trend von Profilanzeigen hin zu Imageanzeigen).

• Partnerschaften zwischen Zeitungsverlagen und Online-Karriere-Plattformen bieten sich an und werden auch vom Markt verstanden; es gibt bereits erste erfolgreiche Modelle.

Zukunft der Printmedien, 20.-21. Sept. 2001, München

Bild 14

Zusammenfassung: Ich liege nicht so weit entfernt von dem, was ich bisher gehört habe. Die Online-Auftritte werden mit diesem Geschäftsmodell, über das wir sprechen, und diesen Markt, den ich hier aufgezeigt habe, Schwierigkeiten haben zu konkurrieren (Bild 14). Die Gründe dafür habe ich im Vortrag aufgezeigt: Regionalität, Softwareentwicklung, fehlende Softwareentwicklungskompetenz, keine HR-Kompetenz. Dennoch bleibt natürlich ganz klar: der Bedarf an Printanzeigen wächst vielleicht sogar noch und geht einher mit der Verknappung der Fachkräfte. Aber es gibt natürlich in gewisser Weise einen Substitutionsdruck in Richtung Online. Wo sich das austariert, weiß man noch nicht. Gleichzeitig gibt es einen Trend von Profilanzeigen hin zu Imageanzeigen, Imageanzeigen im Print, Profilanzeigen in Online.

Der letzte Punkt ist die Idee, die ich im Hinterkopf hatte, als ich heute hier angetreten bin, um Ihnen etwas über diesen Markt zu erzählen. Meine Rolle bei Monster sind die strategischen Partnerschaften. Deswegen kenne ich mich in diesen Bereichen auch ein bisschen übergreifend aus. Es gibt schon erfolgreiche Modelle, auch in Deutschland. Wir haben eine sehr erfolgreiche Kooperation mit der Financial Times Deutschland beispielsweise, wo genau den Stärken beider Partner Rechnung getragen wird und eine von diesen schönen Win-Win-Situationen tatsächlich Realität geworden ist. Aber – ich komme gerade von einem internationalen Meeting – in anderen Ländern, insbesondere in den skandinavischen Ländern, sind die Zeitungen sehr viel offener, sich auf strategische Allianzen einzulassen mit Online-Karriere-Plattformen, weil es eben gerade nicht so ist, dass man sich gegenseitig das Wasser abgräbt, sondern weil man sich gegenseitig befruchtet, dem Personaler, der Personal sucht, einen Mehrwert leistet und dann auch Rendite aus dem Markt abschöpfen kann.

Dr. Kay Kohlhepp

Eingangs möchte ich etwas über Versum.de sagen. Gesellschafter der Versum.de sind 10 große Verlagsgruppen: ads & news, Axel Springer Verlag, Medien M.DuMont Schauberg/Zeitungsgruppe Köln, Medien Union GmbH Ludwigshafen, Münchener Zeitungs-Verlag, Mediengruppe Rheinische Post, Stuttgarter Zeitung Verlagsgesellschaft, Verlagsgruppe Georg von Holtzbrinck, Verlagsgesellschaft Madsack.

Insgesamt 76 Tageszeitungen und 12 Anzeigenblätter engagieren sich im Versum.de – Netzwerk. Diese Titel verfügen über eine Auflage von 8 Mio. verkauften Exemplaren, was uns in den Stand versetzt hat, zum Marktstart unseres Job-Portals, Ende März 2001, als quantitativer Marktführer aufzutreten. Wir hatten seinerzeit 65.000 Jobs. Mittlerweile sind es 95.000. Seit Ende Juli sind wir mit unserem Immobilienportal Online. Dort haben wir 150.000 Angebote und sind ebenso quantitativer Marktführer. Zum Jahresende werden wir unser drittes und vorerst letztes Portal in den Markt bringen, ein Kfz-Portal.

Vom Grundgedanken her – das ist mir besonders wichtig – sehen wir uns als Marktplatz. Wir wollen Angebot und Nachfrage zueinander bringen. Wir werden hier als neutraler Marktplatz eine echte Marktplatzfunktion wahrnehmen. Natürlich mit der Aufgabe, den einzelnen Teilnehmern durch die Nutzung von Schnittstellen an diesen Märkten die Nutzung dieses Marktplatzes so angenehm wie möglich zu machen. Gleichzeitig sind wir in keiner Form Wettbewerber zu Personalagenturen, Immobilienmaklern oder Kfz- Händlern. Durch diese Positionierung werden wir zum Partner der Anbieter und Nachfrager.

Nehmen wir als Beispiel den Immobilienbereich. Es gibt dort Wettbewerber, die sich als Konkurrent zu den Maklern positioniert haben. Dies führt dazu, dass Makler diese Börse meiden und sich dadurch das Angebot der Börse, zum Nachteil für den User, verkleinert.

Die Zukunft der Printmedien: Anzeigengeschäft Print versus Online. Die Printanzeige ist das Gewohnte. Die Online-Anzeige mit eigenen Möglichkeiten das noch Neue. Beide Medien werben um Anzeigenkunden. Zwei Medien – eine Zielgruppe. Die Situation ist bekannt: Schon früher einmal wurde gesagt, dass das Radio keine Zukunft hätte, weil jetzt das Fernsehen da wäre. Insofern stimme ich Herrn Dr. Gasser voll und ganz zu. Es gibt Print. Es gibt Online. Es wird auch in Zukunft beide Medien geben.

Der Nutzer entscheidet: Der Nutzer hat ein Grundbedürfnis. Er ist an einem neuen Arbeitsplatz interessiert. Weiß er, was er wirklich will? Im Printbereich hat er die Möglichkeit, sich umzuschauen, eine neue interessante Aufgabe zu finden. Er kann sich informieren, das Prinzip des Zufalls gezielt für sich ausnutzen, die Tageszeitung durchblättern, sich Anregungen holen. Im Online-Bereich ist er Suchender. Er sucht in einer Datenbank. Er sucht sehr viel gezielter. Der Zufallsfaktor ist automatisch reduziert. Insofern haben hier beide Medien bereits unterschiedliche Möglichkeiten, unterschiedliche Aufgaben. Unternehmen hingegen sind sehr pragmatisch. Sie möchten eine Stelle besetzen. Dabei ist es offen, wie das geschieht. Insofern sind Unternehmen sicherlich bereit, dahin zu gehen, wo sie am besten die Zahl qualifizierter Bewerbungen erzielen können, die sie anstreben. Beide Medien haben sowohl für die Stellensuchenden, als auch für die Stellenanbietenden Nutzen. Eine Zeitungsanzeige erweckt Aufmerksamkeit beim Stellensuchenden, der nie an dieses Unternehmen, vielleicht auch nie an diesen Job oder diese Branche, gedacht hat.

Printanzeigen können imagefördernd sein. Dr. Gasser hat schon Beispiele gezeigt. Ich werde nachher auch noch etwas zeigen, was in Norwegen sehr erfolgreich war bei Finn.no – dem Online-Anzeigenmarkt norwegischer Tageszeitungen.

Zeitungen sind transportabel und haben daher große Vorteile gegenüber dem Online-Bereich und, wie gesagt, es kann gestöbert werden. Der große Vorteil im Online-Bereich ist natürlich das gezielte Suchen, das aufbereitete Suchen, das automatische Abgleichen mit Suchprofilen.

Sobald eine Anzeige einen potentiellen Bewerber interessiert, bietet das Internet umfangreiche Möglichkeiten für weitere vertiefende Informationen über das Unternehmen.

Online bietet auch den Zugang zu schlummernden Angeboten. Was meine ich mit schlummernden Angeboten? Nehmen wir das Beispiel Siemens in München. Siemens bietet derzeit, in den Printtiteln fünf Stellen an, ausgeschrieben sind auf der Siemens-Website 382 Stellen. In einigen Online-Börsen finden Sie mehr als 330 dieser 382 Stellen. Das heißt: Online ermöglicht dadurch, dass eben keine Papierkosten anfallen, größere Bestände ins Netz zu stellen. Dies ist ein weiterer Schritt in die sieben Tage – 24 Stunden Gesellschaft, jederzeit erreichbar, jederzeit verfügbar, aber auf der Grundlage von anderen Kriterien als in der Zeitung. Online beschleunigt Bewerbungsprozesse. Die Online-Anzeige wird eingestellt, Matching-Funktionen werden genutzt und der Stellenausschreibende kann sofort per E-Mail eine Bewerbung erhalten. Die Bewerbungszeiten können reduziert werden, durchaus Vorteile, die Online bringt.

Printanzeigen können ihren Nutzen steigern und insofern auf diese Marktveränderung gut reagieren, einfach dadurch, dass die Printanzeige auch im Internet veröffentlicht wird.

Der Nutzen der in der Printanzeige enthalten ist wird durch die zusätzliche Online-Veröffentlichung gesteigert. In diesem Sinne stärkt das neue Medium Online zugleich das bewährte Medium Zeitung.

Wie stellt sich Print und Online heute dar? Bei uns, bei Versum, läuft es so, dass wir die Daten von den Tageszeitungen erhalten, diese aufbereiten und dann als strukturierten Fließtext ins Internet stellen. Wenn ein Unternehmen Wert darauf legt, dass es in seiner Ursprungsfassung erscheint, also sein CI (Corporate Identity) wiedergibt, dann ist dies eine kostenpflichtige Sonderleistung, die wir Veredelung nennen – eines unserer Geschäftsmodelle.

Print und Online morgen: Entwicklungen sehen wir bereits heute in Norwegen. Dort hatte Oracle eine Printanzeige geschaltet, die zu mehr Bewerbungen führte als Printanzeigen, die beispielsweise in England oder in Frankreich geschaltet wurden. Dies führte in der Oracle Zentrale zu erheblicher Verwunderung. Da Norwegen nur 4 Mio. Einwohner hat und insofern dies eigentlich als Ergebnis nicht erwartet werden konnte. Die Printanzeige hatte einen sehr starken Verweis auf das Online-Angebot, und im Online-Bereich hatte Oracle den Informationsgehalt der Printanzeige umfassend vertieft und ergänzt. Der User konnte sich umfassend informieren über Oracle als Unternehmen, mit Videosequenzen, Mitarbeiterstatements, die einen gezielten Einblick in die Arbeit des Unternehmens boten, informierten.

Es gibt also hervorragende Möglichkeiten, auch diese Medien wieder miteinander zu verzahnen und den Nutzen für alle Beteiligten zu steigern.

Insofern meine Quintessenz: Es gibt zwei Medien. Es gibt zwei Märkte und es wird zwei Gewinner geben.

7 Online-Lexika

Matthias Winter
wissen.de GmbH, München

In Deutschland passiert seit einem Jahr etwas sehr Erstaunliches: Wissen ist wieder populär. „Was ist der Zusammenstoß zweier Schiffe? Homöopathie, Holographie oder Havarie?" Die Fragen, die Günther Jauch dreimal die Woche in der Quiz-Show „Wer wird Millionär?" stellt. Dafür gibt es eine Mio. Mark zu gewinnen. Wissen lohnt sich wieder in Deutschland. wissen.de bietet Antworten auf Fragen wie die nach der Havarie, aber natürlich auch auf tiefergehendere Fragen. Das Ganze geschieht vor dem Hintergrund, dass sich wissen.de als Online-Angebot in einer Fälscher-Werkstatt bewegt. Das Internet ist per se erst einmal aus meiner Sicht die größte Fälscherwerkstatt, die es gibt, Zitierfähigkeit, Authentizität – all das ist oft nicht gegeben.

Insofern gestatten Sie mir am Anfang wenige Zahlen. Das Internet wächst täglich um 7,3 Mio. Seiten. Die direkt ansurfbare Oberfläche des World Wide Web besteht aus etwa 2,5 Mrd. Dokumenten. Das muss man sich einmal auf der Zunge zergehen lassen. Das Gesamtvolumen aller weltweit verfügbaren Informationen umfasst derzeit 12 Mio. Terrabyte. 1 Terrabyte entspricht dem Inhalt von 1 Mio. Büchern. Ein unsagbares Wissen und Informationsangebot findet sich im Netz und in den kommenden Jahren, so hat die University of California ermittelt, wird es weltweit mehr Informationen geben als in den vergangenen 300.000 Jahren zusammen. Das bedarf natürlich einer Systematisierung. Wissen muss organisiert sein und dafür gibt es schlaue Seiten im Netz. Schlaue Seiten wie Britanica.com – eine Online-Tochter der Enzyklopädia Britannica, Encarta.de von Microsoft. Es gibt Xypolis.de, ein kostenpflichtiger Nachschlagedienst des Brockhaus Verlages und der Holtzbrinck Verlagsgruppe und es gibt wissen.de. Das ist ein noch kostenfreies Wissensportal des Hauses Bertelsmann.

Neues Wissen heißt auch neue Aufbereitung. Online-Lexika per se haben meiner tiefen Überzeugung nach zukünftig keine Überlebenschance, wenn sie *nur* ein Nachschlagedienst sind. Sie müssen zusätzlich neben der Recherchefunktion auch die Faszination Wissen vermitteln. Wie wir das ab Oktober 2001 als wissen.de umsetzen, sehen Sie jetzt.

Bild 1

Text der Videoeinspielung (Bild 1):

*„Polarexpeditionen. Schon seit dem 19. Jahrhundert mühten sich Forscher und
Abenteurer, den südlichsten und nördlichsten Punkt der Erde zu betreten. Vergeb-
lich. Mit diesem völlig neuen Format revolutioniert wissen.de die Medienlandschaft. Durch ein wechselndes Programm mit spannenden Wissensfilmen werden
wir Ihr Dokumentationskanal. wissen.de präsentiert Ihnen morgens Infos, mittags
Ratgeberthemen, nachmittags Lern- und Wissensmagazine und abends Spannung
und Abenteuer. wissen.de – spannende Unterhaltung. Das Wissen der Zukunft wird
in drei Ebenen aufbereitet. Nach den Wissensfilmen werden Sie zu den Chanels
geführt, die unseren umfangreichen Wissensfundus strukturieren und einfach
zugänglich machen. In neun Chanels können Sie stöbern, lärmen und staunen.
Lassen Sie sich begeistern von Ländern und Reisen, Wellness und Lifestyle, von
Wirtschaft, Wissenschaft, Technik und Geschichte. Auf der dritten Ebene finden Sie
all unsere Schätze, Multimedia und Zeitshows, Weltreisen, interaktive Themenkom-
plexe und Lexika aus allen Bereichen. Unsere einzigartige Technologie macht es uns
möglich, die Inhalte thematisch komplett zu vernetzen. Nur ein einziger Suchbegriff
eröffnet Ihnen eine ganze Themenwelt. Sie suchen beispielsweise alles über
Ägypten. Sie bekommen das Länderlexikon mit Infos zu Land, Geschichte und
Kultur. Außerdem können Sie sich die Bildreise und das Reisemagazin sowie den*

interaktiven Atlas und die Urlaubsangebote ansehen. Oder doch lieber die
verwandten Themen Kleopatra oder Assuan Staudamm? Oder interessieren Sie sich
für die Pharaonen? Ramses..... wissen.de – einfach faszinierend"

Was unterscheidet wissen.de also vom Buch? Welchen USP hat das Internet? Es ist
in erster Linie die multimediale Aufbereitung von Content, die Möglichkeit Bild
und Ton miteinander zu vernetzen und letztendlich auch das Internet nicht nur zu
begreifen als ein interaktives Medium, sondern sehr wohl auch als eines, das
konsumtiv ist (Bild 2). Genauso wie man beim Fernsehen sich auch einmal zurück-
lehnt und sagt: Jetzt lass ich mich mal unterhalten, lass ich mich hier unterhaltsam
informieren. Das heißt, Online-Lexika bieten eine ergänzende Information und
zwar schnell, aktualisiert und multimedial aufbereitet, vernetzt in Themenwelten.

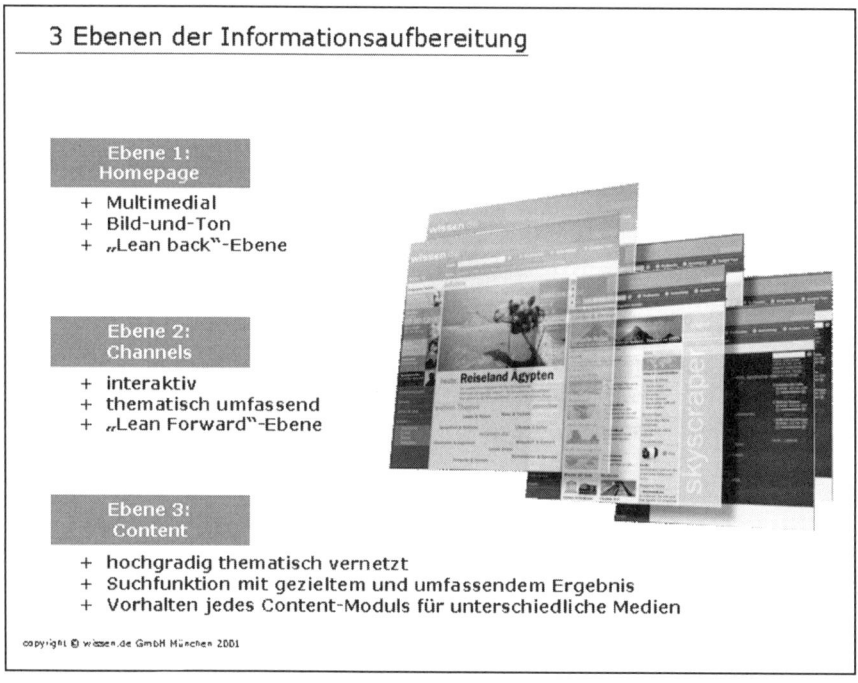

Bild 2

Frisst, das war ja heute Vormittag schon immer die Fragestellung, tatsächlich das
Internet das Buch? Wir haben festgestellt: nein, denn es ist ein Komplementär-
medium (Bild 3). Da die Online-Nutzung meistens als Parallel-Nutzungsmedium
zum Bereich TV, auch zum Bereich Radio getrieben wird und das Buch eher aus
einem anderen Bedürfnis heraus genutzt wird, gibt es hier unterschiedliche Märkte,

die man auch sehr gut aufteilen kann. Ich gehe abends gern mit einem Buch ins Bett und nicht mit einem Computer.

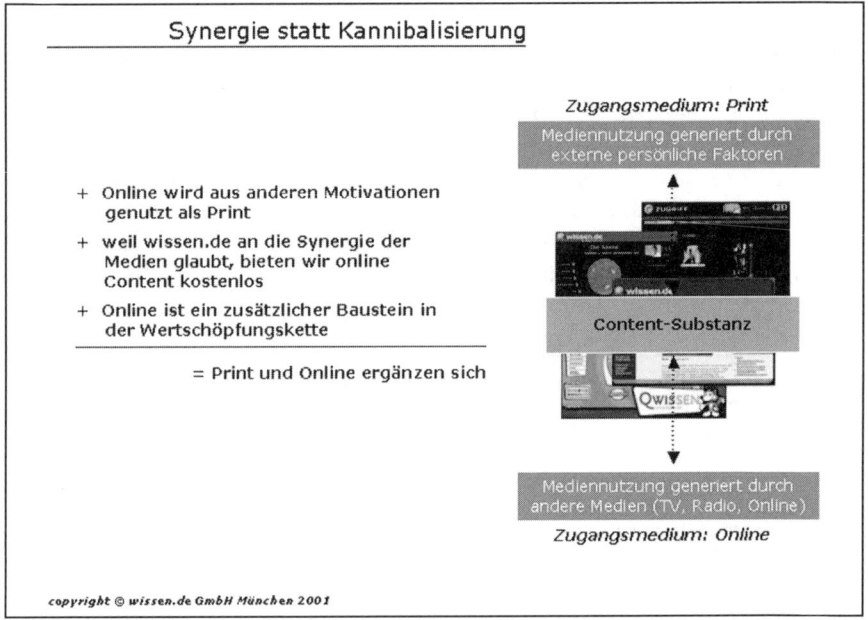

Bild 3

Daraus folgt, dass die neuen Online-Angebote die Wertschöpfung der Medien grundlegend verändern werden. Es wird neue Umsatzerlöse und Potenziale geben, durch das Zusammenspiel der Medien (Bild 4).

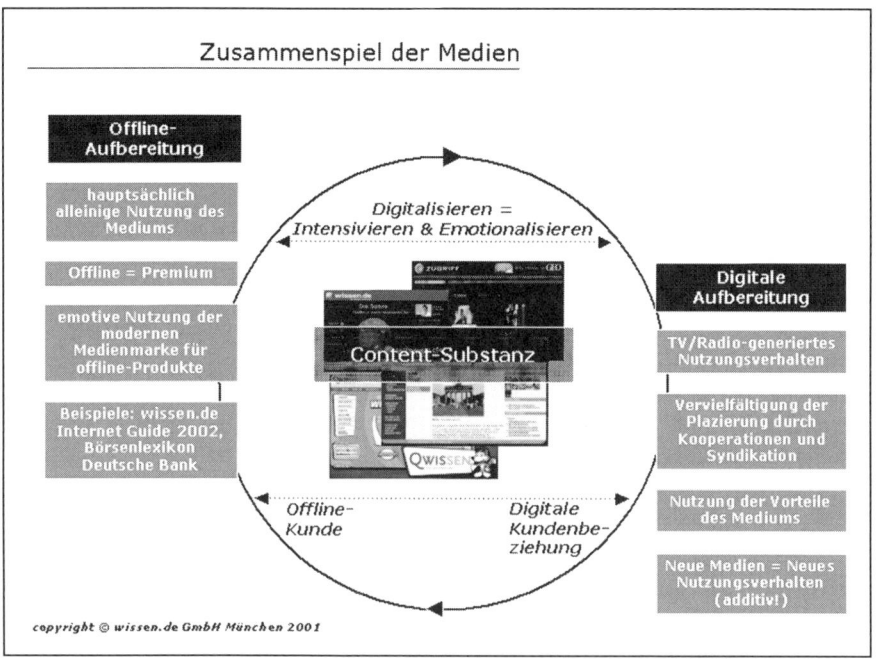

Bild 4

Man sieht hier Möglichkeiten der Kooperation und der Syndizierung. wissen.de arbeitet mit Financial Times zusammen, mit Geo und auch mit der Süddeutschen Zeitung. Wir haben Content-Kooperationen mit dem ADAC. Wir syndizieren auch Content, hier stecken enorme Erlöspotentiale: weil Kunden mit Qualitätscontent ihre Site für ihre User attraktiv machen können und damit die Verweildauer jedes Kundenkontakts erhöht wird, weil durch Content natürlich auch Kaufimpulse gesetzt werden können und weil durch Content im Internet auch Markenbildung betrieben werden kann. Voraussetzung: der Content hat Qualität. Das Internet ist ein hervorragendes Medium ist für die digitale Kundenbeziehung. Man kann über Direct Marketing als auch über die direkte Ansprache von Kunden neue Inhalte generieren. Diese Inhalte werden in dem von uns genannten Online-Offline-Kreislauf wieder eingespeist, neue Produkte entstehen. Folglich frisst das Internet nicht das Buch, das Internet schreibt Bücher über sich selbst. Ein Riesenmarkt ist aufgetan: Bücher über das Internet, nicht nur Internet for Dummies, die gesamte Literatur rund um das Internet, um Softwareprogramme.

Das Ganze wird natürlich auch ergänzt durch eine Markenpositionierung. Das Internet ist neu. Das Internet hat die Chance, auch etwas aufpoliert, manche verstaubten Bücher wieder zum Glänzen zu bringen und damit auch Awareness zu generieren und somit als Online-Marke auch andere Produkte zu stützen. Man kann dadurch neue Produktpotenziale eröffnen und auch neue Zielgruppen erschließen. Damit ist ein Aufbau von Zukunftspotenzialen natürlich gegeben. Das führt dazu: Print und Online ergänzen sich (Bild 5).

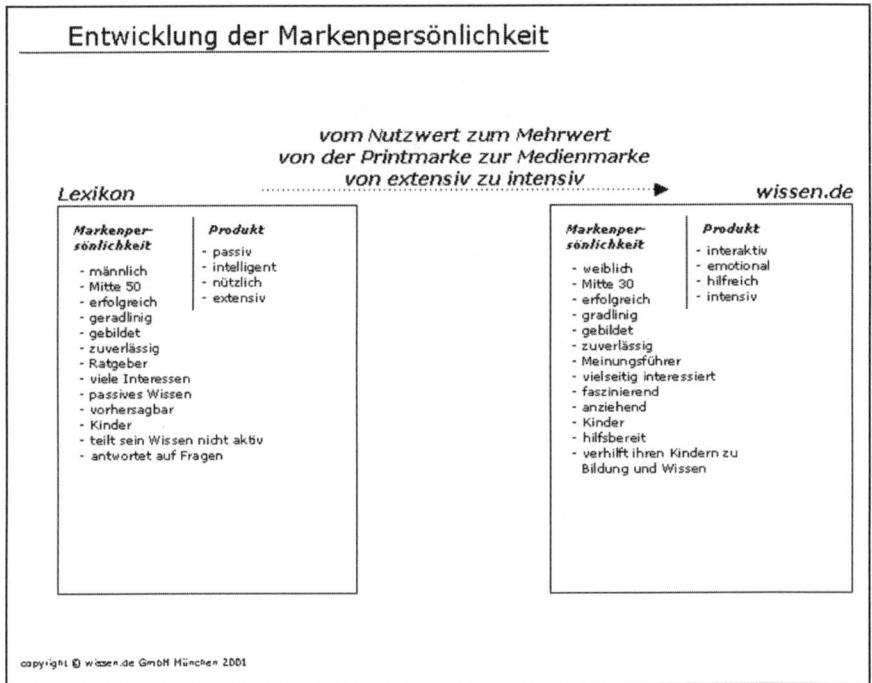

Bild 5

Wir hatten heute vormittag gehört, dass die Süddeutsche Zeitung natürlich auch mit in den Online-Bereich geht. Manchmal fragt man sich ja: Wie riecht die Süddeutsche Zeitung? Wie sieht sie aus? Wie schmeckt sie? Was bietet sie mir? Wir haben uns bezüglich wissen.de die klassische Frage gestellt: Wie sieht ein Lexikon aus? Eine Markenpersönlichkeit mußte kreiert werden: männlich, Mitte 50, erfolgreich, geradlinig, viele Interessen, Produkt: eher passiv, intelligent, nützlich, extensiv. Was ist die Unterscheidung zu einem Online-Produkt? Das ist eher weiblich, modern, Mitte 30, erfolgreich, zuverlässig, gebildet – ich greife einmal ein paar Begriffe heraus.

Daraus kann man dann sehen, dass ein Online-Lexikon interaktiv ist, viel emotionaler als das Buch, und es ist sehr intensiv bis hin zu interaktiv. Aus diesem Ganzen kann man Folgendes feststellen: Wissen bietet Orientierung, wenn man Qualität einstellt. Wissen kann letztendlich auch den Dialog und Toleranz untereinander befördern.

Wir saßen heute Mittag zusammen und haben uns dann natürlich die entscheidende Frage gestellt: Wie machen wir damit Geld? Das ist eine schöne Frage. Man stellt sich häufig die Frage, ob es überhaupt ein Internet-Angebot gibt, was per se allein Geld bringt. Ich kann Ihnen nur sagen, dass wir Geld machen und noch viel mehr Geld machen werden, weil wir innerhalb dieser Wertschöpfungskette aufgestellt sind, d.h. wir haben die Verlage des Hauses Bertelsmann, wir haben eine eigene Technologiefirma, die Software entwickelt hat und damit dann auch lizensiert oder in Projektgeschäften verkauft. Wir haben wissen.de als Marketingplattform, die letztendlich die ganzen wunderbaren Inhalte anbietet. Und wir haben selbstverständlich auch noch Content Syndication, d.h. wir werden auch die Inhalte weiter verkaufen. Damit kann man heutzutage Geld machen. Es gibt die Werbeerlöse durch klassische und durch neue Online-Werbeformen. Die Reichweite, die Zielgruppenspezifizierung, das Programmumfeld und die Qualität des Angebots müssen stimmen. Dann haben Sie die Chance, auch zu einem Marketingchef eines Consumergood-Produzenten zu gehen und zu sagen: Hier, wollt ihr nicht den gesamten Bereich Gesundheit und Wellness auf wissen.de sponsern. Hallo, Reiseanbieter, wollt ihr nicht den wissen.de-Themenchannel Länder und Reisen bewerben?

Das war ein kurzer Abriss, angefangen von Günther Jauch mit dem populären Wissen über die Darstellung, wie man heute Wissen im Internet aufbereiten kann im Zusammenspiel von Buch und Internet, um dann den Versuch zu starten – und sicherlich in der Diskussion fortzusetzen –, wie man auch im Internet-Geschäft mit Content Geld machen kann. 4 Mio. User, die wir derzeit auf der Seite pro Monat haben, suchen nach Content. Die können sich nicht irren. Content ist gefragt im Netz genauso wie im Buch.

8 Print on Demand

Dr. Markus Conrad
Libri.de GmbH, Hamburg

Mein Vortrag ist wie folgt gegliedert: Zuerst möchte ich Ihnen darlegen, wie ein Großhändler von Büchern auf die Idee kommt, Bücher selbst herzustellen, danach, wie aus der Idee ein Businessmodel wird, und zuletzt möchte ich über die bisherigen Meilensteine des Projektes berichten und zukünftige Entwicklungen aufzeigen.

Fangen wir mit der Idee an. Grundlage der Idee war der Paradigmenwechsel unserer Gesellschaft; wir wollen alles, wir wollen alles schnell, und wir wollen es auch schnell und billig. Wie kann man dem gerecht werden, und was heißt das für den Buchmarkt?

Geschäftsmodell Books on Demand:
Erst verkaufen - dann drucken

Die Idee (1)

Der Markt ...
- steigende Anforderungen von Nutzern und Autoren (insb. Im Bereich der Wissenschaften) an Aktualität <u>und</u> niedrigere Publikationskosten
- kürzere Lebenszyklen und steigende Titelzahl
- wachsender Fokus auf Bestseller bei gleichzeitig breiterer Backlist (80/20)

Der Service-Anspruch von BoD ...
- maximale Titelbreite (Service-Level)
- minimale Service-Kosten (build-to-suit statt stock-to-shred)
- optimale Logistik für kleinste Liefermengen **und**

Die offensichtlichen Probleme des "klassischen" Verlags
- sich negativ entwickelnder Lagerumschlag
- zunehmende time-to-market Probleme
- absehbare Programmkonsequenzen

erfordern einen radikal innovativen (und die Wertschöpfungskette verändernden) **Prozess**

Bild 1

Es gibt drei Aspekte. Zum Ersten den Markt (Bild 1): Die Anforderungen von Buchnutzern und Autoren haben sich verändert. Insbesondere im wissenschaftlichen Bereich ist es heute schwer vermittelbar, dass ein Autor mit einer Diskette oder einer digitalen Vorlage zum Verlag kommt und sagt: Ich habe hier ein neues, fertiges Werk, ich möchte es publizieren, und der Verlag antwortet: Ja, in meinem nächsten Herbstprogramm.

Auf der Nutzungsseite können wir Ähnliches beobachten. Mehr Wissen denn je führt dazu, dass Wissen nur für kurze Zeit aktuell ist und die Nachfrage nach neuem Wissen sehr schnell vorbeigeht. Man kann sie entweder gleich bedienen oder – wenn man zu spät ist – gar nicht. Auch die Marketingaktivitäten der Verlage konzentrieren sich sehr stark auf die wenigen Titel, die eindeutig Chancen haben, ins Schaufenster zu kommen und nicht auf das breite Angebot ihres Verlagsprogramms.

Der zweite Aspekt ist der wachsende Serviceanspruch an uns als Großhändler. Buchgroßhändler lagern in der Größenordnung von 300.000 verschiedenen Büchern, die Buchhändler kurzfristig bestellen können. In der Regel können die Händler bis 18 Uhr bestellen, am nächsten Morgen um 6 Uhr liefert der Großhandel. Mit dem Internethandel kam die Idee, dass alles, was im Internet präsentiert wird, auch morgen geliefert werden kann. Dem war natürlich nicht so. Aber die Anforderungen sind da, und sie sind auch nicht mehr wegzudenken. Mit Books on Demand haben wir diese Idee aufgegriffen: „build-to-suit" statt „stock-to-shred", ist das, was wir heute machen. Bisher haben wir Bücher gelagert, um sie hinterher zum großen Teil wegzuwerfen oder zu makulieren, wie wir sagen. In Zukunft wollen wir die Bücher erst herstellen, wenn sie nachgefragt werden. Wenn Sie so wollen, adaptieren wir für unsere kleine schöngeistige Branche das Modell von Michael Dell, der mit der just-in-time Produktion die PC-Branche revolutioniert hat. Er hatte das gleiche Problem. Im Prinzip erlaubt die Haltbarkeit von Produkten gar kein Lagern mehr. Dieses Thema ist bei „Wissen" genauso aktuell wie bei PCs.

Der dritte Aspekt neben den Anforderungen des Marktes und den Serviceanforderungen an den Großhandel sind ganz konkrete Probleme bei den Verlagen. Ein durchschnittlicher deutscher Verlag hat heute mit einem jährlichen Lagerumschlag von unter eins zu kämpfen. Es werden in Deutschland mehr Bücher gelagert als gelesen. Dies führt bei der gleichzeitig zunehmenden Bedeutung von „time-to-market" natürlich zu Programmkonsequenzen. Immer mehr Autoren wird zu einer Zeit, wo es immer mehr Wissen gibt, gesagt: Wir können dich nicht verlegen.

Diese drei Aspekte waren es, die uns veranlasst haben, einen radikal innovativen Prozess einzuführen, eine völlige Veränderung der Wertschöpfungskette. Unser Ziel war von Anfang an, Herr Mohn hat es gesagt, nicht ein weiterer Schritt auf dem Weg, wie Buchauflagen in kleineren Größen günstig produziert werden können, sondern die günstige Produktion der Losgröße eins. Ein Exemplar eines Buches soll günstig produziert werden; heute eins, in drei Wochen wieder eins, in fünf Monaten wieder eins, aber nicht mehr.

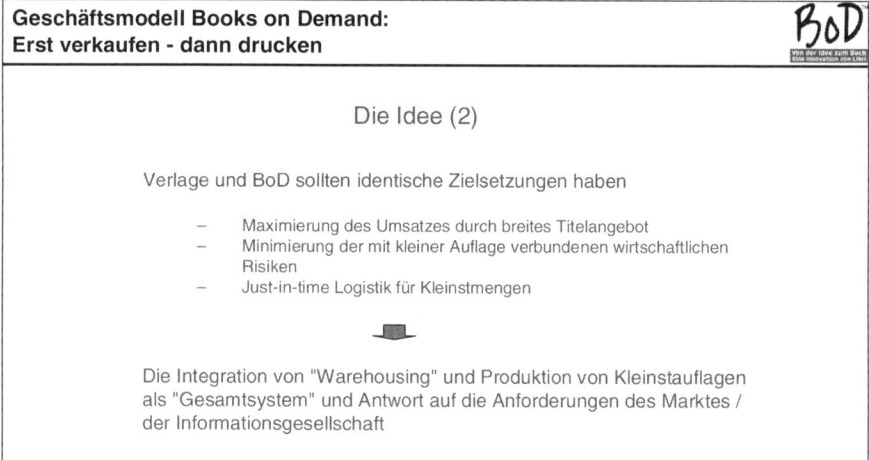

Bild 2

Dabei sind wir davon ausgegangen, dass die ganze Buchbranche, Verlag und Handel, die gleichen Ziele haben sollten, nämlich zusätzliche Nachfrage zu befriedigen und mehr Umsatz ohne Risiko zu realisieren (Bild 2).

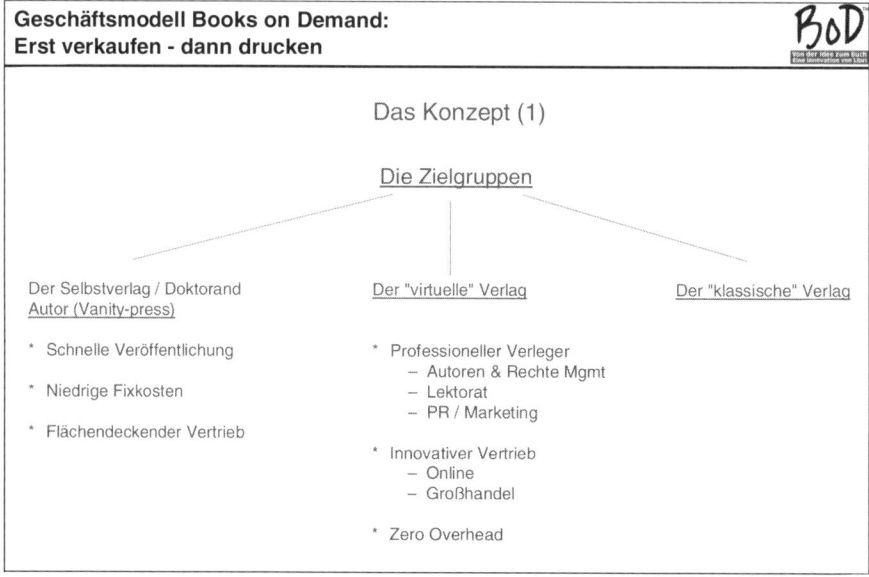

Bild 3

Für Books on Demand haben wir drei Zielgruppen (Bild 3): Zuerst den sogenannten Selbstverlag, also den Doktorand, den freien Autor oder Journalist oder einfach den Rentner, der sich mit seinem Hobby intensiv beschäftigt. In Amerika wird das so schön Vanity-press genannt. Diese Zielgruppe veröffentlicht eine Menge sehr guter Bücher, viele sehr spezialisiert, aber deswegen nicht „minderwertig". Diese Ziel- gruppe wünscht sich eine schnelle Veröffentlichung und niedrige Fixkosten. Viele von Ihnen hier haben sicherlich auch die Erfahrung gemacht, dass man einen „klas- sischen" Verlag teuer bezahlen muss, damit er am Ende das Buch genauso, wie man selber geschrieben hat, ohne irgendeine Lektoratstätigkeit abdruckt. Anschließend bekommt man Autorenabrechnungen, aber man wird kein großer Autor, die Illusion ist dahin.

Die zweite Zielgruppe nennen wir den „virtuellen" Verleger. Das Verlagswesen war schon immer relativ virtuell. Ein Verleger muss die Bücher nicht selber lagern, auch für das Lektorat benötigt er nicht unbedingt eigene Mitarbeiter. Die klassische Verlegerrolle reduziert sich zunehmend. In vergangenen Zeiten hat insbesondere der belletristische Verleger seine Autoren betreut und sich persönlich um sie gekümmert, er hat sie vorfinanziert und Marketing für sie betrieben. Heute haben wir eine Zeit, in der man zugeben muss, nicht für 400.000 oder 500.000 Bücher Marketing betreiben zu können und aufgrund der Technologie eigentlich keine Vorfinanzierung mehr braucht. Wir glauben daher an die Zukunft des virtuellen Verlegers. Jemand, der sich aus Liebhaberei einem Thema widmet, aber nicht mehr ein Lager vorfinanziert, sondern eher von zu Hause aus arbeitet. Dies sind u.E. durchaus ernst zu nehmende Verleger, wir haben bereits einige Beispiele.

Geschäftsmodell Books on Demand:
Erst verkaufen - dann drucken

Das Konzept (2)

Die Vorteile für den "klassischen" Verleger

Besserer Servicelevel gegenüber Handel und Endverbraucher

- keine out-of-stocks
- keine out-of-prints

Neue Umsatzpotentiale können erschlossen werden.

- Titel mit kleinen Auflagen für Nischen- und regionale Märkte sind risikolos machbar
- Testauflagen / Rezensionsexemplare sind schnell verfügbar.

Verlagsrechte können gesichert werden.

Bild 4

Die dritte Zielgruppe ist der klassische Verlag (Bild 4). Für den klassischen Verlag sind die Vorteile klar. Keine „out-of-stocks", keine „out-of-prints". Es können neue Umsatzpotenziale erschlossen werden. Und das Wichtigste sind vielleicht die Verlagsrechte. Es gibt eine alte Regel, auch urheberrechtlich: Ein Recht bleibt so lange beim Verlag, wie er dieses Buch liefern kann. Hier bietet Books on Demand natürlich einen ganz interessanten Aspekt für den Verlag. In der Vergangenheit war der Verlag gezwungen zu entscheiden, ob er ein Buch noch einmal neu auflegt oder ob er das Recht verliert. Heute bietet die neue Technologie dem Verlag neue Möglichkeiten. Er kann sich durchaus entscheiden, ein Book on Demand davon zu produzieren und so das Recht zu behalten.

Geschäftsmodell Books on Demand:
Erst verkaufen - dann drucken BoD

Das Konzept (3)

Der Full-Service

— Erstellung und Verwaltung des Druckmasters

— Einzelfertigung (BS-BoD) und Produktion kleiner Auflagen (V-BoD)

— Aufnahme in BoD- (offline) und Internet-Datenbank (online)

— Auslieferung an Verlag, Großhandel, Einzelhandel und Endverbraucher

— Abrechnung mit Verlag, Großhandel, Einzelhandel und Endverbraucher

---

Bild 5

Unser Businessmodel basiert auf einem Full-Service-Ansatz (Bild 5). Zuerst erstellen und verwalten wir das Druckmaster. Die Autoren und die Verlage kommen in der Regel mit einer digitalen Druckvorlage zu uns, viele aber auch mit einem alten Buch, was sie gefunden oder geerbt haben und was sie gern zu Weihnachten verschenken möchten. Die Anlieferungsform dessen, was wir erhalten, ist wirklich sehr vielfältig.

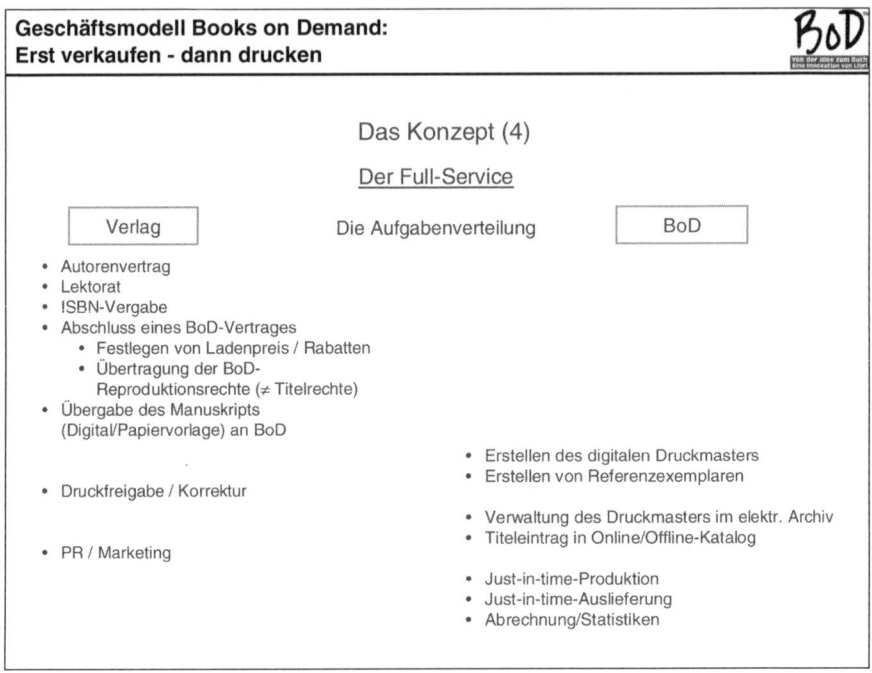

Bild 6

Danach bieten wir dem Autor oder Verlag die Einzelproduktion oder die Produktion in kleinen Serien an (Bild 6). Eine kleine Serie beginnt bei uns bei 20. Diese mindestens 20 Exemplare verkaufen wir an den Autor oder an den Verlag. Den gesamten restlichen Vertrieb organisieren wir über den Großhandel. Das ist der zweite, wirklich andere Ansatz: Sie sind als Autor eines speziellen Buches bei uns nicht nur als Kunde gern gesehen. In dem Moment, wo Sie bei uns ein Buch „verlegen", sind Sie morgen auch im Libri-Katalog und damit z.B. bei Amazon.de im Internet-Katalog. Ist ein Buch im Großhandelskatalog, kann es auch der Buchhandel besorgen. Dabei kümmern wir uns um die Abrechnung über alle Handelsstufen.

Geschäftsmodell Books on Demand: Erst verkaufen - dann drucken	

Das Konzept (5)

Die Buchausstattung

Sechs Formate:	12 x 19 cm
	13,5 x 21,5 cm
	14,8 x 21 cm (A5)
	15,5 x 22 cm
	17 x 22 cm
	Sonderformat A4 Beschnitt (19 x 27 cm)
Buchblock:	Druck der Inhalte (Texte, Grafiken und Fotos) schwarz-weiß, 600 dpi
	Qualitätspapier (90g): weiß oder chamois
Umschlag / Bindung:	4c, stabiler Karton (250 g)
	Heißklebebindung mit Seitenbeleimung
	alternativ: - Hardcover
Buchstärke:	mind. 50 Seiten / max. 700

Bild 7

Books on Demand sind richtige Bücher (Bild 7). Wir bieten verschiedene Formate an, in der Regel die klassischen Buchformate, vom deutschen Taschenbuch bis zu dem amerikanischen Textbookformat. Wir drucken auf erstklassigem Papier und bieten auch Hardcover an, in Kürze Farbe. Hardcover binden wir genauso schön, wie sich das jeder Buchliebhaber vorstellt. Es gibt eigentlich keine Restriktionen mehr. Books on Demand können bis zu 700 Seiten „dick" sein und sind von vielen Verlegern heute schon nicht mehr von klassischen Büchern zu unterscheiden. Natürlich sind diese Bücher als Paperbacks nicht für die Ewigkeit gemacht. Aber es ist auch die große Frage, wie viele Bücher bei der Geschwindigkeit des Wissens für die Ewigkeit gemacht werden müssen.

Geschäftsmodell Books on Demand:
Erst verkaufen - dann drucken

BoD

Das Konzept (7)

Musterkalkulation, Karton, 420 Seiten Wachholtz Goldschmiedezeichen (Papiervorlage)

		DM	
Masteringkosten (gem. Spezifikation)		DM	
Buchblock (netto)		504,00	
Abwicklungspauschale (netto)		350,00	
		854,00	einmalige Basiskosten
V-BoD	Kleinauflage ab 20 - unter 100	25,20	pro Exemplar
V-BoD	Kleinauflage ab 100 - unter 200	23,10	pro Exemplar
V-BoD	Kleinauflage ab 200 +	21,00	pro Exemplar
BS-BoD	Kalkulation der Verlagsmarge	DM	
	Ladenpreis brutto	98,00	
abzgl.	BoD BS-Marge	44,10	
	Ergebnis	53,90	
	Nettoergebnis vor 7% Ust	50,37	
abzgl.	Herstellkosten BS-BoD	21,00	
	Verlagsmarge netto *)	29,37	

*) Vergütung durch BoD zzgl. gültiger USt

Bild 8

Ich möchte Ihnen ganz kurz einmal zeigen, wie eine Musterkalkulation für ein Book on Demand aussieht (Bild 8). Bei diesem Buch geht es um Goldschmiedezeichen. Für „Fixkosten" von ca. 800 Mark erstellen wir das Druckmaster und speichern es drei Jahre. Die Kosten für so ein Buch – dieses hat immerhin 420 Seiten – liegen bei ca. 21 Mark als Einzelexemplar. Wenn Sie als Autor dieses Buch zu den handelsüblichen Margen vertreiben, so dass auch der Buchhandel mitmacht, bleiben Ihnen ca. 30%.

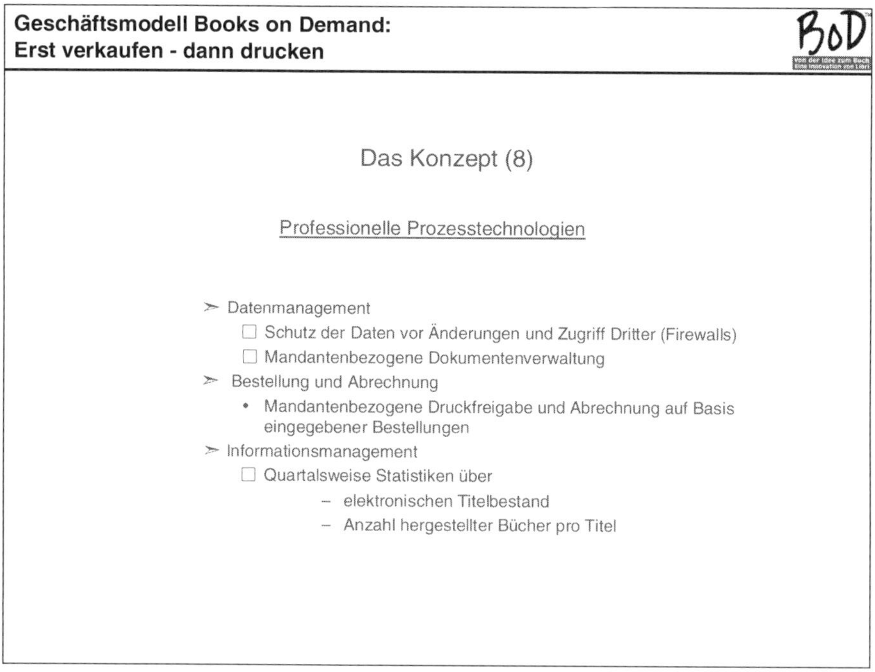

Geschäftsmodell Books on Demand:
Erst verkaufen - dann drucken

BoD
Von der Idee zum Buch
Eine Innovation von Libri

Das Konzept (8)

Professionelle Prozesstechnologien

➤ Datenmanagement
☐ Schutz der Daten vor Änderungen und Zugriff Dritter (Firewalls)
☐ Mandantenbezogene Dokumentenverwaltung
➤ Bestellung und Abrechnung
• Mandantenbezogene Druckfreigabe und Abrechnung auf Basis eingegebener Bestellungen
➤ Informationsmanagement
☐ Quartalsweise Statistiken über
– elektronischen Titelbestand
– Anzahl hergestellter Bücher pro Titel

Bild 9

Books on Demand arbeitet mit modernsten Prozesstechnologien (Bild 9). Daten-, Bestell- und Abrechnungsmanagement und Statistiken gehören dazu. Jeder Autor bekommt bei uns monatlich seine Abrechnung, zukünftig auch im Internet, so dass der ganz Nervöse jeden Abend gucken kann, ob er von seinem Buch wieder etwas verkauft hat. Mit unserer Autorencommunity sind wir so sehr eng vernetzt.

Geschäftsmodell Books on Demand:
Erst verkaufen - dann drucken

Das Konzept (9)

Ergänzung des Produktprogramms mit eBooks

➤ Angebot eines Komplettprogramms für Verlage und Autoren:
  eBooks, Paperback und Hardcover

➤ Abdeckung des kompletten Produktlebenszyklus

  ➤ Markteinführung mit eBooks
  ➤ Volumengeschäft mit Paperback
  ➤ Sammler-/Geschenkgeschäft: Hardcover

➤ Abdeckung aller Käufergruppen

  ➤ eBooks: Informationskonsument
  ➤ Paperback: Buchleser
  ➤ Hardcover: Buchleser und Buchbesitzer

Bild 10

Interessant ist auch der Zusammenhang von Books on Demand und eBooks (Bild 10). Die Idee des Books on Demand wird oft belächelt, als einen Schritt zurück betrachtet. Wer kümmert sich um Spezialitäten? In Wahrheit sind Books on Demand aber ein Schritt nach vorn. Denn das, was wir im ersten Schritt kreieren, um ein Papierbuch zu machen, ist ein digitales Master, das wir nicht nur benutzen können, um ein Buch auszudrucken, sondern auch um den Text im elektronischen Buchformat zur Verfügung zu stellen. So werden wir zukünftig den Verlagen und Autoren nicht nur anbieten, Bücher in kleinen Auflagen günstig zu drucken, sondern – sozusagen als Abfallprodukt – auch eBooks. Wir sind überzeugt, dass in der Zukunft bei der Menge von Wissen, das angesprochen wurde, neues Wissen häufig zuerst im Internet publiziert wird und erst später ein Buch daraus entsteht oder Teile der Publikation als Book on Demand vertrieben werden. Mit Books on Demand und eBooks können wir zukünftig den ganzen Produktlebenszyklus eines Buches abdecken. Vielleicht geht es zukünftig mit dem eBook los, dann kommt das Volumengeschäft mit dem Paperback, und am Ende kommen wieder die ganz kleinen Auflagen.

Geschäftsmodell Books on Demand:
Erst verkaufen - dann drucken

Meilensteine und Erfolge (1)

1996:	Erster Kontakt Xerox / Libri
1997:	Entwicklung Technik / Software / Business Modell
Juli 1998:	Mastering und Produktion des "ersten" BoD-Buches "Die Verfassung der Freien und Hansestadt Hamburg"
April 1999:	Smithsonian Award für Libri-BoD (Cat. Manufaturing)
Juli 1999:	BoD.de / BoD.com
Dez. 1999:	Mastering und Produktion des "1000sten" Titels (ca. 50 neue Titel / Woche)
Mai 2000:	Neuprodukteinführung Hardcover und eBooks
Jan 2001:	Gründung Books on Demand GmbH, Deutschland
Mär 2001:	Gründung Books on Demand (Schweiz) GmbH
Aug 2001:	Dibi - Medien Entwicklung und Vertrieb GmbH

Bild 11

Wie haben wir angefangen? Wir beschäftigen uns mit dem Thema Books on Demand seit fünf Jahren (Bild 11). Wir haben die Entwicklung von Anfang an gemeinsam mit der Firma Xerox vorangetrieben. Unser erstes Buch haben wir 1998 gefertigt. Wir sind ganz stolz, dass wir 1999 für unsere Innovation vom Smithsonian Institut in Washington einen ersten Preis, den Innovation Award, in der Kategorie Manufaturing bekommen haben. 1999 haben wir auch unser Internet site gelauncht, inzwischen eine echte Community von freien Autoren, auch im wissenschaftlichen Bereich. Jetzt gehen wir verstärkt in und an die Universitäten, haben dort Programme aufgebaut und werden über die Lehrstühle aktiv. Seit Mai 2000 liefern wir Hardcover. Im Bereich der elektronischen Verschlüsselungstechnologie arbeiten wir mit den führenden Anbietern Adobe und Microsoft zusammen. Wir werden das erste eBook-Service-Unternehmen sein, das Verlagen anbieten kann, Bücher zu konvertieren und Bücher mit Verschlüsselungstechnologien über das Internet anzubieten. Gleichzeitig können wir den gleichen Content als Buch in kleinen Auflagen drucken.

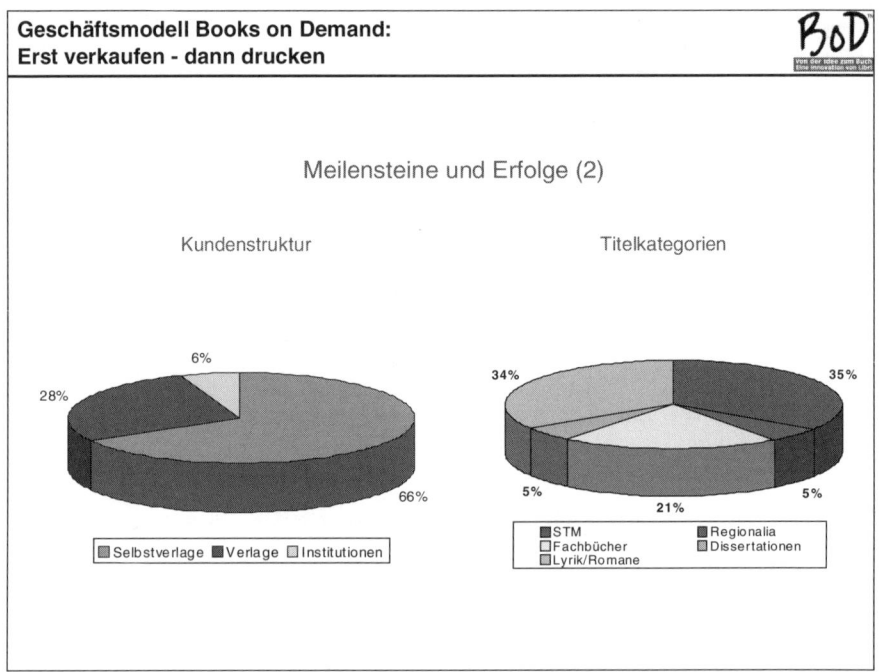

Bild 12

Wir haben inzwischen über 4.000 Bücher produziert, die wir in unseren Katalog aufgenommen haben und über den Großhandel und im Internet anbieten (Bild 12). 4.000 Titel sind vielleicht nicht viel, aber Sie sehen, die Entwicklung stimmt uns eigentlich ganz positiv (Bild 13). Viele dieser Bücher leben nicht nur einmal, sondern über einen längeren Lebenszyklus. Wir haben es sogar einmal geschafft, mit einem Buch Nummer 1 bei Amazon.de zu werden. Von diesem Buch sind über 10.000 Exemplare verkauft worden. Inzwischen ist der Autor mit seinem Buch bei Piper.

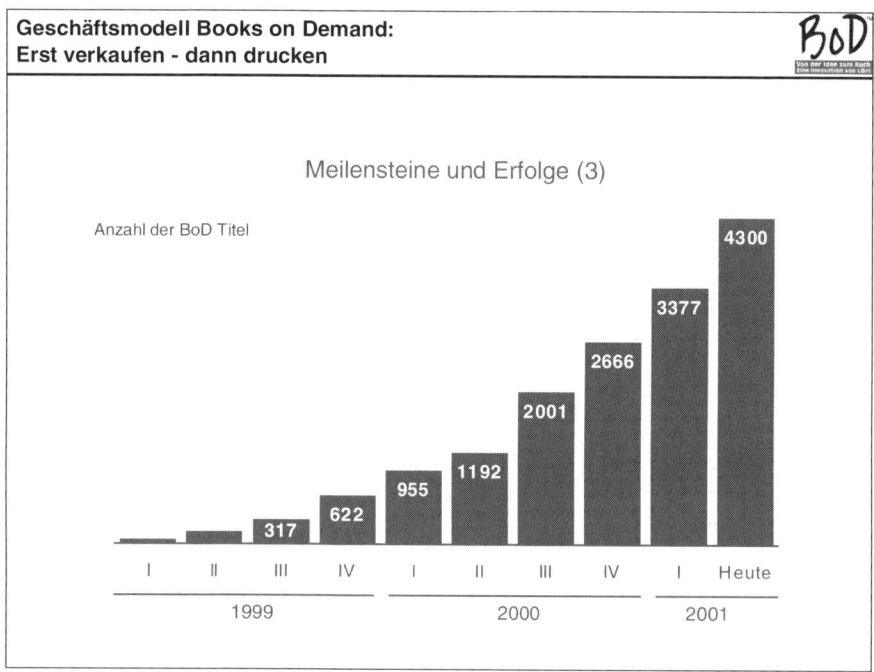

Bild 13

Bei Books on Demand behält der Autor alle Rechte. Wir sind mehr „author enabler"
als Verlag und freuen uns über jeden Autoren, der bei uns ist und hinterher profes-
sionell zu einem Verlag geht. Wir haben inzwischen über 50 Autoren, deren Bücher
in der „Zweitauflage" bei einem Verlag erschienen sind. Dies zeigt, dass die Verlage
im Vorfeld einfach nicht alles wahrnehmen oder alles richtig selektieren können.

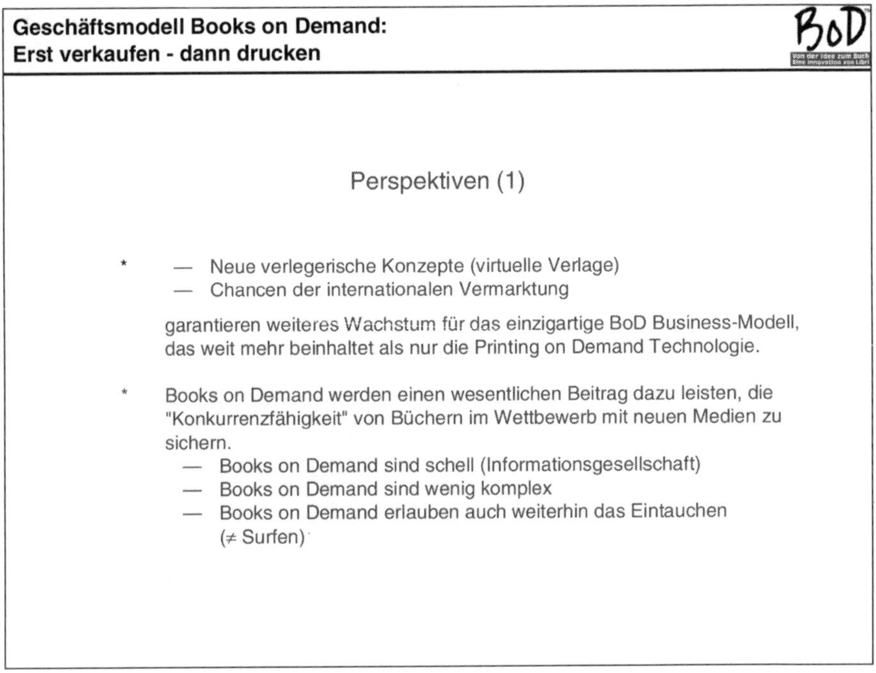

Geschäftsmodell Books on Demand:
Erst verkaufen - dann drucken

Perspektiven (1)

*   — Neue verlegerische Konzepte (virtuelle Verlage)
       — Chancen der internationalen Vermarktung

garantieren weiteres Wachstum für das einzigartige BoD Business-Modell,
das weit mehr beinhaltet als nur die Printing on Demand Technologie.

*   Books on Demand werden einen wesentlichen Beitrag dazu leisten, die
     "Konkurrenzfähigkeit" von Büchern im Wettbewerb mit neuen Medien zu
     sichern.
       — Books on Demand sind schell (Informationsgesellschaft)
       — Books on Demand sind wenig komplex
       — Books on Demand erlauben auch weiterhin das Eintauchen
         (≠ Surfen)

Bild 14

Was sind die Perspektiven für Books on Demand (Bild 14)? Wie gesagt, wir
glauben an neue verlegerische Konzepte. Wir haben z.B. mit Professor Arnold
einen virtuellen Verleger, der sich zum Ziel gemacht hat, eine Lyrikedition 2000
herauszugeben. Lyrik ist ein Bereich, der heute fast gar nicht mehr lebt. Kaum ein
Verleger fasst heute Lyrik an. Mit Prof. Arnold machen wir sehr hochwertige
Bücher.

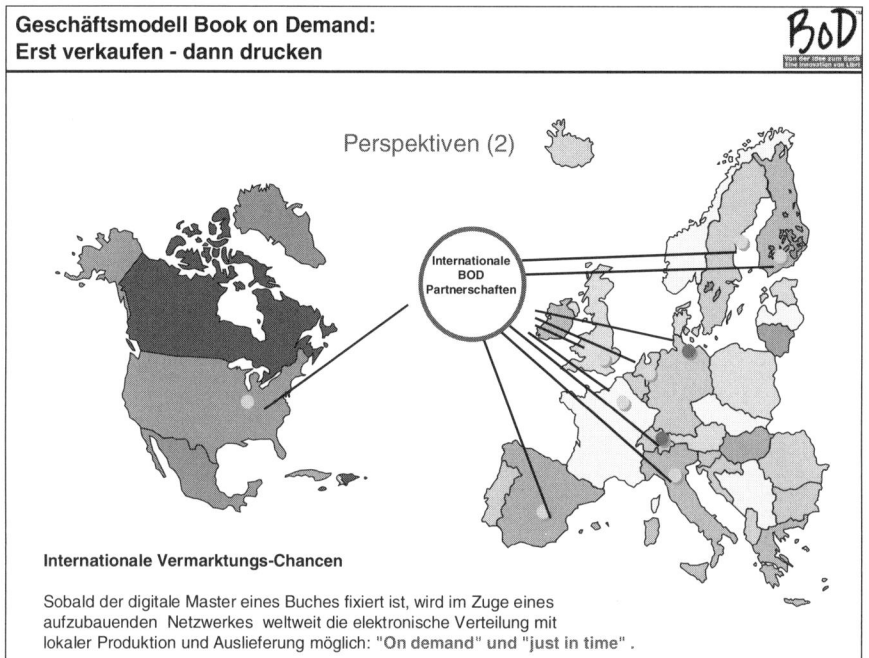

Geschäftsmodell Book on Demand:
Erst verkaufen - dann drucken

Perspektiven (2)

Internationale
BOD
Partnerschaften

Internationale Vermarktungs-Chancen

Sobald der digitale Master eines Buches fixiert ist, wird im Zuge eines
aufzubauenden Netzwerkes weltweit die elektronische Verteilung mit
lokaler Produktion und Auslieferung möglich: "On demand" und "just in time".

Bild 15

Ein Thema der Zukunft ist die internationale Vermarktung von Books on Demand
(Bild 15). Wir gehen jetzt daran, international mit anderen Großhändlern zu koope-
rieren. Wir wollen Books on Demand um die Welt bringen, und zwar nicht nur als
Buch im Internet, sondern – per Befehl zum Ausdruck auf eine Maschine z.B. in
Australien – auch physisch.

Letzten Endes glauben wir, dass wir mit Books on Demand einen Beitrag dazu
leisten können, die Konkurrenzfähigkeit des Buches zu sichern. Denn Bücher
können letzten Endes schnell sein, sowohl als eBooks als auch als Papierbücher. Sie
sind wenig komplex. Ich glaube, dass jeder, der sich mit Technik auseinander setzt,
weiß, wie schnell Technologien sich überleben. Auch die CDs wird es wahrscheinlich nicht ewig geben. Mit Books on Demand können wir nicht nur surfen im
Wissen, das machen wir bei wissen.de, sondern wir können dann auch einmal
Eintauchen in Wissen, und das machen wir in Zukunft wahrscheinlich weiterhin mit
Büchern.

9 Digitalisierung von Bibliotheken – eine technische und eine Kulturfrage

Dr. Hermann Leskien
Bayerische Staatsbibliothek München

Einleitung

Der Start der Bibliotheken in das digitale Zeitalter begann – wie könnte es anders sein – in den USA, wenn auch nur mit relativ geringem zeitlichen Vorsprung. Die dortige Entwicklung verlief im übrigen durchaus unkoordiniert. Denn nachdem sich 1993 unter Förderung durch die National Science Foundation eine „Digital Library Initiative (DLI)" zusammengefunden hatte, verkündete wenig später unabhängig davon die Library of Congress ihren beispiellosen Plan einer „Digital Library". Innerhalb von fünf Jahren sollten fünf Millionen Dokumente unter dem Dach „American Memory" konvertiert werden – ein Ziel, das weitgehend erreicht wurde. Spätestens von diesem Zeitpunkt an war es eine Frage des Prestiges, digitale Projekte zu verfolgen. Jede Bibliothek, die es sich leisten konnte und zutraute, suchte einen Schwerpunkt, um sich zu profilieren. Führende Bibliotheken schlossen sich zur „Digital Library Federation (DLF)" zusammen, die in der Folgezeit zum „Council on Library and Information Resources (CLIR)" mit Sitz in Washington mutierte und heute als erfolgreiches Consortium agiert.

In Deutschland packte die Deutsche Forschungsgemeinschaft die Thematik der Digitalisierung verhältnismäßig früh an und lobte 1997 entsprechende Förderprogramme aus. Die Aktivitäten fügten sich in die Absicht ein, eine „Verteilte Digitale Forschungsbibliothek" zu schaffen – ein für Deutschlands Kulturlandschaft charakteristischer, weil umfassend planerischer Ansatz. Es war von vornherein daran gedacht, Autoren und Verleger an den Vorhaben zu beteiligen, um wichtige, verwertungsrechtlich geschützte Dokumente nicht ausgrenzen und damit den Wert von Digitalisierungsprogrammen erheblich mindern zu müssen.

Begriffsdefinition

Der Begriff „Digitalisierung" erlebt in der allgemeinen Diskussion eine Inflation. Digitalisierung bezeichnet dem Wortlaut nach einen Umformungsprozess, an dessen Ende ein Informationsträger steht, der ein digitales Dokument enthält, das ursprünglich analog gespeichert war und nun sekundär mit gleichem Inhalt elektronisch existiert. Daher spricht man präziser oftmals auch von „retrospektiver Digitalisierung" oder verkürzt „Retrodigitalisierung". Wenn die Sekundärform gleichzeitig und parallel erscheint, müsste man von einer Parallelausgabe sprechen. Eine andere Abgrenzung ist zu jenen digitalen Medien zu ziehen, die von Anfang an und ausschließlich in elektronischer Form auf den Markt kommen. In der englischsprachigen Welt hat sich hierfür das Attribut „digitally born" oder „born digital" eingebürgert, im Deutschen spricht man mittlerweile von „genuin digital". Um unzutreffenden Assoziationen keinen Raum zu lassen, sei schließlich angemerkt, dass digitale Dokumente – seien sie nun genuin digital oder erst sekundär digitalisiert – qualitativ etwas anderes darstellen als den digitalen Nachweis von Dokumenten mit ihren bibliographischen Metadaten. Diese Notiz ist tatsächlich notwendig, wie der inflationär gebrauchte Begriff „digitale Bibliothek" gelegentlich belegt, hinter dem sich häufig eine Mischung von elektronischem Nachweis und elektronischem Volldokument verbirgt. Wer diese Kombination bezeichnen will, gebraucht heute in der Regel den Anglizismus „Hybrid-Bibliothek", der im Deutschen leider eine negativ besetzte Konnotation hat.

Problem der Selektion

Seit Beginn der Digitalisierungswelle gab es durchaus Visionäre, die das Ende des Zeitalters von Gutenberg kommen sahen. Sie wollten nicht nur die Zukunft digital gestalten, sondern auch die Vergangenheit entsprechend transformieren. Ihre Lieblingsvorstellung war es, die ja wirklich lästigen Medienbrüche endgültig aus der Welt zu schaffen, indem alle Informationen in uniformer digitaler Gestalt vorgehalten und angeboten werden sollten. Schon überschlägige Kostenkalkulationen falsifizierten diese Ideen. Bezogen beispielsweise auf die Bayerische Staatsbibliothek ergibt sich folgendes Bild. Um den Druckbestand von knapp acht Millionen Bänden zu konvertieren, ergäbe bei simpelster Digitalisierung – nämlich Image-Scanning und einfache Indexierung – Kosten in Höhe von etwa drei Milliarden DM, bei Volltexterfassung wären es ungefähr 40 Milliarden DM. Für die Zukunft lassen sich keineswegs wesentliche Kostensenkungen prognostizieren. Denn Bücher sind individuell verfasst und gestaltet. Sie entziehen sich daher auf Dauer rein maschineller Digitalisierung und benötigen daher menschliche Beteiligung.

Weil also totale Lösungen ausscheiden, bleibt keine andere Wahl, als das altbekannte Geschäft der Titelauswahl nun auch bei der Digitalisierung anzuwenden. Zwar gibt es auf diesem Gebiet reichliche Erfahrungen und wohlabgewogene Praktiken, die letztlich alle ihre Erfolgs- und Misserfolgsbilanz hinter sich haben. Indessen lassen sie sich nicht 1:1 auf die neue Situation übertragen. Die Retrodigitalisierung schließt nämlich nicht nur das Ob, sondern auch das Wie mit ein und verkompliziert auf diese Weise die Lage. In der bibliothekarischen Öffentlichkeit der Vereinigten Staaten wurde die Frage nach Kriterien für die Selektion von zu digitalisierendem Material frühzeitig gestellt. Schon im Herbst 1995 organisierte die Research Libraries Group ein diesem Thema gewidmetes Symposium in Washington, das die Darlegung von Erkenntnissen aus Projekten mit allgemein theoretischen Reflexionen mischte. Eine Reihe von Veröffentlichungen, Positionsbestimmungen und publizierten Kriterienkatalogen folgten.

Bedürfnisse der Forschung

Der Wunsch nach einem Direktzugriff auf wichtige Inhalte steht für die wissenschaftlichen Bibliotheken an erster Stelle der Motive für die retrospektiven Digitalisierung. Dies klingt einfach und klar. Aber schon bei den ersten Projekten wurde deutlich, dass es von Fachgebiet zu Fachgebiet höchst unterschiedliche Bewertungen gibt. Es stellt somit eine Illusion dar, eine in breiten Kreisen, geschweige denn universal gültige Festlegung für retrospektive Prioritätensetzungen erreichen zu wollen. Vielmehr lässt sich allgemein feststellen: Das Gesicht digitaler Fachbibliotheken wird nicht den gleichen Grad an Einheitlichkeit und Universalität aufweisen wie z.B. die traditionellen Lesesäle und Freihandbestände in Bibliotheken. Wie großflächig oder wie kleinteilig die Selektionskriterien sein müssen, wird erst die Zukunft zeigen. In jedem Fall wird man sich nicht mit einem groben Raster begnügen können.

Diese Schlussfolgerung ergab sich u.a. aus einer fachlichen Diskussion , die wir an der Bayerischen Staatsbibliothek mit Vertretern der Geschichtswissenschaft geführt haben – wohlgemerkt nur eine Wissenschaftsdisziplin. Während die Mediävisten von vornherein eine möglichst breite und umfassende Verfügbarkeit der (zahlenmäßig begrenzten) Quellen in elektronischer Form und hohem editorischem Standard wünschen, wählen die Zeithistoriker angesichts der Massen an Quellen mehr die verbesserte Zugänglichkeit als Gradmesser einer Konversionsentscheidung. Dadurch wird eher die sog. Graue Literatur in der Priorität der Digitalisierung nach vorne geschoben, die großen bedeutsamen Quellen, die in jedem Seminar stehen, treten zurück. Digitale Totalität ist weder für die Neueste Zeit noch für die Zeitgeschichte ein Ziel, auf das hin man arbeiten und planen kann.

Einheitlich über alle Fachgebiete hingegen spielt die elektronische Verfügbarkeit von Zeitschriften eine bedeutende Rolle. Für Naturwissenschaften, Medizin und Technik dürfte sich das Problem der Aufarbeitung der noch relevanten Vergangenheit mittelfristig in der Weise lösen, dass die neuen Jahrgänge mehr und mehr digital vorliegen und dass rückwärtige Erscheinungsperioden wenig gefragt sind. Anders bei den Geisteswissenschaften, und teilweise auch bei den Sozialwissenschaften; hier ist die Verfallszeit weit höher einzustufen und die Bedeutung der Journale geringer einzuschätzen.

Wie man die Konversion von Periodica anpacken kann, hat das bahnbrechende Projekt JSTOR (Journal Storage) mit dem Untertitel „Redefining Access to Scholarly Literature" gezeigt, das 1994 mit einem „Demonstration Project" der Mellon-Foundation startete und sich zum Ziel setzte, die Gesamtreihen wichtiger Zeitschriften rückwirkend zu digitalisieren. Das Unternehmen ist aus der kritischen Phase heraus und bietet immer mehr Bände an – in gemessenem Abstand mit einer „moving wall" zu den aktuellen gedruckten Jahrgängen, die in unveränderter Weise über den Buchhandel vertrieben werden. Die Palette wird sich in Kürze abrunden und dann eine Gesamtmenge von 200 Zeitschriften, die jeweils bis Band 1 zurückgehen (der älteste Jahrgang ist von 1665), mit rund zehn Millionen Seiten für die Wissenschaft vorhalten. Die Zahl der Subskribenten beträgt gegenwärtig 700 in 31 Ländern.

Während die bibliographischen Daten der Aufsätze auf der Basis manueller Neuerfassung umgesetzt wurden und nach allen Regeln der Kunst verlässlich recherchierbar sind (Genauigkeit 100%), stützt sich das Retrieval der Volltextrecherchen auf OCR (Genauigkeit 99,95%,). Beide Erschließungswege führen zum Originaldruck, der in hochaufgelösten Images (600 dpi) präsentiert wird, und auch zum Ausdruck im PDF-Format zur Verfügung steht.

In Deutschland wurde nach langen Vorbereitungen in diesem Jahr ein ähnliches Projekt gestartet. Die Deutsche Forschungsgemeinschaft hat in Zusammenarbeit mit einer Reihe von Sondersammelgebiets-Bibliotheken ein verwandt strukturiertes Unternehmen genehmigt, das sich „DigiZeit" nennt und das die deutschen Forschungsinteressen supplementär zu JSTOR abdecken soll.

Verbesserte Zugänglichkeit

Zweifellos gehört in das Spektrum der Motive für die retrospektive Digitalisierung auch der Wunsch, schwer zugängliche Bestände allgemein zugänglich zu machen. Neben den Bildmaterialien, die nun bevorzugt konvertiert werden, sind es vor allem die im Original besonders schützenswerten Dokumente, die das Augenmerk auf sich ziehen, z.B. Handschriften, Seltene Drucke und historische Landkarten. Verschiedene Projekte sowohl im Ausland, als auch in Deutschland zielen auf diese Dokumenttypen.

Die elektronische Speicherung und Präsentation kann indessen auch neue Qualitäten schaffen, was u.a. mit dem kooperativen Projekt von Papyrusbeständen amerikanischer Bibliotheken belegt wird. Die Universitätsbibliotheken von Berkeley und Michigan starteten ein Unternehmen, die an beiden Orten in großer Zahl vorhandenen fragilen Dokumente zu digitalisieren. In das Projekt einbezogen sind der formale Katalognachweis, eine buchstabengetreue Transliteration sowie die englische Übersetzung. APIS (Advanced Papyrological Information System) – so heißt das Projekt – wurde vom National Endowment for the Humanities (NEH) gefördert, zog danach weitere wichtige Partner an und darf als herausragendes Beispiel mehrfachen Mehrwerts bezeichnet werden. Thematisch begrenzte, gut sortierte Kollektionen stehen im übrigen auffällig oft im Vordergrund des Interesses. Dabei muss es sich keineswegs um physische Bestände einer einzigen Bibliothek handeln, die konvertiert werden. Sie werden auch virtuell zusammengestellt, so die Projekte „Making of America" (Michigan/Cornell), „Marriage, Women, and the Law" oder aktuell „Cultural Materials" (beide Research Libraries Group), um nur einige zu nennen.

Masseninteressen

Ein völlig anderer Ansatz für die Retrodigitalisieirung ist die Hinwendung zu Lehre und Studium, wenngleich mit konträren Indikationen und kaum in Deutschland. Als ein Beispiel ist das kooperativ angelegte „Digital Scriptorium" zu nennen. Dieses Projekt, das in der Startphase neben einer Stiftungsförderung von den Universitäten Berkeley und Columbia getragen wurde, dient dem gemeinsam verfolgten Zweck der Verbesserung und Belebung des einschlägigen akademischen Unterrichts. Die mittelalterlichen Handschriften der teilnehmenden Bibliotheken werden – didaktisch aufbereitet – für den Einsatz in der Lehre verzeichnet und mit relevanten Auszügen aus den Handschriften illustriert werden.

Von einem anderen Ansatz unter dem Aspekt Lehre und Studium, gehen Projekte aus, die den bequemen Mehrfachzugriff auf vielgenutzte Literatur regeln möchten. Auch diese Motivation ist in Deutschland seltener zu finden als in den USA. Der Grund hierfür liegt einerseits in den unterschiedlichen hochschuldidaktischen Konzepten – dort stärkere Verschulung und Kanonbildung, hier zumindest in den Geisteswissenschaften größere Wahl- und Gestaltungsfreiheit des Studiums. Darüber hinaus profitieren die erfolgreichen amerikanischen Unternehmungen auf den dort anderen Konditionen bei Verwertungsrechten. Zwar sind die Grundprobleme des Rechts des geistigen Eigentums diesseits und jenseits des Atlantik grundsätzlich durchaus gleich. In Deutschland steht aber gegenwärtig eine fast eherne Barriere, während in den USA durch die Arbeit des Copyright Clearing Center praktikable Verfahren entwickelt wurden, die die akademischen Interessen und den Kommerz zum Ausgleich bringen.

Digitale Angebote als Alleinstellungsmerkmal

Zumindest in den USA wird man den Aspekt des Wettbewerbs als Movens der digitalen Initiativen nicht vernachlässigen dürfen. Es gibt aber auch in Deutschland verwandte Tendenzen. So schreibt die Bund-Länder-Kommission für Bildungsplanung und Forschungsförderung 1998 in ihrem Bericht zu Multimedia im Hochschulbereich: „International wächst der Wettbewerb zwischen den Hochschulen bezüglich Qualität und Aktualität. Auch in Deutschland wird er zu einer Ausdifferenzierung (Schwerpunktsetzung) zwischen den Hochschulen führen. Vernetzte multimediale Lehr- und Lernangebote führen zu einem Wettbewerb ‚for excellency‘." Ähnlich äußerte sich im gleichen Jahr der Wissenschaftsrat, der den Hochschulen keinen einheitlichen Entwicklungsweg für alle empfiehlt: „Statt dessen werden Handlungsoptionen aufgezeigt, die unterschiedliche Entwicklungsstrategien erlauben. Daraus folgt, daß die Hochschulen selbst die Entwicklung und den Einsatz von Multimedia rasch zum festen Bestandteil der jeweiligen Hochschulentwicklungskonzepte machen müssen."

In jedem Fall prägt die Beschaffung von Geldmitteln für die teuren Projekte die Auswahl des digitalen Angebots. Das Programm der Library of Congress basiert zu drei Viertel auf privaten Geldgebern, die sich zu Spenden bereit fanden, und zu einem Viertel aus Mitteln des Kongresses. Beide Gruppen legten Wert auf die nationale Motivation und die damit verbundenen Etikette. Die Ausrichtung auf die allgemeine Öffentlichkeit, und hier vor allem auf die Schulen, garantierte eine große Breitenwirkung. Nach der Krise der höheren Bildungseinrichtungen in den 70er und 80er Jahren hatte die Politik eine Öffnung für den amerikanischen Alltag gefordert. Dieser Forderung galt es zu folgen.

Der Einfluss der Geldgeber auf die Wahl von Projekten und damit auf die Wahl des Materials, das konvertiert werden soll, wird auch jenseits nationalen Stolzes deutlich. So wäre die schon genannte methodisch vorzügliche Digitalisierung des Heinz-Archivs in der Carnegie Mellon University niemals erfolgt, hätte nicht die Familie Heinz dem in seinen besten Jahren tödlich verunglückten Senator H. John Heinz III ein Denkmal setzen wollen und für die Digitalisierung des nachgelassenen Materials einen Millionenbetrag zur Verfügung gestellt. Auch ist es nicht vorstellbar, dass die Stanford University eine Software-Sammlung übernommen, öffentlich zugänglich gemacht und durch Interviews (Oral History) ergänzt hätte, wäre nicht der Spenderwille gewesen, die Erfolgsstory des Silicon Valley zu dokumentieren.

Erfolgsfaktor Menge

Gerade die erfolgreichen Digitalisierungsaktivitäten in den Vereinigten Staaten weisen großmaßstäbliche Eigenschaften auf. Die University of Michigan und die Cornell University betreiben unter Förderung durch die Mellon-Foundation das Großprojekt „Making of America", das eine digitale Quellensammlung zur amerikanischen Sozialgeschichte des späteren 19. Jahrhunderts zum Ziel hat. Ferner entsprang dem Bestreben des English Department der University of Virginia, ein umfassendes Corpus für den eigenen akademischen Unterricht aufzubauen, das berühmte „Electronic Text Center". Ein wesentlicher Zweck dieses Unternehmens war von Anfang an das Ziel, die Studenten im Umgang mit digitalen Medien zu schulen, so dass sie einerseits als kostengünstige Arbeitskräfte eingesetzt werden, andererseits Fertigkeiten erwerben, die ihnen nach dem Abschluss verbesserte Chancen auf dem Arbeitsmarkt bieten. Die University of Virginia entwickelte im übrigen keineswegs den Ehrgeiz, ausschließlich eigene digitale Produktionen aufzulegen. Vielmehr wurde auch das breite Marktangebot aufgegriffen, allerdings unter Integration in das formal-logische und technische Umfeld vor Ort. So entstand ein beachtliches Corpus mit weit mehr als 40.000 Volltext-Dokumenten ohne Medien- und Formatbruch mit komfortablen Eigenschaften für den Benutzer. Der weit überwiegende Teil der Nachfragen an diese vorzügliche Ressource kommt denn auch mittlerweile nicht mehr aus dem Campus in Charlottesville, sondern aus den übrigen, privilegierten Bibliotheken Virginias, aber darüber hinaus aus aller Welt.

Außerordentlich erfolgreich ist auch das schon erwähnte Unternehmen „Gallica" der Bibliothèque nationale de France, das heute fast 90.000 Dokumente enthält. Ausgehend von einer langen Liste national wichtiger Literatur und Bilder wurden in einer klugen Mischung von systematischer Anreicherung des Umfelds und nachfrageorientierter Frequenzanalyse ein hervorragender Schatz zusammengetragen. Die Nachfrage nach View und Download der knapp 15 Millionen Seiten ist nach Bekunden der Bibliothek groß und noch im Steigen begriffen.

Dass dem Faktor der *kritischen Masse* eines Angebots eine Schlüsselrolle zukommen kann, lässt sich auch ex negativo beweisen. Das „Open-Book-Project" wird von Yale University Library als weitgehend gescheitert angesehen. Obwohl eine durchaus beachtliche Menge von 2.000 sorgsam ausgewählten Werken digitalisiert wurde, fehlte dem Projekt die nötige Attraktivität.

Die „kritische Masse" eines Angebots ist also kein rein numerischer Wert; vielmehr handelt es sich um eine günstige Relation zwischen attraktiven Inhalten in einem relevanten Anteil an dem gesamten Angebot auf dem fraglichen Sektor. Nur ein zahlenmäßig und inhaltlich überzeugendes Angebot gelangt in das Bewusstsein der Endnutzer, wird wahrgenommen und frequentiert. Dies kann naturgemäß nicht vom ersten digitalisierten Werk an der Fall sein. Umso wichtiger ist ein kontinuierliches, wenn auch schrittweises, zielgerichtetes Handeln auf einem langen Weg zu einer digitalen Sammlung. Nicht unterschätzen sollte man in diesem Zusammenhang die Einbindung in das gesamte fachspezifische Informationsangebot. Nur ein bequemer, mit den Standardwegen verknüpfter Zugang zu Dokumenten wird auf Dauer verhindern können, dass versteckte oder kleine Informationsmengen unbeachtet werden. Dies gilt mit umgekehrten Vorzeichen natürlich auch für umgekehrte Relationen. Wo das digitale Angebot dominiert, ersetzen schon heute oberflächliche Internetangebote eine tiefergehende Informationssuche unter den klassischen Medien, ganz unter dem Motto „was nicht digital zugänglich ist, existiert nicht".

Art der Digitalisierung

Die Selektion der Dokumente, die digitalisiert werden sollen, ist nicht die einzige Wahl, die bei diesem Geschäft zu treffen ist; Hand in Hand hiermit geht die Methodenwahl. Kosten und Nutzen sind zueinander in Beziehung zu setzen, durchschnitten vom Aspekt der Nutzerzufriedenheit. Denn schon angesichts der unterschiedlichen Kosten, aber auch aufgrund der Erfahrung, dass die Konversionsergebnisse bei den Wissenschaftlern differenziert akzeptiert werden, zeigt sich, dass nicht eine einzige Methode für alle Falltypen taugt.

Gehen wir vom häufigsten Fall der Konversion eines Druckes aus, so bieten sich mehrere Standard-Optionen an. Die billigste Methode ist das seitenweise Einscannen des Drucks, wodurch eine Folge von Stillbildern (Images) entsteht. Eine Entscheidung über den Grad der Auflösung (zwischen 150 und 600 dpi) steht dabei ebenso an wie die über Bitonalität, Graustufen oder Farbe. Im Ergebnis differieren die genannten Optionen nicht nur hinsichtlich der Höhe der reinen Konversionskosten, sondern sie wirken sekundär auch auf die Anforderungen an das Volumen des Speicherplatzes, der benötigt wird, sowie auf die Länge der Ladezeit ein, die gerade im Internet – auch bei den jetzt schnelleren Netzen – wiederum eng mit der Nutzerzufriedenheit korreliert. In diesem Zusammenhang sei die Erfahrung eingebracht, dass gerade im Bereich der Wissenschaft und des Studiums keineswegs davon auszugehen ist, dass die Endnutzer hardwaremäßig und beim Netzanschluss hochklassig ausgestattet sind.

Ein Buch, das sich dem Leser nur dadurch erschließt, indem er es seitenweise durchblättert, ist naturgemäß kein gutes Angebot. Als minimale Hilfe sind ein seitengenauer Zugriff vorzusehen und die Festlegung elementarer Einstiegspunkte zu definieren, die ein elementares Navigieren im Buch erlauben. Technisch bedeutet dies manuelle Erfassung und Verlinkung von Inhaltsverzeichnis und Abbildungsverzeichnis mit dem jeweiligen ersten Image der betreffenden Sequenz

(Kapitel, Abschnitt usw.). Je nach Aufwand lässt sich dieses Netz auch feiner spinnen, wobei ein für den Leser besonders nützlicher Gewinn in der Verlinkung auch des Registers mit den entsprechenden Images besteht. Ein solches Angebot erlaubt bereits eine recht komfortable Seitennavigation und bietet für die wesentlichen Inhalte eines Buches textimmanente stichwortartige Einstiege.

Es muss also nicht immer der zeichengetreue Volltext sein, der angeboten wird, zumal die Wiedergabe des Druckoriginals wegen der darin dokumentierten formalen Gestaltung, die bei Textkonversion verloren geht, keineswegs überflüssig ist. In den Fällen, wo eine gut leserliche Antiqua-Vorlage zur Konversion ansteht, kommt der Option, zusätzlich einen OCR-Lauf über die Seiten zu starten, eine reale Bedeutung zu, weil dadurch mit vertretbarem Aufwand ein hohes Maß an Nutzen gestiftet wird. Das bereits genannte Projekt JSTOR hat diesen vergleichsweise sparsamen Weg technisch ausgereizt und geht ihn mit Erfolg. Aufgrund der weiten Verbreitung von Frakturschriften ist die Anwendung dieser Methode in Deutschland deutlich eingeschränkt.

Hat eine Institution bewusst entschieden, den Text als solchen zu digitalisieren, d.h. neu zu edieren, dann fallen viele der genannten Probleme (z.B. eingeschränkte Navigation, Dateigröße als Performanzhindernis) weg. Allerdings sind damit deutlich höhere Kosten verbunden, obwohl die drucktechnische Originalinformation dabei verloren geht. Technisch nur einen Schritt weiter, kostenmäßig jedoch mehrere Stufen höher führt das Modell, durch eine codierte Erfassung in SGML/XML einen zeichen- und vorlagengetreuen Volltext zu reproduzieren. Bleibt als Maximum die hybride Digitalisierung, die alle technischen Möglichkeiten parallel realisiert und Metadaten, Volltext und Originallayout – ggf. sogar zusätzlich noch eine Mikroform als dauerhaftes Speichermedium – umfasst.

Am Beispiel des Typus historischer Wörterbücher seien im Folgenden kurz Optionen und inkludierte Probleme erläutert. Reine Image-Digitalisierung scheidet aus, weil zumindest eine Zuordnung von Lemma zum Wörterbuchartikel als eine elementare sachliche Forderung zu erheben ist. Aber auch diese elementare Hilfe allein wäre nur eine platte Kopie des Druckwerks und würde jede Chance, Mehrwert zu schaffen, verspielen. Erst eine vorlagengetreue formatierte Texterfassung, an deren Ende ein strukturiertes Textdokument steht, bringt den entscheidenden sachlichen Gewinn.

Auf dem Weg hierher sind viele Schwierigkeiten zu überwinden. Sie beginnen beim Zeichensatz, der sich in historischen Werken zu einem vielfältigen Druckbild fügt und auch die erweiterten ASCII-Standards hoffnungslos überfordert. Der Umweg

über Protypenverschlüsselung oder Zeichenumdeutung (ver-)führt zu Individual-
lösungen, die von keinem modernen Web-Browser und Drucker verstanden werden.

Die Schwierigkeiten setzen sich bei der Formatcodierung fort. Typographische
Auszeichnungen und Abbreviaturen belegen die immanente Komplexität der Glie-
derung von Wörterbüchern. Dies umso mehr, als vor der Drucklegung zwar für die
häufigsten, aber mitnichten für alle Fälle widerspruchsfreie und eindeutige
Konzepte für die Umsetzung vorlagen. Schon der konventionell arbeitende Setzer
musste gelegentlich improvisieren. Auf der syntaktischen Ebene endlich tritt
oftmals der Platz sparende, elliptische Stil als besonderes Hindernis auf: Übergeht
man Auslassungen, so wird Unvollständiges oder Unverständliches übertragen,
setzt man darauf, syntaktisch fehlende Wörter (durch Wiederholung o.ä.) zu
ergänzen, verletzen Typist und Typistin nicht nur den Grundsatz der Originaltreue;
in nicht wenigen Fällen kommt es zu fehlerhaften Um- und Missdeutungen.
Schließlich sind Schwierigkeiten zu nennen, die aus so einfachen Mängeln wie
Kontrastschwäche (Bräunung des Papiers) oder unvollständigen Zeichen (als Folge
steifen Papiers oder von Wurmfraß) herrühren. Sie zu meistern, setzt Textver-
ständnis und damit einen Wissenschaftler bei der Konversionsarbeit voraus.

Es wäre angesichts der geschilderten Widrigkeiten und der hohen Kosten dennoch
ausgesprochen falsch, aus dieser Auflistung von Problemen den Schluss zu ziehen,
dass die einfachste Wiedergabe das Rezept der Wahl ist. Denn die eigentlichen
Gewinne einer Retrokonversion liegen beim aufwändigsten Modell einer Volltexterfassung. Beginnend bei der Möglichkeit, den historischen Inhalt in zeitgemäßem
Layout – mit automatischer Übersetzung der vielen Abbreviaturen und Formatie-
rungscodierungen – neu aufzulegen und ihn gleichzeitig als feinstrukturiertes
Gesamtwerk digital anzubieten, stehen auch alle anderen Optionen der Durcharbei-
tung und des Vergleichs der Inhalte einzelner Kategorien innerhalb des Opus offen
(z.B. Verifizierung des Zitatenschatzes, Häufigkeitsverteilung der Belege, Selektion
und Synopse historischer Wortformen und Sprachzustände).

Aspekte des Mehrwerts

Man darf sich also bei der Umsetzung von Projekten keineswegs darauf
beschränken, die originalen Informationen einfach nur vom analogen auf einen
digitalen Informationsträger zu kopieren. Vielmehr wird ein solches Vorgehen,
obwohl billig, zunehmend schlicht als unwirtschaftlich und als nutzloser Aufwand
gewertet, der weder die eigentliche Nachfrage trifft noch die Eigenschaften des
Originalmediums bietet. Folglich ist es selbstverständlich geworden, bei einer
Konversion dem Aspekt des Mehrwerts besonderes Augenmerk zu widmen. Bei
den Papyri war davon schon die Rede.

Bei Textdokumenten ist neben der Wiedergabe des Image zumindest eine Form der Volltextrecherche eine als selbstverständlich betrachtete Funktionalität. Kleinere Projekte beziehen die Wiedergabe des Volltextes und die präzise Recherche in der Regel als festen Bestandteil der Digitalisierung mit ein. Die Suche nach kostengünstigem Mehrwert hat folgerichtig Versuche inspiriert, durch parallel durchgeführte und miteinander abgeglichene OCR-Läufe die Qualität automatischer Erkennungsverfahren zu verbessern. Hier erwarten wir weitere Fortschritte. Häufig geht der Mehrwert eines digitalisierten Dokuments jedoch Hand in Hand mit einer tieferen Erschließung, die in konventioneller Form nie den Komfort hätte erreichen können, der im digitalen Zeitalter realisierbar ist. Als Beispiele perfekter Erschließung, die allein durch diese Eigenschaft hohe Attraktivität ausüben, seien das Heinz-Archiv der Carnegie Mellon University, die Mark Twain Edition der University of Virginia und die Music Library der Indiana University in Kooperation mit IBM (Digital Library) genannt. Um die Twain-Edition herauszugreifen: Geboten werden die Wiedergabe der handschriftlichen Quellen ebenso wie die vollständige Reproduktion der frühen Druckausgaben. Hinzu kommt eine moderne Edition sowie ein normalisierender Sprachstand, angereichert schließlich durch einführende Texte – alles in allem ein höchst leistungsfähiges, in sich geschlossenes Informationsnetz mit nahezu unbegrenztem Nutzen.

Ergebnisse und Perspektiven

Eine Zwischenbilanz kann nicht umhin zu bekennen, dass Evaluationen bei der Retrodigitalisierung noch nicht in ausreichender Zahl und in hinlänglicher Tiefe stattgefunden haben. Das einzige, was wir kennen, sind die jeweiligen Nutzungsfrequenzen und die artikulierten Meinungen zur Rezeption. Sie belegen ein hohes aktuelles Interesse der Fachwelt wie der allgemeinen Öffentlichkeit – aber nicht mehr. Ferner fehlt es an vergleichender Wertung zwischen verschiedenen Methoden der Digitalisierung, wie auch noch keine großflächigen einigermaßen abgesicherten Nutzen-Kosten-Relationen ermittelt sind. Dennoch zeichnen sich Tendenzen ab, die zumindest einige Perspektiven eröffnen und andere als illusionäre Erwartungen abqualifizieren.

Schon aufgrund der großen Menge der Überlieferung ist bei einer Retrodigitalisierung von hohen Kosten auszugehen. Daher ist es absehbar, dass die Menge der Dokumente, die retrospektiv digitalisiert werden, sehr klein sein wird. Eine total digitale Zukunft wird zumindest im Bereich der Geistes- und Sozialwissenschaften nicht Realität werden. Diese Meinung wird in den letzten Jahren auch in den USA vertreten. Dort geht mehr die Sorge um, wie wir langfristig die genuin digitalen Informationen sichern. Vor dieser gigantischen Aufgabe verblassen die unbequemen Medienbrüche. Wenn Publishing on Demand an Boden gewinnt, mag dies schrittweise zu einer Verbesserung der Verhältnisse kommen, zumindest hinsichtlich der häufiger nachgefragten Dokumente.

Eine Prognose zur Struktur des digitalen Angebots der Bibliotheken scheint schwierig. Lediglich soviel lässt sich sagen, dass das heutige Spektrum sich deutlich verändern wird. Die allzu starke Dominanz national motivierter Dokumentauswahl, die zur Zeit letztlich überall, vor allem aber in den USA und in Frankreich feststellbar ist, kann als Folge des unsicheren Ersteinstieg bewertet werden und wird keinen längerfristigen Bestand haben. Indessen ist aus Gründen der Vermeidung von Doppelarbeit wahrscheinlich, dass sich die Bibliotheken auf die Retrodigitalisierung der aus Nachfragesicht relevanten Texte konzentrieren werden. Das werden natürlich überwiegend inländische Dokumente sein.

Als Notlösung, die bald überwunden werden wird, muss dagegen die heute zu beobachtende Betonung der rechtsfreien alten Dokumente gewertet werden. Die reale Nachfrage wird dafür sorgen, dass sich ein natürliches Gleichgewicht zwischen neuen und alten Dokumenten einpendelt.

Das Vorherrschen der Bilder, die heute in großen Mengen ins Internet gestellt werden, dürfte einem Rückstau bei der Nachfrage entsprechen, und möglicherweise durchaus länger anhalten, zumal unsere Zeit keineswegs nur textfixiert ist. Und so mag es sein, dass Bild- und Tondokumente stärker in den Vordergrund treten als in der Vergangenheit. In den Universitäten der englischen und amerikanischen Welt sind klare Tendenzen in diese Richtung erkennbar. Hochschullehrer fordern für Studium und Lehre einen digitalen Zugang nicht nur zu den vor Ort vorgehaltenen Angeboten, sondern zu allen Arten von digitalen oder digital replizierten Dokumenten bis hin zur Darstellung dreidimensionaler Objekte – gleich welcher Herkunft und möglichst aus einer Hand. Die Content-Besitzer haben wiederum ein Interesse daran, die schwierigen und komplexen Probleme der Retrodigitalisierung und digitalen Präsentation unter Anlehnung an Partner zu lösen und dabei gleichzeitig überörtliche Vertriebskanäle für ihr digitales Angebot zu nutzen.

Auf dem Sektor der Retrodigitalisierung wird auf die Bibliotheken eine neue Aufgabe als Informationsproduzent zukommen und sich in interessanter Weise mit den übrigen Tätigkeiten in der digitalen Welt mischen. Ohne Zweifel wird sich in den Bibliotheken die Nachfrage nach digitalisierten Dokumenten manifestieren und kumulieren. Es ist das gleiche Phänomen, das wir vom Buchmarkt her kennen: Wer vergriffene Bücher sucht, wendet sich notgedrungen an Bibliotheken. In all jenen Fällen, in denen kommerzielle Unternehmen – vor allem also Verleger – bereit sind, diese wie auch immer Nachfrage zu befriedigen, erledigt sich das Problem auf die gewohnte Weise. Es wird jedoch viele Fälle geben, in denen es für einen Verlag wirtschaftlich uninteressant ist sich zu engagieren. An dieser Stelle treffen die Subsidiarität staatlichen Handelns mit der konkreten Aufgabe der Informationsversorgung der betreffenden Klientel zusammen und begründen bei Bibliotheken die Erwägung, reproduktiv tätig zu werden.

Was die neue Situation charakterisiert, liegt in einer besonderen Eigenschaft der digitalen Welt begründet, nämlich in der Möglichkeit starker gruppenspezifischer Benutzerorientierung (Fachportale) bis hin zu Individualisierung des Angebots (personalisierte Suchprofile). Dies spielt in die Entscheidung um die rechte Wahl der Digitalisierungsmethode hinein. Die radikale Ausrichtung auf bestimmte Gruppen, denen die einzelne Bibliothek mit Vorrang dienen will oder soll, wird auch beim Vollzug der Aufgaben der Retrodigitalisierung die bibliothekarische Welt, die bislang mehr oder minder auf eine homogene Benutzerschicht ausgerichtet war, erheblich verändern. Insofern stellt die Retrodigitalisierung eine dauerhafte, außerordentlich wichtige Facette innerhalb der digitalen Dienste von Bibliotheken dar.

Dass es ein längerfristiges Nebeneinander von Druckschriften und digitalen Dokumenten geben wird, sieht aktuell auch der Wissenschaftsrat (2001): „Auf absehbare Zeit werden ‚Hybridbibliotheken‘, welche eine Mischung aus gedruckten und digitalen Publikationen und Informationsquellen vorhalten, das vorherrschende Modell sein."

Weiterführende Informationen

Jackie Ammerman: Collection development and selection criteria in the digital library: a select bibliography. – http://mmip.vi.ri.cmu.edu/utlp/resources/selection-bib.htm

Albert Endes u. Dieter W. Fellner: Digitale Bibliotheken: Informatik-Lösungen für globale Wissensmärkte. Heidelberg 2000.

Hermann Leskien: Retrodigitalisierung: eine Zwischenbilanz. In: Bibliotheksforum Bayern 28(2000), S. 132-153.

Retrospektive Digitalisierung in Deutschland:

http://www.bsb-muenchen.de/mdz/proj2.htm

http://www.uni-koeln.de/~ahsf/ueberblickb.htm

http://www.dbi-berlin.de/vdbhome/projdfg-fp2.htm

Ausländische Projekte:

http://gallica.bnf.fr

http://www.jstor.org

http://memory.loc.gov/ammem/amhome.htm

http://etext.lib.virginia.edu

10 Veränderte das Internet das Verlagsgeschäft?

Michael Grabner
Verlagsgruppe Georg v. Holtzbrinck, Stuttgart

Die Frage ist nicht so sehr wie das Internet das Verlagsgeschäft veränderte, sondern vielmehr, ob sich das Verlagsgeschäft im Jahre 2001 in Deutschland überhaupt verändert hat. Was hat sich in den letzen Jahren oder in den letzten Monaten in dieser New Economy getan? Wie haben sich die Medienunternehmen in dieser New Economy verändert und gerade wenn man hier in München einen Vortrag hält, erinnert man sich immer wieder daran, dass man vor etwa 18 oder 24 Monaten hier noch mit Jubelmeldungen konfrontiert wurde. Dass Kursgewinnverhältnisse von 1:1500 nicht belächelt, sondern eher applaudiert wurden. Und dass die New Economy ein ganz anderes Bild gezeigt hat (Bild 1).

WIE GEHT ES DEN MEDIENUNTERNEHMEN IN DER NEW ECONOMY?

New York Times Digital baut 60 mehr als Stellen ab

News Corp. Digital Media baut zumindest 200 Arbeitsplätze ab

Disney schließt Go.com – Wegfall von 400 Arbeitsplätzen

Kirch verschiebt - Portale - Viele dot.coms gibt es nicht mehr...

10.9.2001
- DAX: 4.731 Pkte. (Lifehigh 03/2000: 8.136 Pkte.)
- Nasdaq: 1.688 Pkte. (Lifehigh 03/2000: 5.132 Pkte.)
- Nemax: 975 Pkte. (Lifehigh 03/2000: 8.546 Pkte.)

Danke der Nachfrage!

Bild 1

Was ist in der Zwischenzeit passiert? Große Unternehmen, ich möchte da gar nicht so sehr auf Deutschland gehen, denn auch New York Times Digital hat ziemlich viele Stellen abgebaut. Die 60 sind mittlerweile bereits über 100 geworden. Die

News Cooperation Digital Media baut weitere 200 ab. Disney schließt go.com, ein Wegfall von vielen 100 Arbeitsplätzen. Kirch verschiebt einige Portale.

Auch an der Verlagsgruppe Georg von Holtzbrinck ist das nicht ganz ohne Schließungen vorbei gegangen. Wir haben gestern unsere Suchmaschine Infoseek geschlossen, die wir gemeinsam mit T-Online und der Disney-Cooperation vor wenigen Jahren noch ins Leben gerufen haben. Sie wissen, dass Suchmaschinen vor einiger Zeit noch eine ganz große Angelegenheit waren. Auch eine Contentunternehmung, die wir haben, mußten wir zumindest in diesen Tagen wieder sehr stark zurückführen.

Was hat sich auf den Aktienmärkten getan? Ich habe hier die Zahlen vom 10.9. – ich glaube, der Dax ist mittlerweile unter 4000 angelangt –, da war er noch bei 4700. Er hatte ein Highlife von 8100. Nasdaq ist auf 1700 gekommen. Die waren einmal auf 5100. Und auch der Nemax hat sich nahezu verzehntelt. Also, eine durchaus dramatische Entwicklung, die man nicht so leicht verändern konnte. Ich werde auch an dieser Stelle nicht müde, immer wieder zu fragen, warum diese Analysten, die vor wenigen Monaten noch große Prognosen gegeben haben, überhaupt den Titel Analysten führen dürfen. Aber wahrscheinlich wird sich das nicht so schnell ändern.

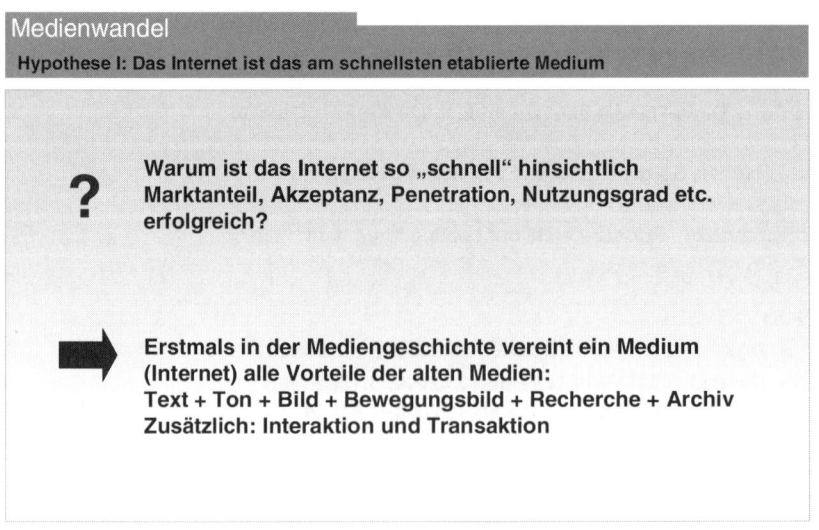

Bild 2

Was hat sich trotz dieses Zusammenbruchs an der New Economy nicht geändert und nicht verändert, und wo können wir mit diesem Thema wieder anfangen und wieder aufbauen? Wir müssen uns zunächst einmal die Frage stellen, und das steht außer Streit bei allen unseren Diskussionen, dass Internet ein neues Medium geworden ist, und dass kein Medium so schnell zu einem Medium geworden ist, wie das Internet (Bild 2). Warum ist dieses Internet hinsichtlich Marktanteil, hinsichtlich Akzeptanz, Penetration, Nutzungsgrad und all diesen Dingen, die wir in der Medienökonomie als die wesentlichen Dinge ansehen, so extrem erfolgreich geworden? Wenn wir es ganz auf die Basics analysieren, so ist das erstmals in der Mediengeschichte ein Medium, das alle Vorteile der alten Medien in sich vereint und noch dazu eine ganze Reihe von wesentlichen Zusatzvorteilen mit sich bringt. Es ist Text, es ist Ton, es ist Bild, bald auch schon „zappelfreies" Bewegtbild, aber auf jeden Fall Bewegtbild. Es ist Recherche, es ist Archiv, und es hat auch zusätzlich noch die Dimension Interaktion und Transaktion, und es hat natürlich auch den großen Vorteil der Sekundenaktualität. Und gerade die schrecklichen Ereignisse der letzten Tage haben uns gezeigt, wie sehr diese Sekundenaktualität das Medium Internet in nahezu wieder ungeahnte Traffic-Höhen hinaufführt. Wie können wir diese Situation auch medienökonomisch einigermaßen einfangen?

Wenn wir nach dieser Hype-Phase, die wir immer wieder analysieren müssen, wieder zurückgehen und uns fragen, wie wir dieses Medium nicht nur publizistisch, sondern vor allem auch medienökonomisch beherrschen, dann muss man sagen, dass in der Mediengeschichte, also in der Entwicklung der einzelnen Medienkategorien insbesondere in den letzten 50, 60, 80 Jahren, immer wieder die drei klassischen Medienfehler begangen werden und man ertappt sich immer wieder selber, dass man diese Medienfehler immer wieder begeht. Welche sind diese?

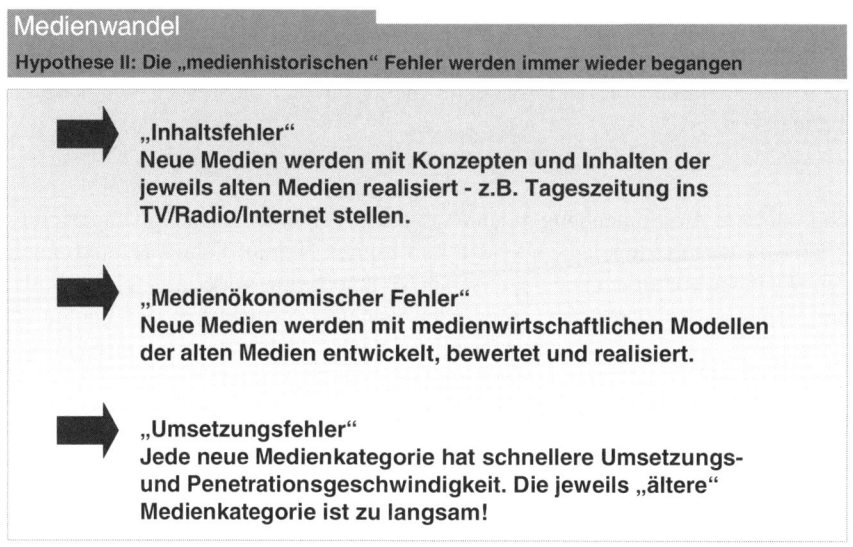

Bild 3

Der erste Medienfehler ist der Inhaltsfehler, den man immer begeht (Bild 3). Es ist immer so, dass man versucht, das jeweils neue Medium mit den Inhalten der jeweils alten, der nächsten davor liegenden Kategorie, zu realisieren. Also, man versucht es immer hinüber zu ziehen. Heute ist das natürlich bei den Medien, an die wir uns schon gewöhnt haben, längst vergessen, dass wir diese Fehler gemacht haben. Trotzdem lernen wir nicht wahnsinnig viel daraus. Wenn diejenigen sich nur erinnern mögen, als das lokale private Radio begann, so hatte man immer gesagt: Das einfachste ist, man steckt einen Reporter mit einem Mikrophon zum Lokalredakteur der Zeitung und der soll dann die Geschichte, die er eigentlich in der Zeitung geschrieben hat, auch im Radio erzählen. Dieser Medienfehler hat die deutsche Privatradioindustrie mehrere 100 Mio. Mark gekostet. Trotzdem gab und gibt es noch immer sehr viele Ansätze, wo man versucht im Internet mehr oder weniger das Gleiche zu machen, nämlich, dass man versucht, die Printinhalte oder die Inhalte, die aus anderen Medienkategorien kommen, 1:1 in das Internet zu übernehmen. Wenn man ein wenig an die Geschichte oder an Analogien glaubt, muss man sagen, dass es so mit hoher Wahrscheinlichkeit nicht geht. Wenn das jetzt kurzfristig hier und da Erfolg hat, so wird das sicherlich eine Übergangskategorie sein, aber da ist sicherlich keine nachhaltige Entwicklung.

Der zweite Fehler ist ein medienökonomischer. In der Regel wird versucht, immer mit den medienwirtschaftlichen Modellen der Vorkategorie das neue Medium zu entwickeln, zu bewerten und zu realisieren. Auch hier sind wir derzeit an einer ganz wesentlichen Weichenstellung, dass wir sehen, so lang wir beim Internet im Bereich des massenmedialen Auftrittes sind, dass wir uns wahrscheinlich damit abfinden müssen, dass es mehr oder weniger von der Nutzung her ein Gratismedium werden wird oder ein Gratismedium ist. Es wird unsere Aufgabe sein, zu versuchen, wie man dieses Gratismedium von der Medienökonomie her beherrschen kann. Da werden uns sicherlich die alten Modelle nichts nützen; da werden wir neue zu erfinden haben.

Auch in diesem Zusammenhang möchte ich die Geschichte ein wenig strapazieren, weil ich sie Life miterlebt habe als mein Landsmann Helmut Thoma erstmals auch hier in München vor einem von bayerischen Verlegern sehr stark dominierten Auditorium damals als junger Mann aufgetreten war und versucht hat, den Leuten zu erklären, dass man Fernsehen ohne Gebühren machen kann. Damals waren einige der anwesenden Herren geneigt, die örtlichen Ordnungskräfte zu rufen und Herrn Thoma einliefern zu lassen bei den örtlichen Institutionen der Krankenanstalten. Er hat letztlich Recht gehabt, man konnte sich in der damaligen Situation auch aus den Erfahrungen aus Amerika nicht vorstellen, wo die Kabelgebühren teilweise an die Sender gehen, dass man ein Free TV ausschließlich aus Werbeeinnahmen finanzieren konnte. Drei Jahrzehnte danach ist RTL der größte singuläre Werbeträger in Europa.

Das nächste ist der Umsetzungsfehler. Der Umsetzungsfehler ist primär eine Frage der internen Geschwindigkeit und der internen Umsetzung. Wir stellen fest, dass jede einzelne Medienkategorie eine unterschiedliche Umsetzungsgeschwindigkeit hat, und hier sehen wir auch sehr oft, dass man versucht, zum Beispiel den Produktionsrhythmus der Tageszeitung in den Produktionsrhythmus des Internets umzusetzen, wo wahrscheinlich auch eine ziemliche Fehlleistung liegt, da einer der großen Vorteile die Sekundenaktualität ist. Die kann man natürlich mit dem Produktionsrhythmus einer Tageszeitung, aber auch eines Fernsehens oder einer Rundfunkstation nicht bewältigen, da diese anderen Medienkategorien jeweils fixe Erscheinungstermine haben. Auch wenn es nur um die Nachrichtenzeiten geht, werden sie doch nach fixen Erscheinungsterminen gerechnet, während eben das Internet mit hoher Wahrscheinlichkeit eine uns doch permanente Aktualität bringen wird. Insofern haben wir hier drei neue Kategorien, die wir zu bewältigen haben – kein einfaches Thema, aber das war auch in der Vergangenheit so. Keine Medienkategorie hat sich am Anfang als sehr einfach herausgestellt.

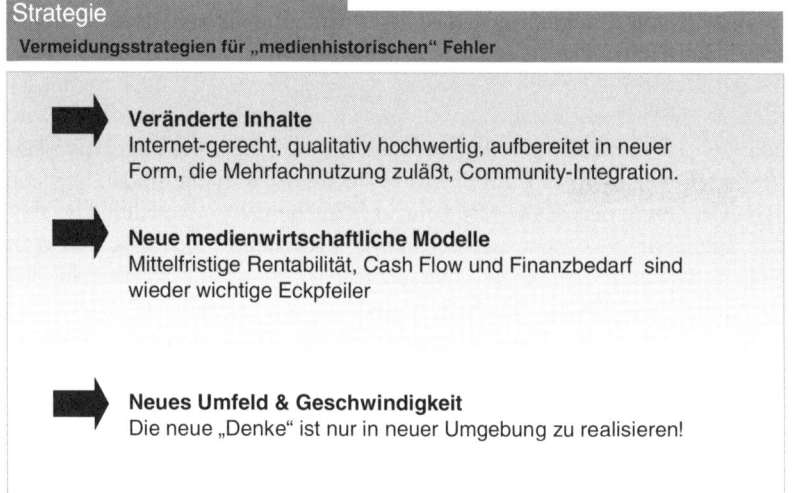

Bild 4

Was bedeutet diese Veränderung für unsere tägliche Arbeit oder für die Arbeit, um dieses Medium weiter zu bringen? Erstens müssen wir die Inhalte so verändern, dass sie internetgerecht sind, dass sie trotzdem halbwegs eine Qualität haben oder sogar qualitativ sehr hochwertig sind (Bild 4). Sie müssen in einer neuen Form aufbereitet werden, die wahrscheinlich eine Mehrfachnutzung zuläßt, denn eine primäre ausschließliche Produktion für das Medium Internet wird wahrscheinlich irgendwo an die Grenzen der Finanzierbarkeit stoßen, da wir – das ist zumindest die momentane Einschätzung – eine so hohe Werbepenetration, wie wir durch das Free TV im Fernsehen erreichen können und damit eine extrem hohe Einnahmequelle haben, wahrscheinlich beim Internet nicht so sehr haben werden. Das heißt, man muss hier auf Mehrfachnutzungen achten. In diesem Zusammenhang darf ich immer wieder auf den nahezu irrwitzigen Vorschlag des Urheberrechtsgesetzes hinweisen, der derzeit im Raum herumgeistert: Wenn wir diesen Vorschlag in dem deutschen Rechtssystem durch bekommen, dann können wir uns ziemlich sicher aus deutscher Sicht aus einer Internetinhalteverwertung verabschieden. Wir müssen dann ganz sicher in den anglo-amerikanischen Raum ausweichen, weil wir dort eine ganz andere Rechtesituation haben und dort die Rechte einer Mehrfachverwertung offen stehen. Die derzeitig geplante Urheberrechtsreform würde dies mit ziemlicher Sicherheit nicht möglich machen, nicht nur von der Bezahlung her, vor allem auch von der Administration der Inhalte, weil man in dieser Geschwindigkeit, in der man die Inhalte braucht, sich eine ausreichende Inhaltedokumentation gar nicht aus der Herkunftsseite abeiten läßt. Auch hier wiederum das Beispiel der letzten Tage. Sie werden gemerkt haben, dass praktisch alle Sender insbesondere die Tage nach dem 11.9. ihre Rechtsschranken aufgehoben haben und sich gegenseitig gestattet haben, ihre Bilder zu verwerten, meistens natürlich unter Logonennung, aber teilweise auch ohne Logonennung. Ich glaube, dass man, wenn man hier keine handhabbare Rechtesituation findet, den Medienstandort Deutschland mit diesem Gesetz in das wirkliche und endgültige Abseits setzt.

Neue medien-wirtschaftliche Modelle. Hier wird man schauen, wie man grundsätzlich mit Rentabilitäten rechnen kann. Wir müssen wieder Modelle finden, die sich nicht daran orientieren, ob wir über Börsengänge irgendwelche Anwälte, Gynäkologen oder Zahnärzte sozusagen auf der Börse abkassieren und dieses Geld in Medien hinein stecken, sondern wir müssen überlegen, ob die Medien in sich rentable Versionen und rentable Geschäftsmodelle werden können. Auch hier hat es in den letzten drei Jahren eine große Irrleitung gegeben. Diese wird jetzt zurückgeführt; momentan schwappt sie gerade ins Gegenteil über. Hier muss man schauen, wie man mit einem neuen Modell weiter kommt.

Umfeld und Geschwindigkeit – auf das bin ich schon eingegangen. Hier ist ein schwieriger Umdenkprozess vorhanden und diesen schwierigen Umdenkprozess wird man innerhalb der Unternehmen realisieren. Hier habe ich noch vor wenigen Monaten oder eher vor einem Jahr die Strategie vertreten, dass man die neuen Medienkategorien komplett auslagern muss. Auch hier kann man – das gebe ich gern zu – gescheiter werden. Dieses Auslagern verursacht in der Regel derartig hohe Kosten, dass man doch wieder an eine teilweise Rückintegration denken muss.

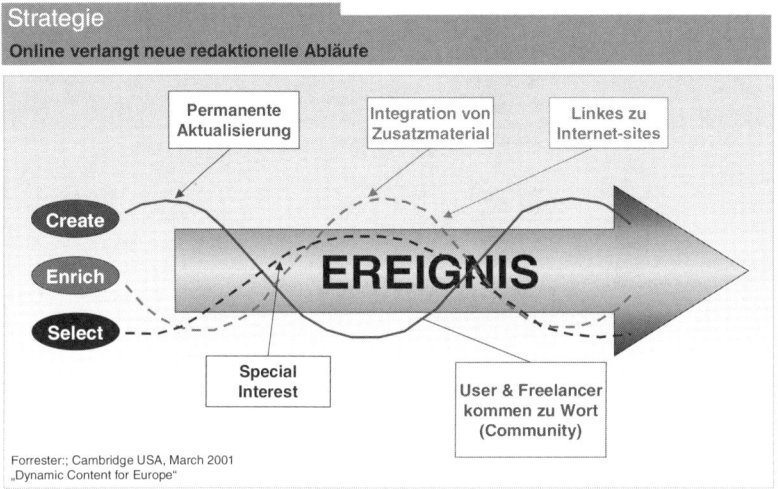

Bild 5

Sie sehen auch hier diesen etwas theoretischen und komplizierteren Graph eines möglichen Erklärungsmodells, wie man im Internet doch die Vorteile so stark ausnutzen kann, dass es wirklich zu einer Medienkategorie wird, die den anderen Medien überlegen ist (Bild 5). Sie haben im Laufe der Kreationsphase, die bei den alten Medien doch sehr statisch waren und immer auf einen Punkt ausgerichtet waren, die Möglichkeit, im Laufe des Ereignisses, und da brauchen wir gar nicht an diese Gewaltereignisse der letzten Tage denken, sondern auch an ganz normale Ereignisse, dass Sie die drei Prozesse des „Createns", des „Enrichens" und „Selectens" immer wieder um das Ereignis pendeln lassen können und durch die Elemente, die das Internet uns verschafft, mit zusätzlichen USPs arbeiten können. Wir können permanent aktualisieren, was in den alten Medienkategorien schlechter möglich war, bei der Zeitung eben nur im direkten Produktionsprozess, beim Radio am schnellsten, weil es das einfachste Medium von der Gestaltung ist. Beim Fernsehen sehen wir schon, dass wir unter Aktualisierungsperioden von 10 und 15 Minuten verhältnismäßig schwer in der gewohnten Darstellungsform des Fernsehens kommen. Wir können im Internet sehr schnell Zusatzmaterial integrieren, weil wir auf Datenbankenarchive zurückgreifen können. Und wir können sehr schnell dieses Links setzen, um aus den Links direkt weiter zu gehen. Man kann ganz tief hinunter gehen in den Special Interest Bereich und – was ein wesentlicher Punkt ist – diese alte Dimension der Leserbriefe, die ja, wie wir Zeitungsmacher wissen, eine ziemlich interessante und wichtige Position des „Reactens" der Leser ist. Das ist etwas, was man hier direkt einfließen lassen kann. Es ist auch etwas, was Journalisten nicht unbedingt immer schmeckt, da sie gern ihre Meinung haben und eher weniger andere Meinungen zulassen. Aber durch die Möglichkeiten, die sich hier im Internet ergeben, findet man sicherlich in Summe einen absoluten Anreicherungsprozess dieses Ereignisses.

BESTANDSAUFNAHME: DIE INTERNETMODEN (I)

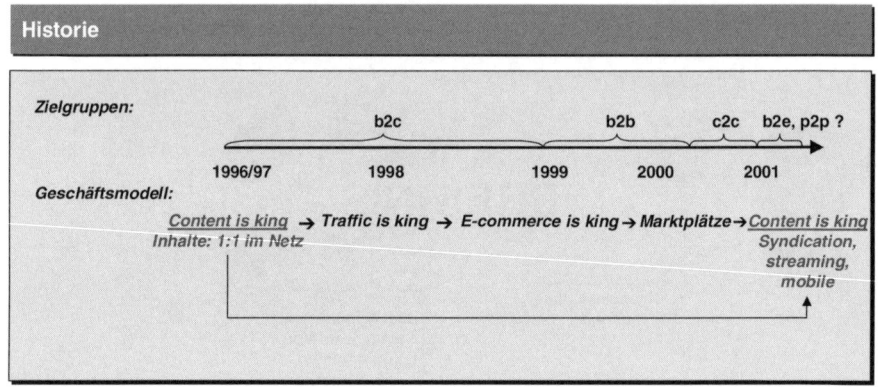

Bild 6

Bei der Bewertung sind wir hier sehr oft vor die Frage gestellt: Wie bewerten wir denn neue Modell oder wie bewerten wir Ansätze? Es ist immer wieder ganz gut, wenn man sich überlegt, wo wir hergekommen sind und wo die einzelnen Ansätze der Vergangenheit passiert sind. Man sagt: Ganz am Anfang war eine erste kurze Content-Euphorie in den Jahren 96, 97 (Bild 6). Diese Content-Euphorie wurde dann sehr schnell abgelöst durch eine absolute Traffic-Euphorie. Wenn Sie sich noch erinnern: Bewertungsmodelle von Internetcompanies waren ausschließlich am Traffic ausgerichtet. Das Wort Umsatz konnte kaum buchstabiert werden. Das Wörter Kosten und Gewinn waren nicht vorhanden. Man hat gesagt, wer Traffic hat, hat gewonnen. Dann gab es irgendwelche Leute, die einen Multiple darauf gesetzt haben und um diese Preise wurden dann Firmen gehandelt oder auch bewertet. Anschließend ist dann der E-Commerce-Wahnsinn aufgekommen. Man hat mehr oder weniger geglaubt, dass das Internet den klassischen Handel oder die klassischen Warenaustauschprozesse, die seit den Phöniziern ganz gut funktionieren, abgelöst werden und de facto ein Großteil der Ströme in den E-Commerce hinüber gehen. Ich erinnere an Charts der Kollegen Jupiter (?) und Forrester, die noch große Teile des klassischen Handelsstromes umgeswitcht haben in das Internet. Man hat auch damals nicht ganz überlegt, wie diese ganzen Pakete noch an den Letztverbraucher kommen sollen, aber das war in der damaligen Phase auch eine nicht so bedeutende Frage. Auch hier ist dann erstmals Umsatz aufgekommen. Der Umsatz, der durch eine Prozentrechnung erhoben wurde. Wenn man irgendwann einmal so und soviel Umsatz machen könnte, dann könnte man so und soviel Prozent davon generieren. Mit diesem Umsatz kann man dann in Zukunft auch hohe Gewinne erzielen. Etwas später sind dann die Marktplätze aufgekommen. Das war eine verhältnismäßig kurze Phase, wenn man gesehen hat, dass Einkaufserlebnisse und alle diese Dinge noch immer recht bedeutend sind. Derzeit sind wir wieder in einer Art Content is King-Phase, wobei ich meine, dass die ganze Situation hier auch schon etwas „downgecoolt" ist. Natürlich wird es Syndication, Contentdeals und paid Content geben. Aber die Hoffnungen, dass damit riesige Umsatzvolumina bewegt werden, sind doch sehr stark zurückgegangen. Man bewegt sich hier doch deutlich wieder in eine down to earth-Bewegung. Das heißt, die einzelnen Wellen, die hier kommen, werden sich immer schneller drehen. Sie kommen auch langsam wieder zurück. Wenn Sie sich das auch ein wenig anschauen, aus den Wellen, die auch zu diesen Bewertungen kommen, dann haben Sie immer diese drei berühmten Phasen des Hypes, des Disappointments und der realistischen Bewertung (Bild 7). Wenn Sie sich zum Beispiel anschauen, wie das be-to-e oder wie das UMTS eine Zeitlang hochgefahren wurde und wie man jetzt daran kämpft, wie man mit diesen UMTS-Lizenzen wirklich wieder weiterkommt, sehen wir, dass wir ganz ordentlich unten in einer sehr realistischen Phase angelangt sind. Ich darf Sie vielleicht auch an die große WAP-Euphorie erinnern, die etwa 6 bis 9 Monate angedauert hat und jetzt auch wiederum in eine sehr ordentliche Dimension zurückgekommen ist.

BESTANDSAUFNAHME: DIE INTERNETMODEN (II)

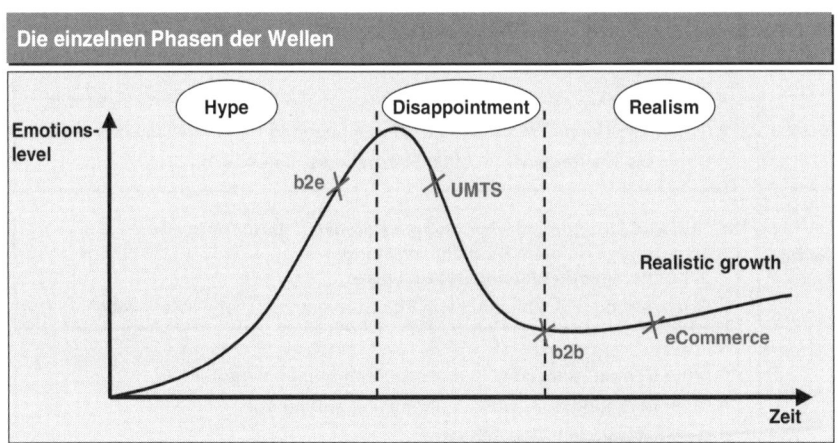

Bild 7

Wir haben also auf der medienökonomischen Seite diesen Wandel, den ich vorhin geschildert habe und der m.E. jetzt wieder überschnappt. Wir haben noch einmal die Traffic-Phase gehabt. Dann haben wir die Marktanteilsphase gehabt. Dann kam die Phase, wo man sich nur am Umsatz orientierte. Dann kam eine Phase, wo man wieder auf das Betriebsergebnis schaute. Jetzt kommt man m.E. in eine Phase, die genau so gefährlich und schlecht ist, dass wir sagen, wir müssen in 9, 12 Monaten mit einem Projekt den break – even erreichen. Das ist die Contrareaktion in die andere Richtung. Ich darf dazu erinnern, dass in der Mediengeschichte alle Medien eine sehr lange Entwicklungszeit gebraucht haben. Wird jetzt eine Tageszeitung eingeführt, und es wird gerade versucht, in diesem Land hier wieder eine Wirtschaftstageszeitung einzuführen, so sind Investitionszyklen von 7, 8, 9 Jahren durchaus an der Tagesordnung. Wir wissen, dass Magazinmedien, wenn sie nicht gerade in eine sensationelle Marktnische hinein fallen, Investitionszyklen von 3 bis 5 Jahren haben. Radiostationen können, wenn sie sehr sparsam gemacht werden, ein bisschen schneller und mal ein bisschen langsamer gehen. Aber Dimensionen von 3, 4 Jahren sind durchaus, um ein Medium einigermaßen etablieren zu können, Dimensionen, auf die man sich einzustellen hat. Ich glaube, dass das Ganze wieder zurück geht in eine halbwegs geordnete und eine halbwegs realistische Old Economy-Regel, die nach den einfachen Kriterien Umsatz – Kosten = Betriebsergebnis arbeitet.

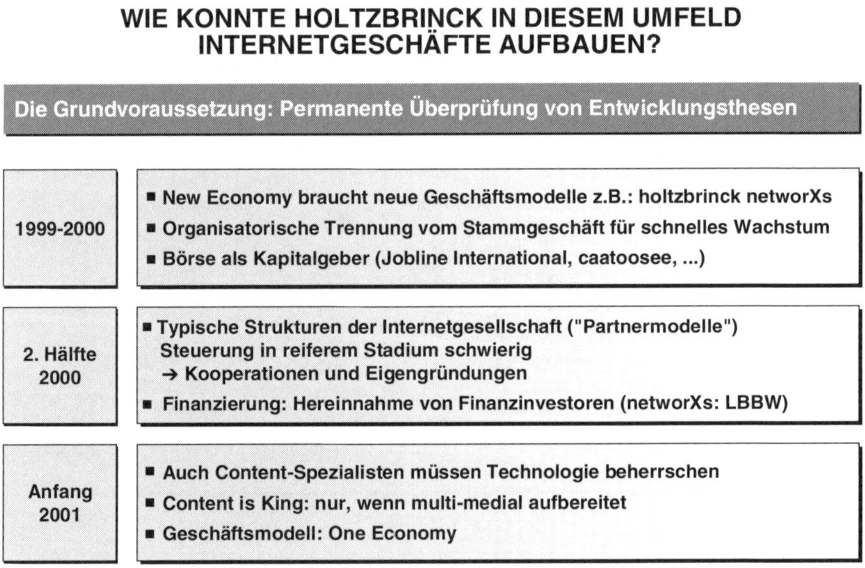

WIE KONNTE HOLTZBRINCK IN DIESEM UMFELD INTERNETGESCHÄFTE AUFBAUEN?

Die Grundvoraussetzung: Permanente Überprüfung von Entwicklungsthesen

1999-2000	▪ New Economy braucht neue Geschäftsmodelle z.B.: holtzbrinck networXs ▪ Organisatorische Trennung vom Stammgeschäft für schnelles Wachstum ▪ Börse als Kapitalgeber (Jobline International, caatoosee, ...)
2. Hälfte 2000	▪ Typische Strukturen der Internetgesellschaft ("Partnermodelle") Steuerung in reiferem Stadium schwierig → Kooperationen und Eigengründungen ▪ Finanzierung: Hereinnahme von Finanzinvestoren (networXs: LBBW)
Anfang 2001	▪ Auch Content-Spezialisten müssen Technologie beherrschen ▪ Content is King: nur, wenn multi-medial aufbereitet ▪ Geschäftsmodell: One Economy

Bild 8

Wenn wir keine Fehler gemacht hätten, würde ich nicht hier stehen, sondern würde wahrscheinlich ein großes Beratungsunternehmen leiten. Auch wir haben eine ganze Reihe von großen Fehlern gemacht, haben viel Geld in der New Economy gelassen. Bereuen wir es? Nein, eigentlich nicht. Wir haben versucht zu lernen und versuchen in schwäbischer Dimension, unsere Verluste einigermaßen in Grenzen zu halten. Wir haben versucht, neue Geschäftsmodelle zu adaptieren mit unserer Gesellschaft Holtzbrinck Networks (Bild 8). Es hat ganz gut funktioniert. Ich komme auf Teile von Networks noch zurück. Dass wir damit einen bombastischen Erfolg in den nächsten ein, zwei Jahren erzielen werden, glaube ich nicht. Aber ich glaube, dass wir versucht haben, solide New Economy Modelle zu etablieren.

Ich sagte schon, dass wir früher oft der Meinung waren, dass eine organisatorische Trennung von Stammgeschäft unbedingt notwendig ist, um schnelles Wachstum zu ermöglichen. Dies muss man zugunsten oder zulasten der Medienökonomie ein wenig relativieren. Wenn man sehr epochale oder sehr große Neuerfindungen machen möchte, dann ist die Trennung zweifellos notwendig. Überall dort, wo wir in die Line Extension hineingehen oder nur die vertriebliche Verlängerung des Mediums betreiben, würde ich diese Aussage im Jahr 2001 schon wieder etwas revidieren.

Die Börse als Kapitalgeber ist weitgehend ausgeschieden. Ich bin ganz sicher, dass es wieder kommt. Aber momentan muss man mit den klassischen Mitteln, auch mit sogenannten erwirtschafteten Gewinnen – das Wort darf man nie vergessen –, die man wieder herüber holt, finanzieren. Wir haben auch in Unternehmen investiert, die an die Börse gegangen sind als Jobline International. Diesen Anteil haben wir mittlerweile wieder rentabel verkauft. In Cartoose sind wir weiterhin.

In der zweiten Hälfte des Jahres 2000 haben sich dann mehr partnerschaftliche Modell ergeben, die wir versucht haben, um die Ressourcen und Talente von mehreren Unternehmen zusammen zu führen. Hier sind wir sowohl Kooperationen eingegangen, haben aber auch ein paar Eigengründungen gestartet, um freier in der Entwicklung zu sein. Die Finanzierung ist entweder durch Eigenfinanzierung erfolgt oder durch Finanzierung durch Finanzinvestoren. So hat sich zum Beispiel in unserem Haus die Landesbank Baden-Württemberg an Networks beteiligt, um Fresh Money in dieses Unternehmen hinein zu führen.

Zu Beginn des Jahres 2001 kam es dann sehr stark zu dem Themen Content. Wir müssen als Medienunternehmen diese Inhalte beherrschen, denn wenn Sie ein Medienunternehmen auf seine Essentials reduzieren, besteht es letztlich aus Marken und Inhalten,. Wie können wir diese Inhalte beherrschen? Dazu ist es notwendig, auch Inhaltetechnologien zu beherrschen. Auch hier wiederum eine Parallele von vor etwa 10 Jahren. Es war notwendig für die Medienunternehmen, speziell für die Printmedienunternehmen, den ganzen Vorstufenprozess zu beherrschen. Es herrschte damals die Situation, dass weitgehend die Unternehmen gemeinsam mit den EDV- und Softwareunternehmen an den Entwicklungen dieser Vorstufenmodelle mitgearbeitet haben. Ich sehe auch hier eine Notwendigkeit, dass es zu Allianzen kommt, dass die Technologieunternehmen mit den Medienunternehmen gemeinsam versuchen müssen, Technologien zu beherrschen, wie man ohne großen Personaleinsatz Contents aus den bestehenden Einheiten, seien es Tageszeitungen, seien es Magazine, sei es aber auch Fernsehen, in das Internet transportieren können. Noch einmal: Ich sehe eine originäre Inhalte-Generation und Inhalt-Schöpfung für medienökonomisch sehr schwierig.

Content is King: Ja, das kann er werden, aber nur, wenn er wirklich multimedial aufbereitet wird und – das muss man seit diesem Urheberrechtsgesetzentwurf dazu sagen – wenn er auch wirklich verwertet werden kann. Wenn die Verwertungskette an jeder einzelnen Stelle einer neuen Administration und einer neuen Abschöpfung unterliegt, sehe ich hier kein Licht am Ende des Tunnels. Das Schlagwort, das die neuen Geschäftsmodelle nicht New Economy, sondern One Economy sind, brauche ich in diesem Kreise nicht weiter zu wiederholen.

DER ONE-ECONOMY-ANSATZ

→ Internet Start-ups / Internet-Unternehmen können keine neue Ökonomie schaffen

→ Internet Start-ups / Internet-Unternehmen können Old Economy nicht ablösen

→ Transformation bzw. Integration von Old und New Economy

→ Bewertung auf Basis von Cashflow, nicht von Marktanteilen, traffic, etc.

→ Unterschied zwischen dotcoms und brick & mortar schmilzt

Bild 9

Wie ist das auf der Start-up- und Investmentseite zu sehen? Diese Internet-Start-ups können keine neuen Ökonomie schaffen (Bild 9). Ich glaube, dass das durch diesen Börsenhype eine Situation war, auf die man nicht so sehr geachtet hat, weil einfach ausreichend Geld vorhanden war. Die Start-ups werden auch die Old Economy nicht ablösen, sondern sie müssen einfach eine ganz einfache Form der ökonomischen Behandlung über sich ergehen lassen. Es ist sicherlich eine Transformation zwischen den beiden ökonomischen Modellen, das letztlich wieder eines ist, und wir müssen auf die Bewertung auf Basis von Cashflow und Marktanteilen und Traffic verzichten. Wir müssen wieder auf die klassischen Elemente zurückkommen. Mit einem Wort: Der Unterschied zwischen den dot coms und brick&morbar wird sicherlich sinken und wieder auf ein normales Geschäft zusammen kommen.

STATUS QUO: ONE ECONOMY – MODE ODER ALLHEILMITTEL ?

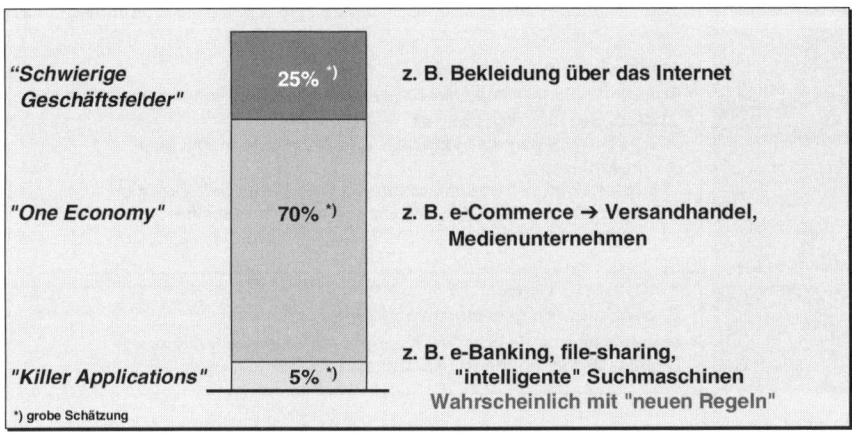

Bild 10

Wenn wir versuchen, uns jetzt aus den Medienunternehmen ein wenig abzuheben und zu sehen, wie es den anderen Unternehmen geht, dann kann man eigentlich ganz grob sagen, dass wir nur in einem Teil – ob das jetzt 25 oder 40%, da möchte ich mich nicht festlegen, das ist eine Kategorie von sehr schwierigen Geschäftsfeldern, die man tendenziell annehmen kann – und nur sehr rudimentär das neue Medium Internet einsetzen können (Bild 10). Ich glaube, dass es à la longe einen sehr großen Block gibt, wo die One Economy aus dem Blickwinkel zu sehen ist, dass es eine Art von Line Extension, von zusätzlichem Vertriebskanal, von zusätzlichen Möglichkeiten gibt. Für mich ist dieser ganze E-Commerce weitgehend eine neue Form des Versandhandels, wo man sich die teuren Kosten des Katalogs und der Katalogerstellung erspart und viel aktueller an das Thema herangehen kann. Dann gibt es einen kleinen Prozentsatz von wirklichen Killerapplications, die sicherlich zu neuen Modellen führen werden, aber die verhältnismäßig selten sind, die verhältnismäßig schwierig zu finden sein werden und wo man natürlich als Unternehmen versuchen muss, ganz am Anfang dabei zu sein, wenn man dort einsteigen möchte, weil es sonst eine einigermaßen teure Angelegenheit ist. One Economy ist ganz einfach die Adaption und Transformation der bestehenden Geschäftsmodelle.

WARUM MEDIENUNTERNEHMEN AUF DEM WEG
SIND ODER SICH MACHEN SOLLTEN

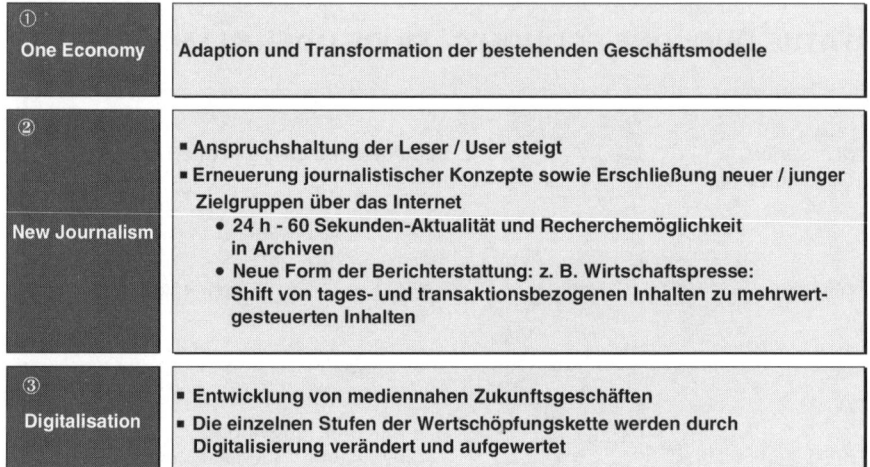

① One Economy	Adaption und Transformation der bestehenden Geschäftsmodelle

② New Journalism	▪ Anspruchshaltung der Leser / User steigt
	▪ Erneuerung journalistischer Konzepte sowie Erschließung neuer / junger Zielgruppen über das Internet
	  ● 24 h - 60 Sekunden-Aktualität und Recherchemöglichkeit in Archiven
	  ● Neue Form der Berichterstattung: z. B. Wirtschaftspresse: Shift von tages- und transaktionsbezogenen Inhalten zu mehrwertgesteuerten Inhalten

③ Digitalisation	▪ Entwicklung von mediennahen Zukunftsgeschäften ▪ Die einzelnen Stufen der Wertschöpfungskette werden durch Digitalisierung verändert und aufgewertet

Bild 11

Jetzt kommt ein schwieriges Thema, weil es einen generellen Umdenkprozess erfordert. Das ist der neue Journalismus, dem wir uns sicherlich auf der Medienseite stellen müssen (Bild 11). Wir haben deutlich eine neue Anspruchshaltung der Leser und der User. Dieses Internet hat uns in eine völlig neue Dimension hinein getrieben, die man davor nicht kannte. Es ist erstens, dass wir eigentlich eine 24 Stunden/60 Sekunden-Aktualität erwarten. Die Erwartungslage war heute um 0.30 Uhr, dass Sie natürlich über die großen vorhandenen Medien, die das abfackeln können, die Rede des amerikanischen Präsidenten bekommen. Sie erwarten im Fernsehen, dass Sie es Life als Zappelbild mit Übersetzung bekommen. Sie erwarten aber auch, dass Sie es im Internet haben, und das hatten auch viele gehabt; schon mit Links, mit Recherchen, mit Recherchemöglichkeiten, mit Reaktions- möglichkeiten, mit Antwortmöglichkeiten, die gegeben sind. Es ist hier wirklich eine neue Aktualitätsdimension aufgebrochen, die man beherrschen muss. Es ist auch eine neue Form der Berichterstattung entstanden. Nehmen Sie zum Beispiel die Wirtschaftspresse. Sie brauchen derzeit, wenn Sie als Wirtschaftsinformations- unternehmen handeln wollen, das gesamte Spektrum. Es reicht nicht mehr, ein Unternehmen, eine Aktie zu analysieren. Sie brauchen sofort die Real Time Kurse dazu; Sie müssen die Möglichkeit anbieten, dass man für dieses Unternehmen zumindest über eine gewisse Periode eine Recherchemöglichkeit anbietet. Sie müssen die Möglichkeit geben, dass Sie dem Leser, dem Nutzer, dem Seher mehrere Blickwinkel im Internet zur Verfügung stellen können, um damit konkur- renzfähig zu sein. Das heißt, es ist schon eine völlig neue Anforderung, nicht nur an den Medienunternehmer, sondern auch an den Journalisten zu setzen, der dieses breite Spektrum abdeckt und das ist nicht sehr einfach zu schaffen. Wir haben hier große Barrieren, wobei es auch unsere Erfahrung ist, dass hier das Alter des Journa-listen überhaupt kein Kriterium ist. Ich wage sogar zu behaupten, dass die Waage zwischen erfahrenen Kollegen, die sich dem Thema Internet sehr aktiv stellen und jungen Kollegen, die sehr terroristisch gegen dieses Medium oder sozusagen sich dieses Mediums verwehren, sich durchaus gleich hält. Wir sehen zumindest in unserem Bereich nicht die Trennung jung/alt, sondern wir sehen eher die Trennung zwischen: Ist einer bereit, sich mit diesen neuen Herausforderungen auseinander zu setzen oder nicht? Das ist eine wesentliche Frage und wird uns auch in der Ausbil-dung und in der Auswahl unter Journalisten in den nächsten Jahren sehr stark fordern.

Dann haben wir im Digitalbereich sicherlich die Entwicklung von mediennahen Zukunftsgeschäften. Hier ist primär die Erlösfrage als Erstes zu stellen oder als Erstes die Frage: Wie kann man das überhaupt kostenmäßig in den Griff bekommen und dann: Wie kommen wir zu Erlösen, die einigermaßen dieses Thema transpor-tabel machen?

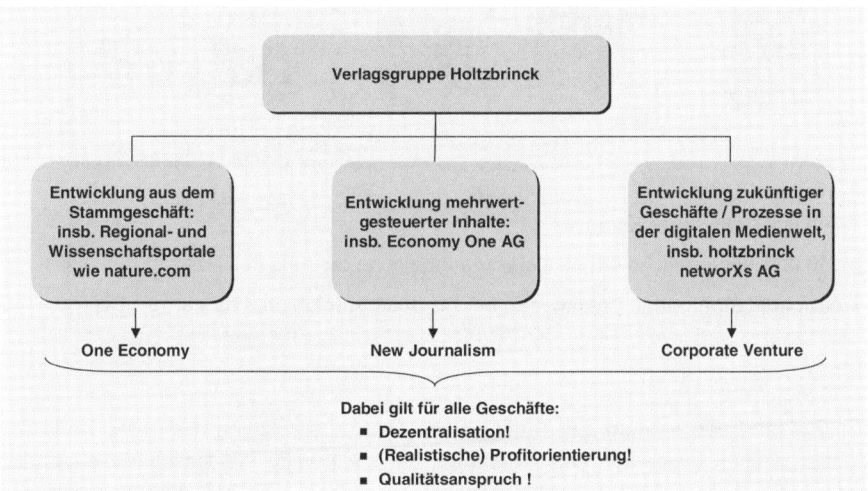

Bild 12

Wie haben wir in der Verlagsgruppe von Holtzbrinck versucht, das einigermaßen in den Griff zu bringen? Wir haben einmal versucht, den Teil Entwicklung aus dem Stammgeschäft heraus, wo wir z.B. Regionalportale, Wissenschaftsportale wie nature.com, in eine Art One Economy-Modell zu stellen (Bild 12). Wir haben die Entwicklung von mehrwertgesteuerten Inhalten – dazu haben wir aus der Verlags-gruppe Handelsblatt die Economy One AG ausgegründet, möglicherweise ein bisschen zu spät. Aber dort trainieren oder versuchen wir zumindest, diesen neuen Journalismus einigermaßen zu trainieren, zu praktizieren und umzusetzen. Und wir haben versucht, im dritten Teil, zukünftige Geschäfte, Prozesse in der digitalen Medienwelt oder auch an den Randbereichen der digitalen Medienwelt durch die Holtzbrinck Networks AG als ein Cooperate Venture Unternehmen einigermaßen in den Griff zu bekommen. Derzeit gilt für diese Geschäfte noch immer eine gewisse Dezentralisation. Wir versuchen, das primär aus Kostengründen ein wenig auszugleichen. Es muss eine realistische Profitorientierung da sein. Man muss diesen Medien einen Atem geben, sich entwickeln zu können und aus dem Gesamtverständnis unserer Gruppe heraus natürlich auch einen gewissen Qualitätsanspruch sicher zu stellen, weil wir uns eben nur in gewissen Qualitätsbereichen bewegen und dieser Qualitätsanspruch auch im Bereich der New Media weiter durchgesetzt werden muss.

- 500.000 registrierte Benutzer
- 250.000 wöchentliche e-mail alerts mit Inhaltsverzeichnis des Magazins
- neu: kostenpflichtige Dokumente, bereits 1000 Stück/Monat für ca. 15 US $

Bild 13

Ein Beispiel, wo es ganz gut funktioniert. Das ist sozusagen das obere Ende der publizistischen Pyramide. Das ist Nature, eine weltweite Wissenschaftszeitschrift, die wöchentlich erscheint, die für einen Normalmenschen mit Abitur und Hochschulabschluß verhältnismäßig schwer zu lesen ist (Bild 13). Es ist eine hochwissenschaftliche Publikation, die aber weltweit in der Sprache Englisch distribuiert ist. Sie hat etwa 500.000 registrierte Nutzer und eine irrsinnig hohe Anzahl an E-mails und eine irrsinnig hohe Wissenschaftspenetration. Es gibt in dem hohen gehobenen Wissenschaftsbereich praktisch nur zwei Publikationen, entweder Nature oder Science. In diesem ganz gehobenen Bereich kann man gute Ergebnisse und auch Gewinne erzielen und kann seine hohen Kosten durch Abonnements, durch Subscription abdecken. Man muss aber auch hier wiederum sagen, dass die

Rechteproblematik, das anglo-amerikanische Recht, dem Verleger ermöglicht, ein einmal erworbenes Recht in allen Medienformen zu verbreiten. Dies gilt übrigens in gleicher Weise, weil dieses Beispiel immer so unkommentiert im Raum steht, für das Wall Street Journal. Das Wall Street Journal.com ist die größte Paid Circulation im Bereich der Tageszeitungen, obwohl das Wall Street Journal sicherlich eine Spezialtageszeitung ist. Nur muss man dazu sagen, dass das Wall Street Journal ein solitäres Unternehmen ist. Den größten Wirtschaftsmarkt der Welt, etwa 260 Mio. Einwohner allein in Amerika, einen Ableger in Europa, einen Anleger in Asien, eine starke Penetration in Südamerika. Daraus eine einzige Publikation mit einer extrem hohen Auflage von 1,8 Mio. Das ist eine, man darf es nicht sagen, eine monopolartige Stellung. Aus dieser monopolartigen Stellung heraus hat sich natürlich auch ein Bezahldienst ableiten lassen. Vergleichen Sie das hier mit Deutschland. Hier haben Sie gerade in den Spitzenpublikationen einen Wirtschafts-bereich, 3, 4, 5 ganz ausgezeichnete Publikationen, einen deutlich kleineren Markt. Der gesamte deutschsprachige Markt ist etwa 100 Mio. Menschen groß. Und eine vielfache Konkurrenzsituation. Also man darf dieses immer wieder auf Kongressen zitierte Beispiel Wall Street Journal.com mit seinen 300.000 Usern und Abonnenten nicht 1:1 auf die andere Welt übertragen. Man muss da schon hinterfragen, was passiert ist.

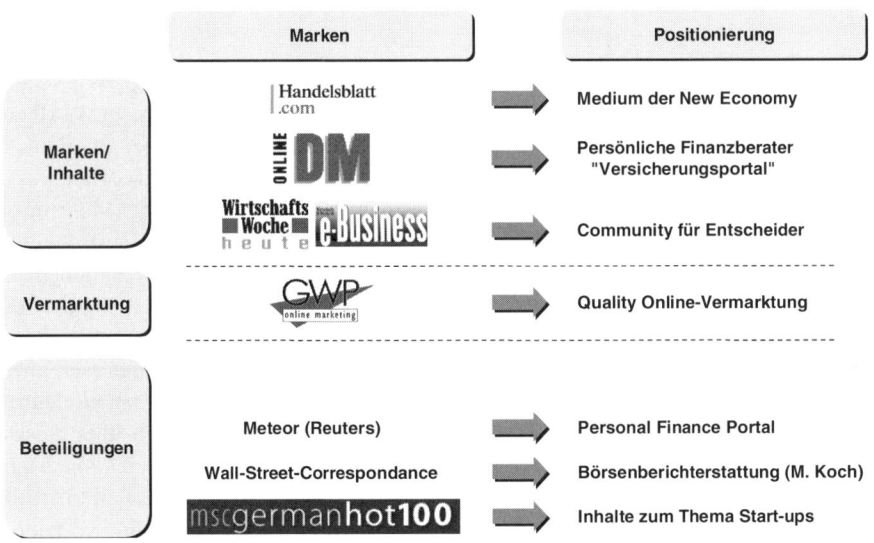

Bild 14

Am Beispiel der Wirtschaftsinformationen kann ich zeigen, wie wir hier versucht haben, vorzugehen (Bild 14). Wir haben auf einer Seite unsere großen Marken wie Handelsblatt, Wirtschaftswoche – E-Business leider nicht mehr, das ist der

New Economy zum Opfer gefallen – DM-Online. Hier ist die Positionierung jeweils herüber gezogen in die New Economy. Es ist mehr oder weniger eine Art Line Extension der bestehenden Marken in das Internetfeld hinein. Ein Teil, der natürlich meinen Thesen von vorhin teilweise widerspricht, weil es eben doch eine weitgehende Übersetzung der Printinhalte in die neue Welt ist. Das sind die Stufen, die man gehen muss, weil, wenn man ausschließlich die Inhalt neu entwickeln würde, käme man in Dimensionen hinein, die aus unserer derzeitigen Sicht einfach nicht mehr zu vermarkten sind.

Das Stichwort Vermarktung: Wir haben da natürlich auch unsere GWP-Vermarktungsorganisation in das Online hinüber gezogen. Wir haben im Beteiligungsbereich trotz der schwierigen Situation derzeit erst vor diesem vergangenen Mittwoch eine Kombination mit Reuters in den Markt gebracht: Sharper.de. Der Arbeitstitel war vorher Meteor, dann haben wir gelauncht unter Sharper.de. Es ist eine 50:50 Beteiligung zwischen Reuters und der Verlagsgruppe Handelsblatt, in der Informationen sowohl für Personal Finance Portals als auch für Professionals gelauncht werden. Das ist auch wieder der Versuch, einen Paid Subscription Dienst in Deutschland einzuführen. Wall Street Correspondence ist momentan natürlich nicht gerade das Hype-Thema. Es ist die Börsenberichterstattung über den MTV-Präsenter Markus Koch und German Hot 100 ist ein Portal zum Thema Neugründungen.

Wir haben versucht, in vielen Formen unsere Inhalte zu transportieren. Wir sehen die Inhalte über die mobilen Versionen. Wir haben natürlich auch versucht, WAP zu machen. Es gibt auf allen Hand Helds Wirtschaftsinformationen, wobei ich glaube, dass ein großer Teil, der noch neu bearbeitet werden muss, sicherlich das Handy ist. Das wird derzeit aus meiner Sicht noch immer etwas vernachlässigt. Man muss immerhin bedenken, dass das Handy nach dem Radiogerät und dem Fernsehgerät das am meist verbreitetste Device im deutschsprachigen Raum ist. Ich glaube, dass es ungefähr 45 oder 47 Mio. verkaufte Handys in diesem Land gibt. Jetzt ist es natürlich so, dass diese mediale Einsatzmöglichkeit mit einem Einfarbenscreen, der nur 160 Zeichen verträgt, verhältnismäßig eingeschränkt ist. Wenn man sich aber anschaut, was derzeit über das Handy transportiert wird, dann kann man eindeutig sagen, dass hier ein Medium vergewaltigt wird, denn das, was derzeit über dieses Handy angeboten wird, sind Inhalte, die man kaum in dieser Form lesen kann. Man benötigt auch hier wiederum neue Formen, um alte Inhalte in einer neuen Form auf dieses Gerät anzupassen. Interessant ist ja, dass diejenigen, die keine Medienspezialisten sind, sondern es einfach aus einer Lust und Laune heraus machen, nämlich die Kinder, dieses Handy über das SMS zu einem ungeheuren Erfolg geführt haben. Niemand hat geglaubt, dass SMS speziell unter den Jugendlichen zu einem derartigen Erfolg werden kann. Die haben dort auch eine andere Sprache, andere Zeichen erfunden, mit denen sie kommunizieren, und das ist eigentlich,

wenn man es so richtig betrachtet, auch schon ein kleines neues Medium für
Jugendliche geworden.

HOLTZBRINCK NETWORXS ALS CORPORATE VENTURE

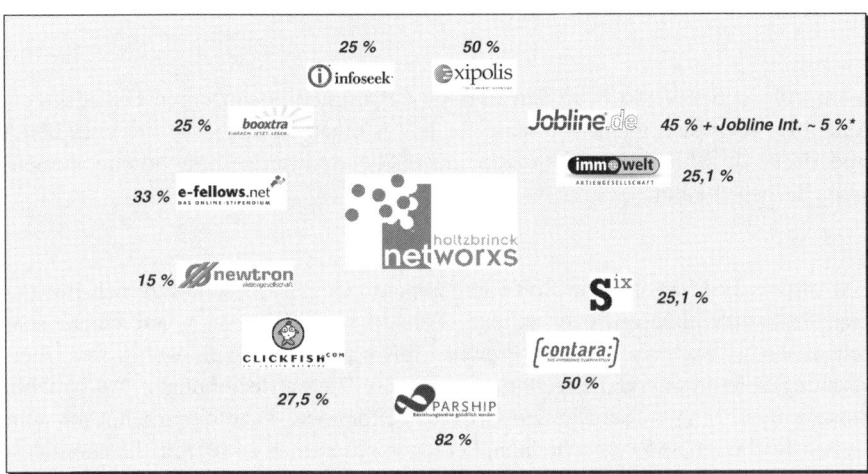

Bild 15

Ein Wort noch zu Networks. Networks hat sich als Cooperate Venture Company
etabliert und auch hier möchte ich wieder an ein paar Beispielen zeigen, wo es
gehen kann, wo Medien etwas machen können und wo sie nichts machen können
(Bild 15). Xipolis ist die größte deutsche Plattform für Basiswissen, für lexika-
lisches Wissen, gemeinsam mit dem Haus Langenscheidt Duden. Auch in der
Anfangsphase hat man geglaubt, dass die ganze lexikalische Welt nach neuen Kriterien ticken wird. Das ist nicht der Fall. Ich kann Sie beruhigen. Die Abfrageintensität von lexikalischen Inhalten ist genau so groß wie die Abfrageintensität an
Ihrem Bücherschrank. Wenn Sie sich erinnern, wann Sie das letzte Mal in einem
Lexikon nachgeschaut haben, dann ist das wahrscheinlich ziemlich lange her.
Primär zu 28,4 % werden lexikalische Werke deswegen zuhause aufbewahrt, weil
man dahinter Weinbrand und sonstige Flaschen aufheben kann.

Jobline hat versucht, den ganzen Jobmarkt neu zu definieren. Auch hier sind alle
Prognosen nicht eingetreten. Man hat gesagt, dass die Stellenanzeige verschwinden
wird und statt dessen die Suchprozesse im Internet stattfinden werden. Wahr ist
vielmehr, dass die Stellenanzeigen bis voriges Jahr extrem hoch gestiegen sind. Es

gibt einen Teil, der über das Internet abgehandelt wird, aber das primäre Stellengeschäft wird weiterhin im Print abgehandelt. Ich glaube auch, dass es irgendwann in diese Richtung gehen wird. Es wird deutlich länger dauern. Man wird neue Dienste erfinden müssen. Mit dem derzeitigen Dienstepaket wird man nicht wirklich attackieren können.

Immowelt ist der Versuch, in den Bereich der Immobilienanzeigen einzudringen. Auch hier zeigt sich wiederum, dass für jene kleinen Beträge, die die User bereit sind, dafür zu zahlen, man eben keine ausreichende Internetimmobiliendokumentation aufbauen kann.

Sixt offene Systeme ist eine Softwarecompany. Contara beschäftigt sich mit der Transformation elektronischer Inhalte. Parship ist der Versuch, auf einem sehr gehobenen Niveau zu sehr hohen Preisen – das war eigentlich ein wenig eine Überraschungsbeteiligung oder Eigengründung – das Thema Beziehungen, Aufbau von Beziehungen, Singledasein in den Griff zu bekommen. Paarship arbeitet mit sehr großen Testbögen und versucht dann, Personen zusammen zu führen, die zumindest den Tests nach eine sehr hohe Affinität haben. Es ist ein etwas wissenschaftliches Modell, das versucht, sich in diesem riesigen Markt des Beziehungstraffics an das obere Ende zu stellen.

Click fish ist der Versuch, völlig rechtefrei Inhalte im Internet von advanced line produzieren zu lassen. Es ist eine Plattform von etwa 300 Sites, die von Reise-Sites bis zu Garten-Sites reichen, wo sehr gut ausgebildete Laien ihre Inhalte dort einbringen, eine insofern schwierig von der Kostenseite zu beherrschende aber sehr interessant aus dem Blickwinkel der Rechtesituation.

Newtron hat mutiert zu einem Softwareunternehmen für Handelsplattformen.

E-fellows ist derzeit der größte Stipendienprovider oder Stipendienplattform in Deutschland, eine Kooperation zwischen der Deutschen Telekom und McKinsey.

Booxtra ist als kleines häßliches Entlein gestartet, viel belächelt, weil wir es auch ganz down-to-earth geführt haben, ein Joint Venture zwischen T-Online, Axel Springer und Weltbild. Seit wenigen Tagen und einer erfolgreichen Übernahme von Bücher.de ist bookstra jetzt Nummer 2 in dem ganzen elektronischen Buchhandelsmarkt, sitzt in Augsburg in der direkten Umgebung von Weltbild und macht uns sehr viel Freude.

Von Infoseek mussten wir uns verabschieden. Die Suchtechnologie ist keine wesentliche Technologie mehr. Man kann mit Suchtechnologie allein kein Business machen. Es ist abhängig davon, wie stark der Trafficprovider hier integriert ist und T-Online hat sich entschlossen, auf einen anderen Technikprovider zu setzen.

Also, Sie sehen ein breites Spektrum. Als Unternehmensgruppe haben wir sehr viel gelernt, haben sehr viel Nutzen daraus gezogen, haben erstaunlich wenig dafür finanziert und sind eigentlich sehr zufrieden mit diesem Modell. Es ist sehr arbeitsaufwendig. Es ist sehr kompliziert in der Steuerung, aber ich glaube, dass es für ein Medienunternehmen sehr viel Sinn gemacht hat und weiterhin macht.

"NEW ECONOMY" IM MOBILE / WIRELESS-BEREICH

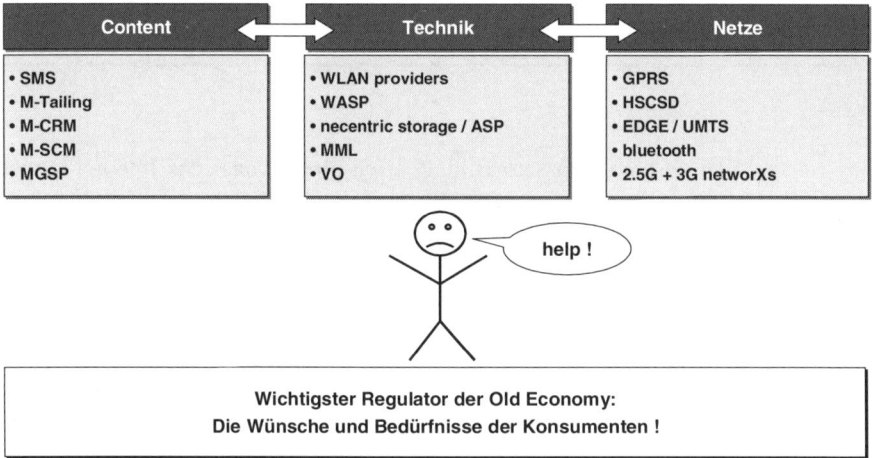

Bild 16

Noch etwas zur New Economy. Wir sind hier verleitet, bei der New Economy in allen Bereichen neue Technologien, neue Abkürzungen, neue Standards, neue Dinge einzuführen. Contenttechniknetze – überall gibt es etwas (Bild 16). Ich bin da eher auf der einfachen Seite. Ich befasse mich eher damit, wie der arme Konsument das alles noch verkraften soll. Wir müssen uns auch überlegen, auch in der New Economy, dass wir auch noch einen Regulator haben, nämlich den Konsumenten, der diesen ganzen New Economy Wahnsinn auch verkraften muss.

MEDIENUNTERNEHMEN AUF DEM WEG...

Zusammenfassung

- Achten Sie auf die "Wellen" und auf ihre Phasen

- Lassen Sie Ihre Marken im Lichte der "New Economy" strahlen

- Verstehen Sie die "New Economy" als Verlängerung der "Old Economy":
  "Alte Geschäfte" + neue Technologien = neue Geschäftsmodelle

- Entwickeln Sie realistische Businessmodelle mit realistischen Zeithorizonten

- Mittelfristig werden die echten Info-Sites besser funktionieren
  Entertainment-Sites sind primär für Promotionzwecke geeignet

- Stellen Sie (wieder!) den Konsumenten und seine Bedürfnisse in den
  Mittelpunkt Ihrer Überlegungen

Bild 17

Lassen Sie mich zusammenfassen (Bild 17): Ich glaube, dass das Internet längst ein neues Medium geworden ist. Dass wir noch weit davon entfernt sind, dieses Medium zu beherrschen. Wenn wir dieses Medium beherrschen wollen, müssen wir m.E. auf diese einzelnen Wellen und auf die einzelnen Phasen achten, um nicht zu viel Geld zu verlieren. Ich glaube, dass alle Medienunternehmen einen großen Wert besitzen, nämlich die Marken. Diese Marken bringen ungeheuer viel Vertrauen, und wir müssen dieses Vertrauen hinüber bringen in die New Economy. Man kann zu einem Teil, und das ist zumindest eine Lösung für die ersten Jahre, Monate, die New Economy als eine Verlängerung der Old Economy verstehen. Das ist keine wirkliche Lösung, aber man kann versuchen, aus der Synergie zwischen alten Geschäften und neuen Technologien letztlich auch ein neues Geschäftsmodell zu entwickeln. Lassen Sie sich nicht irreleiten, diese Business-modelle brauchen einen realistischen Zeithorizont. Es gibt kein Anzeichen, wenn wir die externe Finanzierung aus Börsen weglassen, dass das Medium Internet anderen Kriterien gehorchen würde, wie die Medien in der geschichtlichen Entwicklung davor. Ich glaube, dass mittelfristig dort, wenn man Geld verdienen möchte, die echten Informationendimensionen besser funktionieren werden als die Entertainmentfunktionen.

Noch einmal: Wenn man Geld verdienen möchte und wenn man den ganzen Sexbereich aus dem Entertainment einmal außen vor läßt und nicht berücksichtigt. Ich glaube, dass im Entertainmentbereich immer wieder sehr stark Gratisangebote kommen werden, so dass es mit dem Verdienen nicht sehr leicht sein wird. Last but not least stellen wir wieder den Konsumenten und seine Bedürfnisse in den Mittelpunkt unserer Überlegungen. So lang wir den Konsumenten hier nicht einbeziehen und bedenken, wie der das alles verkraften soll, werden wir mit allen New Economy-Modellen Schiffbruch erleiden.

11 Printmedien Zeitschriften Fachzeitschriften

Arnoud de Kemp
Springer-Verlag, Heidelberg

Ich bin aus einer ganz anderen Welt, nämlich der Welt der Wissenschaft, und ich bin leider nicht in der Lage, hier viel zu sagen über B2B oder C2C oder P2P oder BSE oder BBC. Ich möchte über ein ganz trockenes Thema reden, nämlich Fachzeitschriften oder wissenschaftliche Zeitschriften im Zeitalter des Internets. Ich habe das ein bisschen aufgelockert, um das Thema etwas weniger trocken zu machen.

Wissenschaftliche oder Fachzeitschriften sind ein internationales Geschäft. Englisch ist die Sprache der Wissenschaft. Wenn es in der lokalen Sprache stattfindet, Deutsch oder meiner Muttersprache Niederländisch ist es meisten professional literature. Wir reden international über 20.000 Verleger und das sind kleine Verleger, Institute, Gesellschaften bis große Konzerne, die insgesamt etwa 60.000 Titel produzieren. Wenn man da noch die wissenschaftlichen Buchreihen dazu nimmt, reden wir über 60.000 Verlage in einer großen Bandbreite. Etwa 200.000 Titel, 5 Verlagsgruppen mit etwa 6.500 Titel haben 42 % Marktanteil, und Springer gehört zu den ersten fünf. Elsevier ist der größte und dann kommen ein paar, die etwa gleich groß sind. Wir sind froh, dass wir zu diesen großen gehören. Wir stehen damit auch ein bisschen unter Druck, denn die Wissenschaftler und die Bibliotheken haben gelegentlich eine andere Meinung und auch andere Visionen über die Zukunft der wissenschaftlichen Information. Das möchte ich hier heute so schnell wie möglich und so kurz wie möglich mit Ihnen kommunizieren und vielleicht auch diskutieren.

Wir reden alle über einen Informationsüberfluß. Das kommt dadurch, weil wir nicht aufhören weiter zu forschen. Es gibt immer mehr Geld für Forschung und weniger für Literatur. Es wird immer mehr dokumentiert. Es muss immer mehr publiziert werden, denn jeder, der Geld kriegt für seine Forschung, muss irgendwo auch beweisen, belegen, publizieren, dass er erfolgreich war oder vielleicht auch nicht erfolgreich war. Deswegen ist die Rolle der Verlage immer mehr abzulehnen. Wir haben Zeitschriften bei uns mit Ablehnungsraten von 90 %. Das heißt ganz konkret: 90 % der Arbeit in den Verlagen ist nicht sichtbar. Sie besteht aus unternehmen und unterlassen. Das ist auch ein Spannungsfeld, was man sich auf der Zunge zergehen lassen soll: unternehmen und unterlassen.

Es ist ein langer Weg von amerikanischen Ausdrücken unsolicited to sciented. Unsolicited ist nicht aufgeforderte Literatur. Verlage wie Springer beauftragen auch sehr viel Literatur, Handbücher, Lehrbücher, Fachzeitschriften für Professionals. Aber sehr viel Material kommt auch unaufgefordert bei uns rein, quasi in unseren Briefkasten bei dem Herausgeber, bei den Gremien. Das heißt unsolicited. Und das Streben von allen Wissenschaftlern in der Welt ist, irgendwo einmal zitiert zu werden: sciented – deswegen ein schönes kleines Wortspiel hier. Wenn wir über Informationsversorgung reden, dann ist sicherlich eines der größten Probleme, wenn nicht das größte Problem des Internet, die Informationsentsorgung. Denn Bernard Lee, der Erfinder von World Wide Web in Luzern, in Genf in der Schweiz, hat sehr viel getan, um das World Wide Web nutzbar zu machen, die Interfaces kundenfreundlich zu machen. Aber ein großes Problem ist sicherlich die Informationsentsorgung, wofür wir noch keine Lösungen haben.

Die Rolle der Verlage ist ganz schlicht und einfach sortieren, selektieren, bewerten, verbreiten und, wie ich vorher gesagt habe, auch ablehnen, Qualitätsstufen einlegen. Die gedruckten Medien haben bisher immerhin Qualitätssicherung garantiert, Unverfälschtheit und Bewahrung. Die liegen in Bibliotheken aus, sind öffentlich einsehbar und können deswegen zitiert werden. Aber gedruckte Medien sind teuer, langsam, nehmen viel Platz, kosten viel Geld in der Fertigung und in der Verbreitung und deswegen denken viele, auch Verlage, dass mit Electronic Publishing alle Probleme oder alle anderen Probleme gelöst werden können. Wir wissen inzwischen, dass die Welt nicht papierlos sein wird, so wie es auch undenkbar ist – das ist ein kleiner Witz von mir –, dass das Klo nie ohne Papier sein wird. Es gibt kein papierloses Büro, und es wird keine papierlose Welt geben. Das wird nebeneinander existieren.

Bild 1

Also, gehen wir mal kurz auf Electronic Publishing. Das ist noch nicht ganz so alt, obwohl wir hier alt aussehen. Vor etwa 25 Jahren fingen wir damit an. Die große Herausforderung vor 25 Jahren war elektronische Textverarbeitung. Wir fingen an, die Schreibmaschinen wegzulassen, umzutauschen in PCs und die Anfänge waren sicherlich mehr auf Input konzentriert, also Texteingabe, noch längst nicht Bildeingabe. Wir haben uns in den letzten 10, 15 Jahren auf die rechte Seite konzentriert, nämlich Output (Bild 1). Output war CD ROMs, Output ist heutzutage natürlich auch World Wide Web. Das, was die Verlage zunehmend machen müssen, ist Putput. Das ist das Mittel zwischen elektrischem Input und Output. Wenn Sie in Zukunft einmal erklären müssen, was Electronic Publishing ist, dann sagen Sie schlicht und einfach Putput. Put ist das slawische Wort für der Weg, der Weg hin, der Weg von und Putput ist der Weg innerhalb eines Hauses, nämlich die Datenverarbeitung, die Umstrukturierung, die Formatierung, die Modularisierung, die Indexierung und das Bereitstellen von Informationen in unterschiedlichen Formaten für unterschiedliche Informationswege.

Die wichtigsten Entwicklungen in diesen 25 Jahren, das war auch ein langer Weg: von ASCII, die grünen Bildschirme, über den Microchip, über den PC zu WYSIWYG. Der beste Verbreiter von WYSIWYG – what you see is what you get – war McDonalds. McDonalds hat die Druckmedien damals eingesetzt, um das auf Karten auszudrucken, was Sie später auf dem Teller sehen würden; what you see is what you get. Das waren die ersten Grafikcomputer. Dann kamen die Netzwerke, die Telekoms, die drahtlosen Netze. Die Multimedia – wie lange ist das schon wieder her. Das WWW, MP3 mit Napster und all diesen anderen Formen.

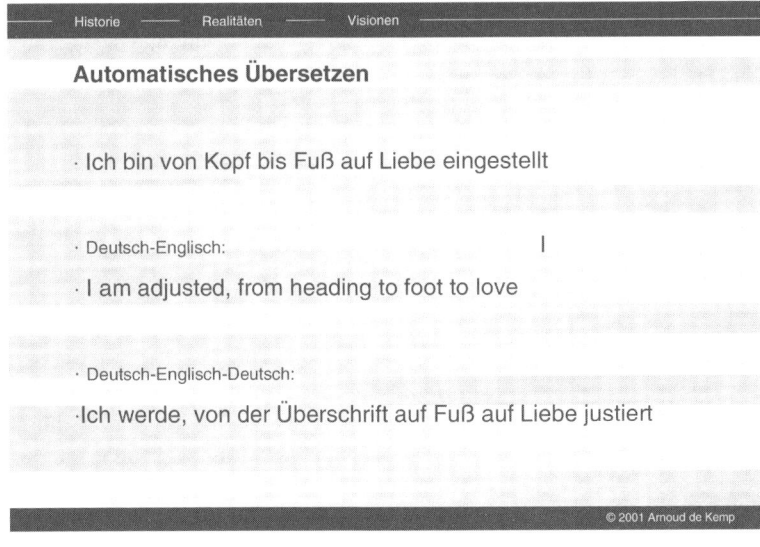

Bild 2

Ein ganz interessanter Aspekt in der Welt der Wissenschaft und der Welt der Fach-informationen ist sicherlich das automatische Übersetzen. Etwas, was wir nur am Rande ansprechen. Ich habe dafür einmal ein schönes Beispiel mitgenommen (Bild 2). Wenn man diesen Satz automatisch übersetzen würde: Ich bin von Kopf bis Fuß auf Liebe eingestellt, ins Englische. Da kommt folgendes: I am adjusted, from heading to foot to love. Wenn man das mit dieser Maschine wieder zurück übersetzt, dann sagt die Maschine: Ich werde, von der Überschrift auf Fuß auf Liebe justiert. Das ist auch Electronic Publishing, und das ist auch Information für unsere Welt

Die zentrale Frage ist aber: Was ist das beste Medium für das Festlegen von dauer-haft relevanten Informationen? Das ist mein Thema. Was ist dauerhaft relevant? Das können nur Experten beurteilen. Und deswegen brauchen Wissenschaftsver-lage oder Fachverlage im weitesten Sinne ihre Pears, ihre Experten, die versuchen mit dem besten Wissen von heute und vielleicht mit dem besten Wissen für morgen, heraus zu filtern, was heute dauerhaft relevant ist. Das gelingt uns nicht 100%ig. Es gelingt uns vielleicht 80%ig. Wenn wir über eine Periode von 10 Jahren zurück-blicken, was zum Beispiel in der Chemie, in der Physik und in vielen anderen Bereichen publiziert ist, stellen wir trotzdem Redundanzen von bis zu 50 % fest über eine Periode von 10 Jahren. Aber es geht um das Festhalten von dauerhaft relevanten Informationen. Wir machen deswegen auch einen großen Unterschied zwischen Information, das was ich jetzt hier mache, oder Kommunikation, was ich auch hier mache, zu Dokumentation und Publikation. Ich glaube, dass das elektro-nische Publizieren oder die Verbreitung über Netze oder die Nutzung von elektroni-schen Medien uns helfen, diese Grenzen schärfer zu machen. Sie können uns helfen, die graue Literatur, die Verlage zum Teil noch auf Druck verbreiten müssen, wegzunehmen. Die können uns zum Beispiel helfen, Doktorarbeiten, Thesis, nicht mehr im Druck erscheinen zu lassen, sondern nur noch elektronisch anzubieten und können so das Filtern der Informationen verbessern.

Es hilft uns sicherlich nicht für die Zukunft, mit elektronischer Tinte zu arbeiten oder mit Hand Held Devices, eBüchern zu arbeiten, wir hier der Palm oder das Rocket Book usw.

Die Visionäre unter uns sagen: Alles ist bald elektronisch. Die Zeitschriften werden verschwinden. Heute hören Sie de Kemp und de Kemp sagt: Papier ist geduldig. Und er hat wahrscheinlich Recht nach 10 Jahren. Wir haben Kontinuität durch Wandel. Das ist von Bertelsmann, ein Ausdruck von Herrn Mohn. Das habe ich mir einmal aufgeschrieben: Wir müssen Kontinuität durch Wandel anstreben, und viel-leicht ist es sogar trotz Wandel. Wir müssen auf die Kontinuität achten. Das gilt auch für die Inhalte selbst. Wir müssen solche Formate selektieren, auswählen und einsetzen, dass wir auf Dauer aufwärts kompatibel sind, dass wir nicht das Phänomen erleben, was wir in den letzten 20 Jahren erlebt haben, dass wir überhaupt Computerbände oder Tapes oder Disketten liegen haben, die wir nicht mehr nutzen können. Wir suchen Formate, die auf Dauer kompatibel sind.

Das Wort bleibt wichtig. Bei aller Informationsäußerung wenigstens in der Wissenschaft, in der Fachinformation merken wir, dass wir sehr textlastig waren, sind und bleiben werden, und dass die sogenannte Visualisierung der Wissenschaft nur mit einem enormen Aufwand stattfinden kann und sicherlich noch nicht so weit ist, dass man die Prüfungsmechanismen, die man hat, bei Textdokumenten einsetzen kann.

Bild 3

Das Internet: Das Internet haben wir Ende der 80er, Anfang der 90er Jahre schon in Anspruch genommen. Wir waren damals über die Universität von Heidelberg, weil wir mit so vielen Wissenschaftlern korrespondierten schon über das Arpanetz tätig. Wir konnten deswegen sehr früh einsetzen. Das wurde so um 92, 93 als Wissenschaftsnetz frei gegeben für das allgemeine Publikum, und dieses Cartoon in der New Yorker 1993 (Bild 3) zeigte genau den Zeitgeist damals, nämlich dass man das Internet benutzen und auch verstehen sollte als ein Informationsmedium mit gleichen Chancen für jedermann. Es gibt keine Information für under dogs mehr, besagt dieses Cartoon, vor dem Bildschirm sind wir alle gleich. Und hinter dem Bildschirm auch. Das hat auch dazu geführt, dass wir alle das Internet am Anfang als einen freien Marktplatz verstanden haben, wo alles kostenlos sein sollte. Aber das Internet hat leider dieses Imago bisher nicht abwerfen können. Es wird noch ein langer schwieriger Weg sein, um die jetzige Internetnutzergeneration umzuschulen, damit vertraut zu machen, dass es vielleicht auch kostenpflichtige Informationsäußerungen gibt, die über das Internet abzurufen sind.

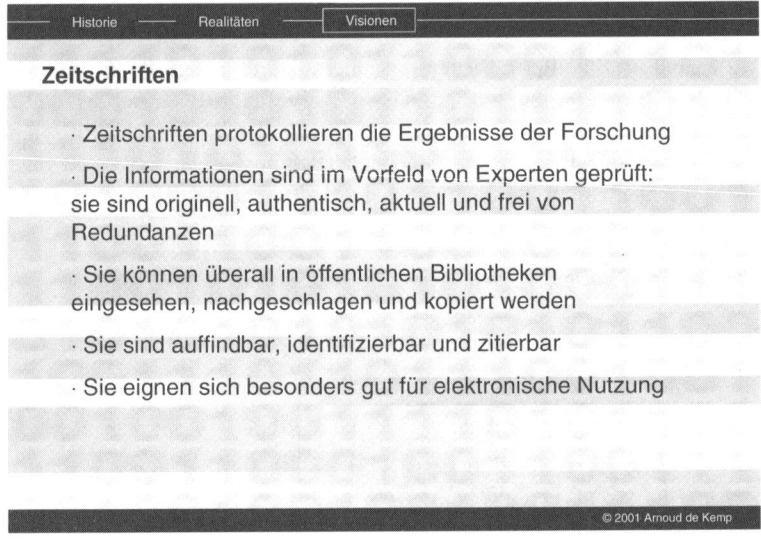

Zeitschriften

· Zeitschriften protokollieren die Ergebnisse der Forschung

· Die Informationen sind im Vorfeld von Experten geprüft: sie sind originell, authentisch, aktuell und frei von Redundanzen

· Sie können überall in öffentlichen Bibliotheken eingesehen, nachgeschlagen und kopiert werden

· Sie sind auffindbar, identifizierbar und zitierbar

· Sie eignen sich besonders gut für elektronische Nutzung

© 2001 Arnoud de Kemp

Bild 4

Zeitschriften: Als Äußerung, als Medium in der Wissenschaft protokollieren Zeitschriften die Ergebnisse der Forschung (Bild 4). Man sagt, Zeitschriften sind die Minutes of Science, das Protokoll der Wissenschaft. Die Informationen sind im Vorfeld geprüft. Sie können überall abgerufen, nachgeschlagen, kopiert werden. Sie sind auffindbar, identifizierbar und zitierbar. Wenn ich im Internet suche, und da hilft mir auch die beste Suchmaschine nicht. Die Summe der Suchmaschinen für relevante Fachinformationen im WWW erreichen nicht mehr als 34 %. Das, was Sie dann finden, müssen Sie selbst bewerten, auswerten, selektieren und prüfen. Wer garantiert, dass das Dokument, was Sie da dann in der engsten Auswahl finden, das Originaldokument oder vielleicht ein abgeleitetes Dokument ist? Wir brauchen deswegen eine Abstimmung zwischen Wissenschaft und Nutzer, zwischen Bibliotheken, Forschung und Verlagen über neue Regeln des Verständnis, wie man Informationen im Internet anbietet. Aber Zeitschriften eignen sich besonders gut für elektronische Nutzung.

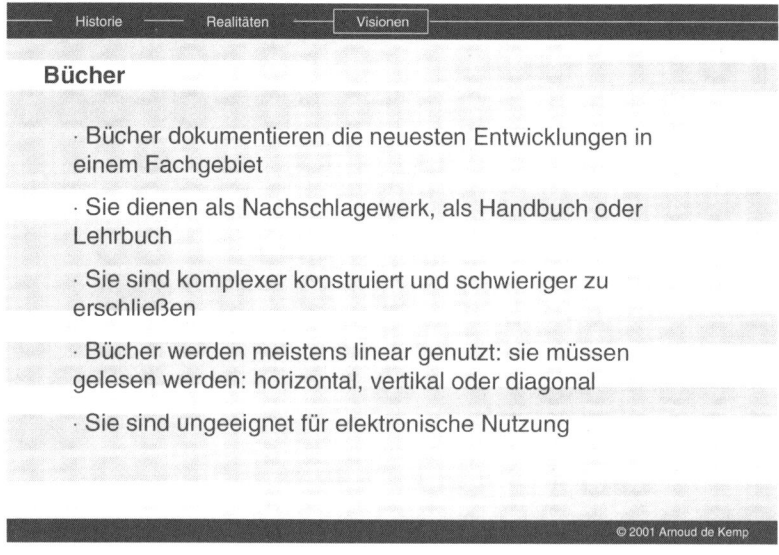

Bild 5

Bücher dagegen dokumentieren die neueste Entwicklung in einem bestimmten Fachgebiet (Bild 5). Sie sind Nachschlagewerke, Handbücher oder Lehrbücher. Sie sind sehr komplex und schwierig zu erschließen. Sie sind meistens linear. Man liest ein Buch diagonal, vertikal, horizontal oder überhaupt nicht. Sie sind ungeeignet für eine elektronische Nutzung. Ich glaube, dass eine Monographie auf einem Rocketbook von Anfang an eine Fehleinschätzung ist. Ich glaube, dass eine Monographie von über 500 Seiten auf einem Bildschirm eine Fehleinschätzung ist. Man liest nicht am Bildschirm, man guckt. Es ist ein Bildschirm und kein Lesegerät, und das wissen wir jetzt auch. Es gibt auch die ersten Untersuchungen in Amerika, wobei man Probanten Texte lesen lassen hat am Bildschirm und vom Papier. Man hat festgestellt, dass die Leute, die vom Papier gelesen haben, sich an mehr erinnerten, mehr wußten und tiefer verstanden haben als die Leute am Bildschirm. Der Bildschirm ist wirklich ein Bildschirm. Er ist eine Art Fernsehgerät für Texte und deswegen so langweilig.

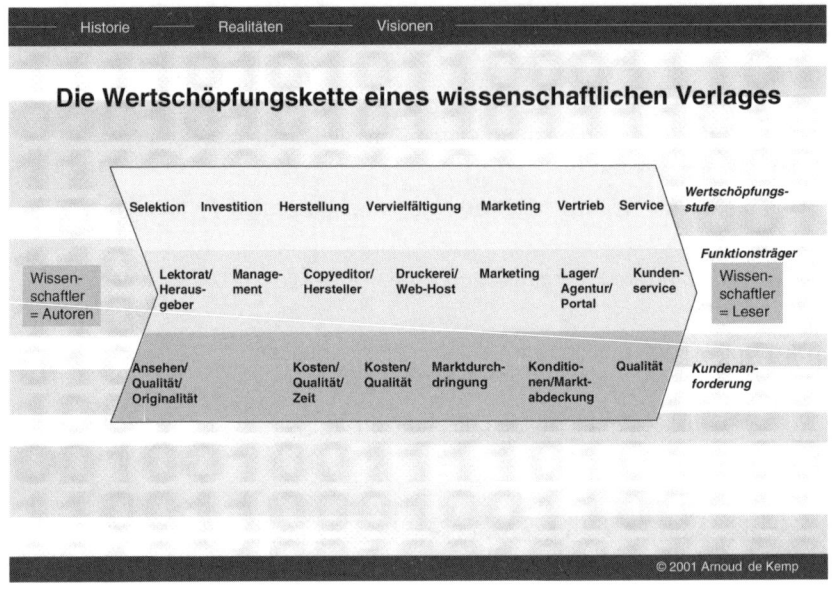

Bild 6

Die Wertschöpfungskette eines Verlages besteht aus Selektion, Investition, Herstellung, Vervielfältigung, Marketing, Vertrieb und Service (Bild 6). Ich werde das hier nicht weiter vertiefen, weil die Zeit dazu nicht reicht.

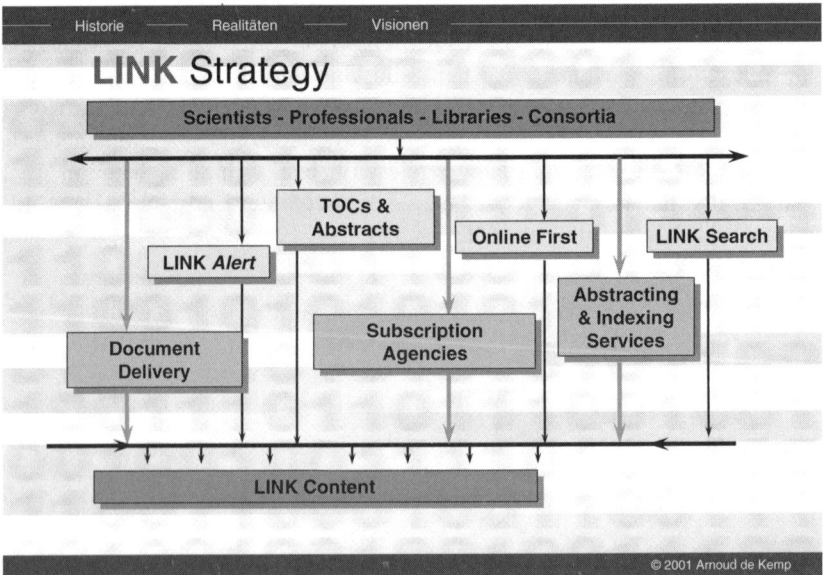

Bild 7

Was gibt es morgen? Morgen gibt es durch all diese Entwicklungen, die ich skizziert habe, mehr, mehr und noch mehr Informationen. Mehr Anbieter und mehr Dienstleister, mehr Versionen in der Information. Preprints, vielleicht eine erste Kommunikation, vielleicht eine zweite Publikation, vielleicht eine dritte Kommunikation, vielleicht dann eine weitere Publikation usw. Auch dort brauchen wir Mechanismen oder Verabredungen, wie man das besser handhabt. Mehr Visualisierung und vernetzte Dokumentation, mehr Multimedia und mehrstufige Zugänge in Form von Linking und Abstracts und Digital Object Identifiers und Suchmaschinen und Portale (Bild 7).

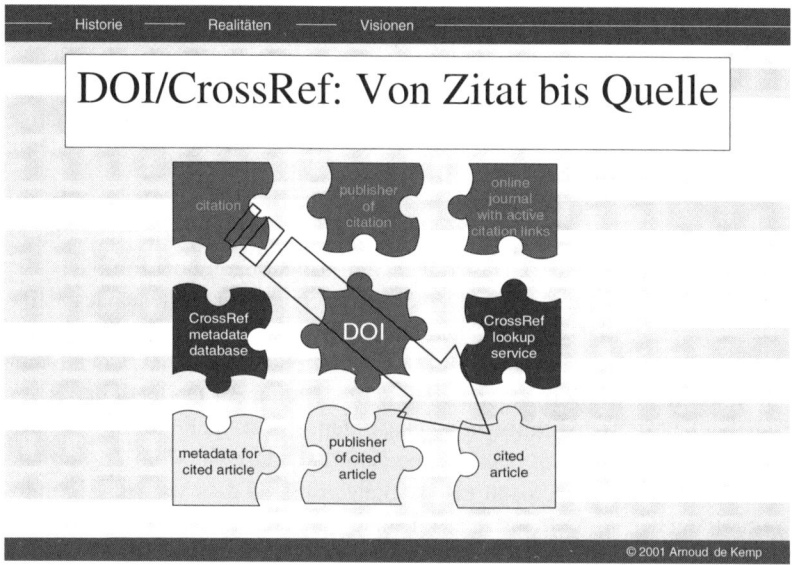

Bild 8

Die Strategie, die wir bei Springer geplant haben, ist, dass wir all diese Stufen und all diese Informationselemente getrennt und integriert einsetzen, und dass wir unsere Kunden, die Wissenschaftler und gleichzeitig auch Autoren sind, die Bibliothekare und Buchhandlungen sind, die Zeitschriften und Documentary Delivery Service, dass wir die alle gleich einbinden und ein hohes Maß an Komfortabilität und Zugang bieten. Dazu gehört etwas, wovon Sie vielleicht gehört haben, was Sie vielleicht heute zum ersten Mal hören, was ich Sie bitten möchte mitzunehmen. Das ist der Digital Objekt Identifier, eine Entwicklung, so einfach wie ein ISDN für Bücher, womit wir Objekte jeglicher Art, und vor allem Textdokumente mit einer Nummer versehen können, die als Bestell- und Katalognummer Dienstleistung erbringen (Bild 8). Der Digital Objekt Identifier ist ein Register in Washington und soll auch zu den Ländern kommen wie die ISDN und ISSN-Agenturen. Wir benutzen das, um Dokumente neutral wertfrei zu registrieren, damit die später auffindbar sind.

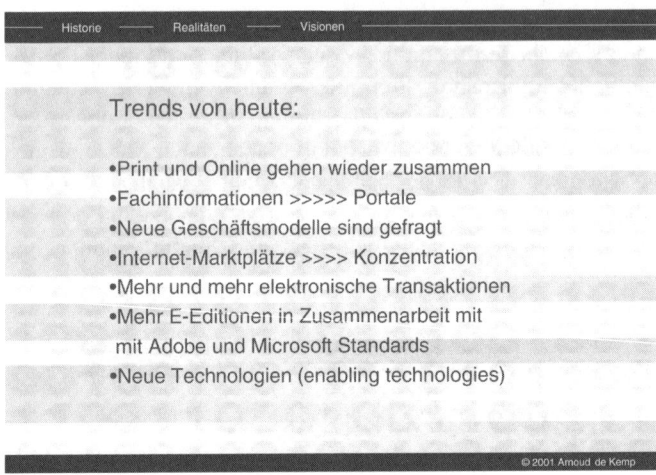

Bild 9

Die Trends von heute, Freitag, dem 21. September sind, dass Print und Online wieder zusammen gehen (Bild 9). Dass die Fachinformation nur über Portale besser erschlossen werden kann und nicht über Suchmaschinen. Dass neue Geschäftsmodelle weiterhin gefragt werden. Dass die Internet-Marktplätze sich weiter konzentrieren werden. Dass wir mehr und mehr elektronische Transaktionen haben werden. Wir werden auch bei uns Paper View und Dokument Delivery einsetzen. Dass wir mehr elektronische Editionen sehen werden, aber so nicht mit proprietären Formaten wie Rocket Books das bisher gemacht hat, sondern direkt im Zusammenhang mit Adobe PDF und Microsoft eBook-Standard. Und dass wir neue Technologien weiter brauchen werden, um alles zu standardisieren und zu vereinfachen.

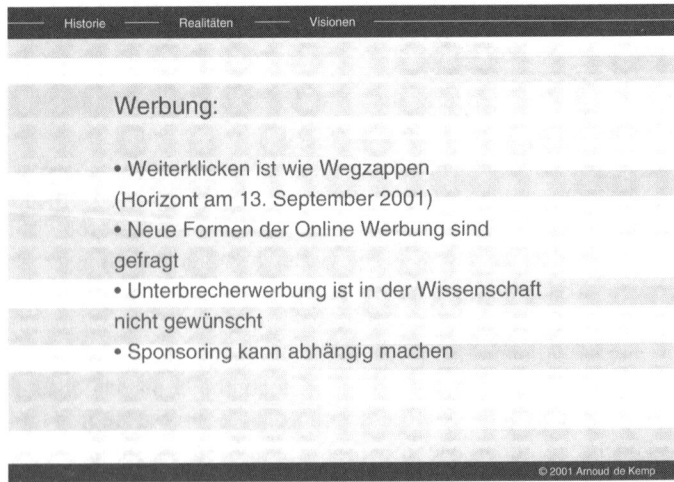

Bild 10

Die Werbung: ein ganz kurzes Thema. Weiterklicken ist wie Wegzappen (Bild 10). Wir sind dabei, neue Formen der Online-Werbung zu entwickeln, aber in der Wissenschaft ist die sogenannte Unterbrecherwerbung und auch die Bannerwerbung höchst ungefragt. Die Wissenschaft, meine Damen und Herren, ist sowieso relativ konjunkturunabhängig. Die geht weiter. Aber wenn es in der Ökonomie schlecht geht, werden natürlich auch der Budgets der Bibliotheken gekürzt. Sponsoring kann man abhängig machen.

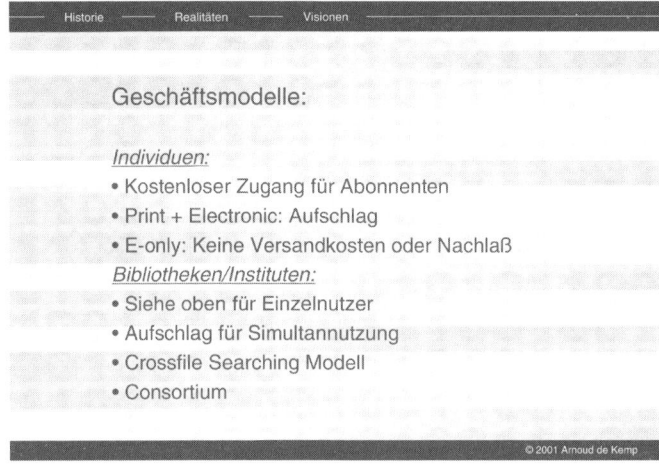

Bild 11

Geschäftsmodelle klicke ich durch (Bild 11). Dazu können Sie per email von mir mehr erfahren.

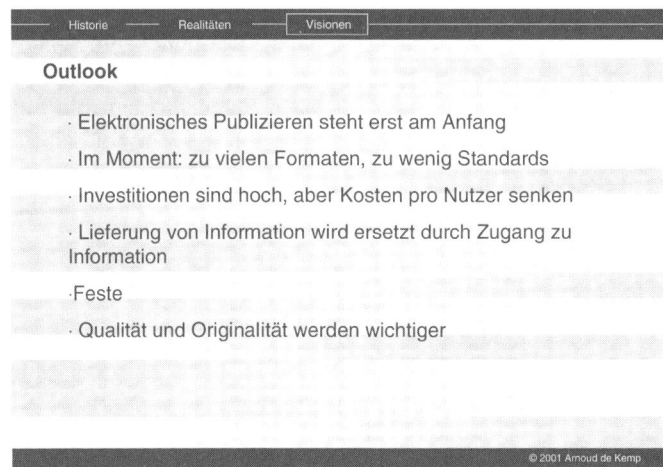

Bild 12

Kurz noch zum Schluß, was wir für die nächsten Jahren erwarten (Bild 12). Wir erwarten, ich erwarte, dass elektronisches Publizieren erst sehr am Anfang ist. Dass wir im Moment zu viel Formate und zu wenig Standards haben. Dass die Investitionen noch zu hoch sind, aber dass die Grenzkosten dermaßen interessant sind, dass wir viel mehr Nutzen erreichen können mit weniger Kosten pro Nutzer. Dass die Lieferung von Informationen auf Dauer ersetzt wird durch Zugang zu Informationen. Und dass die Qualität und die Originalität – das möchte ich Sie auch bitten, mitzunehmen von heute – wichtiger werden.

Bild 13

Das ist mein letztes Bild (Bild 13). Das nehme ich immer mit. Das ist die Frage: Wo sind wir jetzt in diesem Schaubild? Sind wir in der Evolution oder sind wir in der Revolution? Wenn Sie ganz nach rechts schauen, dann habe ich immer zum Schluß aller Vorträge, die ich mache, dass ich etwas Besorgnis darüber habe, dass vielleicht Kinder, und das ist auch der Übergang zu dem nächsten Sprecher – zu früh mit Computern werden umgehen müssen, dass die zu lange hinter dem Bildschirm sitzen, dass die vielleicht die schwierigen Kulturtechniken wie Lesen und Schreiben nicht mehr so gut lernen wie früher.

12 Printmedien Zeitschriften
Cross Media in Kids Entertainment

Eckardt Bültermann

Egmont Int. Holding, Kopenhagen

Kennen Sie Micky Maus, Donald Duck, kennen Sie Asterix, kennen Sie Lara Croft? Ich bin sicher, Sie kennen diese Freunde aus dem Land der Comics und Cartoons! Erinnern Sie sich noch, wo Ihnen diese Charaktere zuerst begegnet sind? War es im Comic? War es im Film? War es auf dem Gameboy? War es auf Kaffeetassen oder auf der Bettwäsche Ihrer Kinder? Wir sind im Thema: Cross mediale Auswertung in der Kinder-Unterhaltungsindustrie.

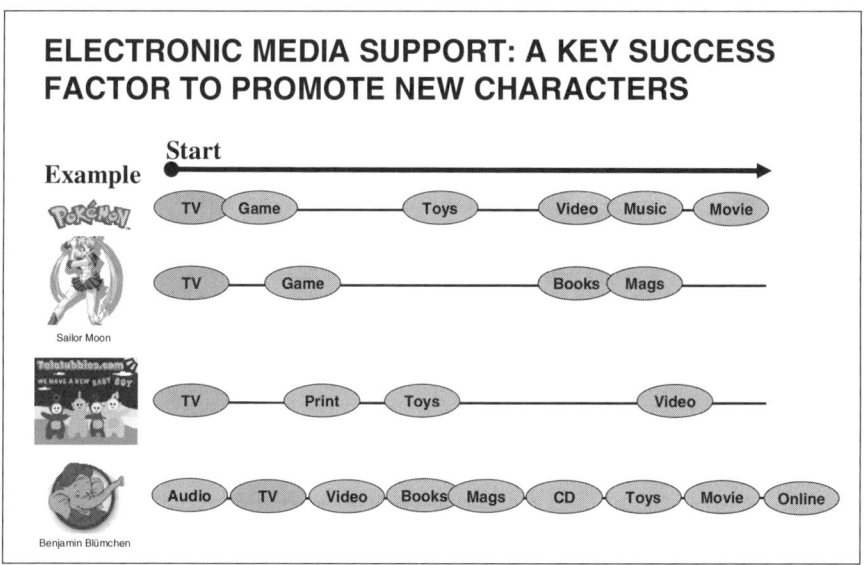

Bild 1

Zugegeben, eigentlich ist dieses Businesssystem in der Kinderunterhaltung nicht neu. Micky Maus wurde von Walt Disney zuerst als Filmfigur entwickelt und erschien dann recht bald als Comic, in Büchern, auf Schallplatten und später eben auch im Fernsehen und im Internet. Die wirklich erfolgreichen Charaktere sind auf allen, zumindest jedoch auf den wichtigsten Media-Plattformen wiederzufinden (Bild 1). Warum ist das so?

Bis vor 10–12 Jahren mag der Hauptgrund für crossmediale Auswertung vor allem die Möglichkeit zur Mitnahme von zusätzlichen Gewinnen aus Nachbarsegmenten gewesen sein. Heute unterliegt diese Industrie nahezu dem Zwang zu einer parallelen Auswertung in mindestens einigen Schlüsselmedien. Warum ist das so? Was hat sich geändert?

Zur Beantwortung dieser Fragen sollten wir uns einige wesentliche Entwicklungen im Kinder-Unterhaltungsmarkt anschauen: Erstens, es ist schwerer geworden, die Zeit und die Aufmerksamkeit von Kindern zu gewinnen (Bild 2):

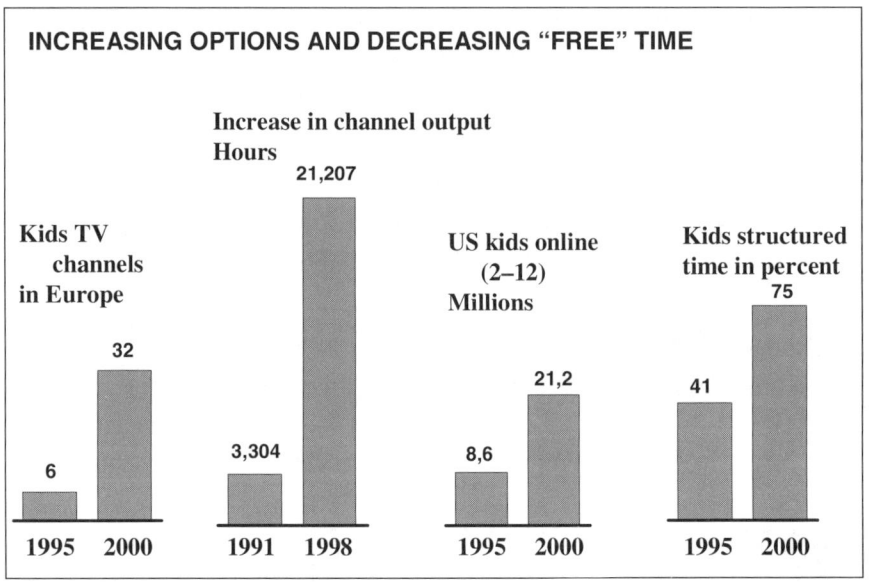

Bild 2

1995 hatten wir in Europa 5 Fernsehkanäle, die sich speziell an Kinder richten. Nur 5 Jahre später gab es 32 solcher Kinderkanäle, und die Zahl hat sich in der Zwischenzeit weiter erhöht.

Nehmen wir ein anderes Beispiel: In England hat sich die Anzahl der ausgestrahlten Kindersendungen in den neunziger Jahren von 3.000 auf 21.000 Stunden erhöht. D.h. die Kids von heute haben, allein auf den TV-Bereich bezogen, dramatisch mehr Alternativen als noch vor wenigen Jahren.

Schauen wir in die Internet-Welt: Die Zahl der 2–12jährigen Surfer hat sich inner-
halb von 5 Jahren nahezu verdreifacht. Und sie steigt weiter. Auch wenn viele
Internetträume der entsprechenden Anbieter wirtschaftlich geplatzt sind, die
Aufmerksamkeit und die Zeit der Kinder haben diese Angebote gewonnen.

Hinzu kommt die Nutzung von Videospielen. Wir alle wissen, dass auch und gerade
Kinder von diesem Medium fasziniert sind. Weitere Angebote aus dem elektroni-
schen Bereich sind auf dem Vormarsch: Handy, WAP, UMTS usw. werden die
Unterhaltungsalternativen für Kinder weiter erhöhen.

Aber nicht nur die Optionen sind drastisch gestiegen, nein, gleichzeitig hat sich die
Zeit, die Kinder wirklich „freihaben", das heißt nicht verplant haben, um mehr als
50 % reduziert: 1995 hatte ein durchschnittliches Kind 59 % der Zeit – außerhalb
von Schule und Schlafen – als ungeplante Freizeit zur Verfügung. Zeit zum Spielen,
Zeit zum Freunde treffen, auch Zeit zum Medienkonsum. Dies hat sich innerhalb
weniger Jahre auf weniger als die Hälfte reduziert: Musikschule, Ballettunterricht,
Reitstunden, Nachhilfeunterricht usw., all diese Dinge nehmen heute erheblich
mehr Zeit in Anspruch und müssen geplant werden. Filofax lässt grüßen. Ich
vermute, dass all diese Beschäftigungen nicht immer nur der Wunsch der Kinder
sind. Es sind wohl auch die Eltern, die wollen, dass ihr – oft einziges Kind – nicht
nur überall dabei ist, sondern sie wollen, dass es möglichst überall ganz vorne dabei
ist. Ob dies immer zum Vorteil der Kinder ist, mögen Pädagogen beurteilen. Ich
melde Zweifel an.

Nach meinen Beobachtungen gibt es diesbezüglich gewisse kulturelle Unterschiede. So ist der Leistungsdruck, der von den heutigen Eltern auf ihre Kinder
ausgeübt wird, in Asien noch deutlich stärker ausgeprägt als hier in Deutschland.
Die Ein-Kind-Politik in China führt nun mal dazu, dass jedes Kind 6 Eltern hat; eine
Mutter, einen Vater und vier Großeltern. Und alle 6 Personen haben nur diesen
einen „süßen Fratz" und der soll es im Leben doch zu etwas bringen!

Fassen wir die zweite Beobachtung zusammen: Deutlich mehr Unterhaltungsange-
bote treffen auf Kinder, die deutlich weniger freie Zeit haben, sie wahrzunehmen.

Die dritte Beobachtung lässt sich am besten in englischer Sprache beschreiben:
Kids are growing older younger.

KIDS ARE GROWING OLDER YOUNGER

- **Kids are moving out of dolls and action figures at an age of 6. This is 18 months sooner than kids in 1988**

- **"Children's TV" is only watched by kids being 8 years or younger**

- **Aggressive baby-boom parents press children to excel and enter into organised sports and summer camps**

- **"The mantra is: I want my kid to be ahead of the curve"**

The Alpha Child

Bild 3

Kinder entwachsen immer früher der typischen Kinderwelt (Bild 3). Ein paar Beispiele: Die Leser der Zeitschrift Micky Maus werden immer jünger. Gleiches trifft auf Zeitschriften wie Bravo & Co., also für Zeitschriften für die nächste Altersgruppe, zu.

Spielzeug vom Typ Barbie Puppe oder Action Man – damit spielen heute vor allem Vorschüler. Typische Fernsehprogramme für Kinder finden ihr Hauptinteresse vor allem bei unter 8 oder 9jährigen. Ältere Kinder interessieren sich heute vornehmlich für Big Brother, Seifenopern, Krimi- und Actionfilme. Kids are growing older younger.

Bevor ich zu Schlussfolgerungen für die Printmedien komme, erlauben Sie mir, eine vierte Beobachtung zu erwähnen: Kinder von heute werden viel mehr durch ihren Freundeskreis geprägt als das in der Vergangenheit der Fall war (Bild 4).

EVERYBODY NEEDS A CODE TO LIVE BY

At the time when children have historically been taught a code by parents, children are learning external codes from the media and consumer brands

Codes provide social capital to children who are learning how to behave in groups

A child cannot be part of a group if he or she does not know the code

Bild 4

In der Vergangenheit haben Kinder ihre Wertskala, ihren gesellschaftlichen Verhaltenskodex, ihre Geschmacksprägung und ihre Ideale vor allem durch Elternhaus und Schule gelernt. Dies waren individuelle Vorgänge, und es bedurfte eines längeren Zeitraums bis dies bei allen Kindern geschehen war. Nicht alle Kinder hatten zur gleichen Zeit die gleichen Vorbilder. Es gab Diversität.

Die Rolle von Elternhaus und Schule haben heute in erheblichem Maße die Medien übernommen, allen voran das schnelle und reichweitenstarke Massenmedium Fernsehen. Das heißt „alle" Kinder von heute lernen gleichzeitig, sozusagen über Nacht; was „in" und was „out" ist, was „angesagt" ist oder nicht, was „cool" oder „uncool" ist. Und sie sprechen am nächsten Tag darüber in ihrer Peer-group. Diese Peer-groups befinden darüber, ob eine neue Marke oder eine neue Unterhaltungsserie angenommen wird oder nicht, ob ein laufendes Thema zu Grabe getragen wird oder nicht. Wie wir alle wissen sind Kinder kompromisslos, sie können noch nicht differenzieren. Diese Kompromisslosigkeit hat zur Konsequenz, dass jedes Individuum sich entweder völlig gruppenkonform verhält – oder es ist raus aus der Gruppe! Nicht hellgrau oder dunkelgrau, sondern entweder schwarz oder weiß. So verhalten sich Kinder vor allem in der Gruppe. Entweder trägt die Gruppe „Nike" oder sie trägt „Adidas". Wer mit der falschen Marke kommt, hat ein Problem.

Im Kinder-Medienmarkt sehen wir dieses Phänomen täglich bestätigt: Die Verkaufsauflagen für bestimmte Comic-Zeitschriften steigen innerhalb von wenigen Ausgaben von 0 auf 300.000. Das ist bei einem Potential von oft nur 1 Mio. Lesern eine respektable – und auch ertragsreiche – Ausschöpfung. Aber, nach wenigen Monaten kommt oft ein neuer Comic-Charakter und die Auflage sinkt so schnell wie sie aufgestiegen war. Innerhalb von 12–18 Monaten muss das Geschäft gemacht sein, dann ist es vorbei. Im Markt für Kindermedien muss man sehr schnell dabei sein, und ebenso wichtig ist, dass man sich auch genauso schnell wieder zurückziehen kann.

Fassen wir zusammen:

1. Kinder von heute werden bombardiert mit neuen Unterhaltungsangeboten.

2. Kinder von heute haben gleichzeitig weniger freie Zeit, die neuen Angebote wahrzunehmen.

3. Kinder werden immer früher erwachsen und interessieren sich in immer jüngerem Alter für Inhalte, die für Ältere gemacht werden.

4. Kinder von heute unterliegen einem sehr hohen Gruppendruck bezüglich ihrer „likes" und „dis-likes". Das Massenmedium Fernsehen beeinflusst „über Nacht" die Meinungsbildung in den Peer-groups.

Hieraus ergibt sich für das Kinder-Printmedien-Geschäft, dass es

• erstens, in erheblichem Maße auf die Unterstützung durch Fernsehepisoden angewiesen ist, dass es

• zweitens, sehr „hitdriven" geworden ist, d.h. das Blacklist Geschäft verliert Marktanteile und damit ist es

• drittens, weniger planbar geworden als es noch vor wenigen Jahren der Fall war. Dies muss seinen Niederschlag sowohl in den Kostenstrukturen als auch in der Mentalität und Flexibilität aller Mitarbeiter finden.

Ist Print damit in eine einseitige Abhängigkeit vom Fernsehen geraten? Zugegeben, eine Zeit lang erschien es mir fast so. Heute können wir aber beobachten, dass die einseitige Abhängigkeit in zunehmendem Maße einer gegenseitigen Abhängigkeit weicht.

Das Aufkommen neuer TV-Sender hat enormen Programmbedarf produziert. Aufgrund zunächst sehr attraktiver Gewinnspannen hat dies zu einem Programm-überangebot geführt. Sinkende Margen waren die natürlichen Folgen. Die Situation einiger Filmproduzenten und Filmhändler am Neuen Markt ist sattsam bekannt. Dies führt bei Neuproduktionen dazu, dass die Lizenzeinnahmen aus crossmedialer Auswertung oft kein Zubrot, sondern notwendige Einnahmequelle geworden sind. Hierbei spielen die Lizenzeinnahmen aus dem Printgeschäft eine nicht unerhebliche Rolle.

Print bringt aber nicht nur einen finanziellen Beitrag, sondern Print bringt vor allem auch einen erheblichen promotionalen Beitrag. Das gedruckte Medium hilft nicht nur, neue Charaktere bekannt zu machen und durchzusetzen, sondern es hilft auch, einen Charakter länger aktuell zu halten. Dies wiederum unterstützt den Verkauf von Merchandising-Artikeln und anderer Medienplattformen dieses Charakters. Hier schließt sich der Kreislauf von Geben und Nehmen (Bild 5).

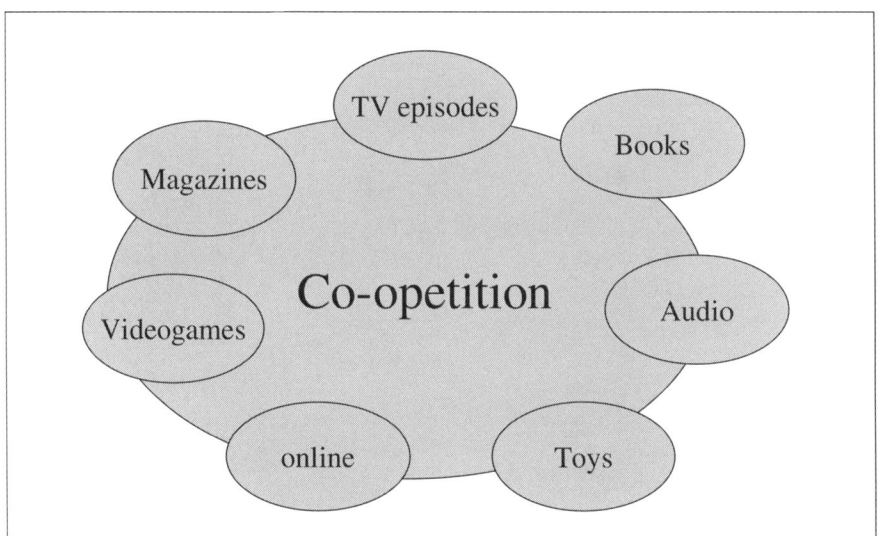

Bild 5

Zweifellos, bei limitierter Kaufkraft und bei einem feststehenden Zeitbudget der Konsumenten, ist eine Kannibalisierung unter den Medien festzustellen, und trotzdem benötigen sie sich gegenseitig. „Co-opetition" zwischen den Medien und auch zwischen den einzelnen players ist ein Modewort, das m.E. zutreffend die gegenwärtige Situation im Kinder-Medien-Unterhaltungsmarkt beschreibt.

13 Printmedium Zeitschriften
Programmzeitschriften

Andreas Schoo
Heinrich-Bauer-Verlag, Hamburg

Die Frage ist: Zukunft der Printmedien. Hat sie eine Zukunft? Ich glaube, diese Frage ist ganz einfach zu beantworten. Wir können das in 3 Sekunden klären. Solange Sie eine Fliege an der Wand einfacher mit einer Zeitschrift als mit einem Computer erreichen, ist eigentlich die Zukunft sehr rosig. Das war jetzt der Kalauer am Anfang. Ich würde gern auch ernsthaft etwas dazu sagen.

Kurz etwas zur Verlagsgruppe Bauer. Wir sind ein familiengeführtes Unternehmen, haben einen Umsatz von 3 Mrd. Mark, sind in allen wichtigen europäischen Ländern und in den USA präsent. Hauptschwerpunkt sind Programmzeitschriften, Frauenzeitschriften, Jugendzeitschriften. Bravo verlegen wir und viele andere Publikationen plus Fernsehbeteiligungen, Internetbeteiligungen usw.

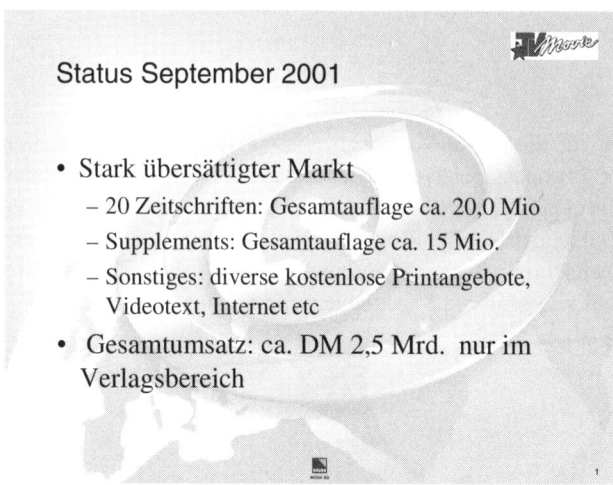

Bild 1

Wenn wir jetzt auf den Bereich Programmzeitschriften kommen, wäre es vielleicht ganz schön, wenn wir uns den Status angucken (Bild 1). Wie sieht der Markt momentan aus? Wir haben im Programmzeitschriftenmarkt einen stark übersät-

tigten Markt. Es gibt 20 Zeitschriften mit einer Auflage von 20 Mio. Exemplaren.
Wir haben Supplements. Sie kennen das aus dem Stern, aus Ihrer Tageszeitung, die
noch einmal wieder 15 Mio. ausmachen, und wir haben viele sonstige Angebote.
Sie können bei Tchibo ein TV-Programm bekommen. Sie können Ihr Programm
über einen Videotext abrufen. Sie können es über das Internet abrufen. Es gibt
Duzende von Möglichkeiten. Alle möchten den Konsumenten über aktuelle TV-
Entwicklungen informieren. Der Gesamtumsatz hierzu, um vielleicht einmal eine
Größenordnung zu nennen, ist ca. 2,5 Mrd. Mark allein im Verlagsbereich.

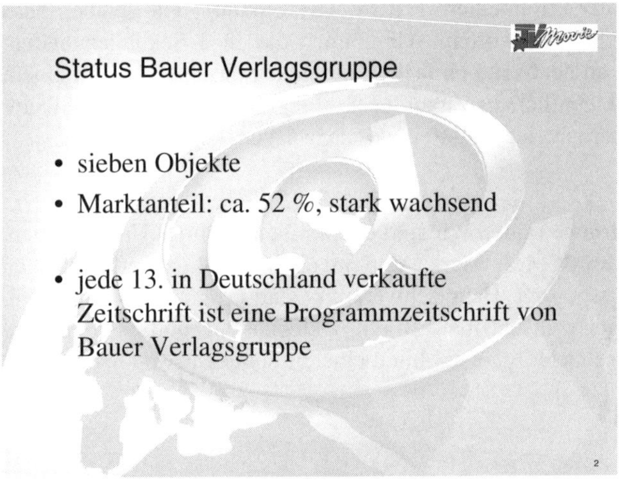

Bild 2

Wenn wir die Bedeutung für die Bauer-Verlagsgruppe darstellen, haben wir hier
7 Objekte. TV-Movie ist Europas meistverkaufte Zeitschrift und dazu kommen
viele andere für jede Zielgruppe, die Sie sich vorstellen können (Bild 2). Jede 13. In
Deutschland verkaufte Zeitschrift ist eine Programmzeitschrift aus unserem Haus.
Jede sechste verkaufte Zeitschrift ist eine Programmzeitschrift. Damit sehen Sie
wie groß der Hebel ist und wie groß die Marktbedeutung für den gesamten Publi-
kumszeitschriftenbereich ist.

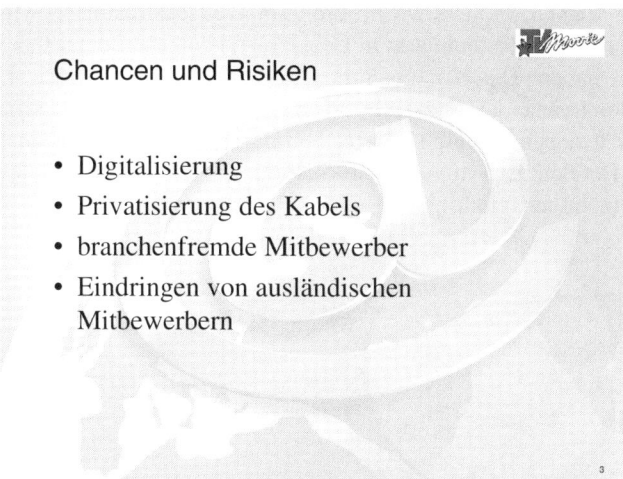

Bild 3

Den Programmzeitschriften des Heinrich-Bauer-Verlags und allen anderen Programmzeitschriften wird seit Anfang der 90er Jahre das schnelle Ende prophezeit. Alle sagen, dass wir zu langsam sind. Wir leben noch ganz gut und haben uns vielmehr stark entwickelt. Wir haben in den letzten Jahren einen ziemlich rasanten Aufstieg gehabt. Trotzdem gibt es einige Entwicklungen, über die wir nicht hinwegsehen können und die ich als Chance und Risiken sehe (Bild 3). Das Wichtigste ist sicherlich die Digitalisierung. Im Jahre 2010 wird die Digitalisierung in Deutschland im TV-Programm abgeschlossen sein. Zu dem Zeitpunkt wird es viel mehr TV-Kanäle in Deutschland geben als jetzt. Das ist sicher. Wir werden eine Aufgabe haben. Ein Printobjekt ist schlicht nicht in der Lage, 100, 200 Kanäle abzudrucken.

Ein weiterer Punkt ist die Privatisierung des Kabels. Die Kabelnetze sind gerade verkauft worden. Das kann dazu führen, dass der deutsche TV-Markt fragmentiert. Vielleicht werden die Leute demnächst in Hamburg ein anderes Programm haben als in München oder in Dresden ein anderes als in Köln. In Teilen wird das ganz sicherlich so stattfinden. Es ist die Frage, ob der Kern gleich bleibt oder ob das komplett andere Programme sind. Wir haben eine weitere Entwicklung in den letzten Jahren feststellen können. Wenn wir über die Internetprogramminformationen sprechen, haben wir viele branchenfremde Mitbewerber. Im Rahmen des dotcom-booms hat es eine Reihe von Unternehmen gegeben, die versucht habe, uns den Markt streitig zu machen. Viele sind wieder verschwunden. Es gibt aber einige große, die dort präsent sind. Wenn Sie zum Beispiel auf yahoo gehen, werden Sie feststellen, dass dort auch kompetente TV-Informationen stattfinden. Es gibt andere Suchmaschinen und andere Anbieter, die ähnliches haben.

Was wir auch feststellen können, ist, dass wir im Programmzeitschriftenmarkt wie in dem gesamten Publikumszeitschriftenmarkt in Deutschland lange auf einer Insel der Glückseligen gelebt haben. Das war eigentlich ein closed shop. Es gab 4, 5 große Verlage, und damit war das Spektrum abgeschlossen. Das scheint sich momentan zu ändern. Wir haben jedenfalls Anzeichen dafür, dass amerikanische Unternehmen in diesen Bereich der Programminformation, ob nun über Print oder über elektronische Informationen, eindringen.

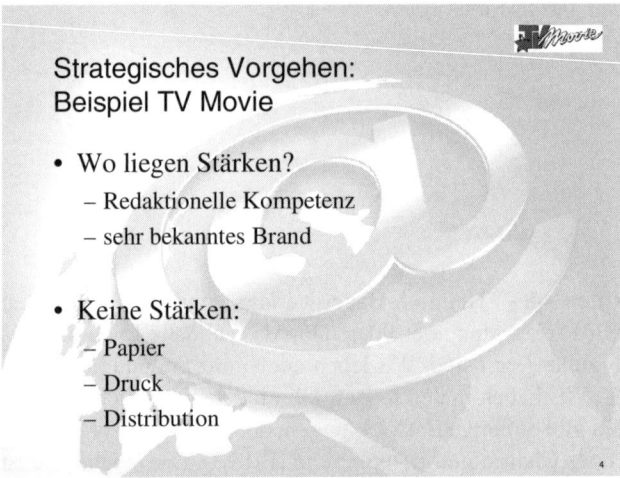

Bild 4

Ich würde Ihnen jetzt gern zeigen wie wir am Beispiel TV Movie diesen Chancen und Risiken begegnen. Das ist das Ergebnis eines ziemlich lang andauernden Testens, try and error. Seit Anfang der 90er Jahre versuchen wir, mit den neuen Medien klar zu kommen, Chancen für uns daraus zu entwickeln. Wir haben dort viel Geld in den Sand gesetzt, genau so wie Herr Grabner es vorhin geschildert hat. Dieses strategische Vorgehen, was ich Ihnen jetzt schildern kann, ist natürlich auch nur ein Momentausschnitt. Das kann in zwei Jahren wieder anders aussehen, wenn wir neue Entwicklungen haben. Ich glaube, es verbietet sich, momentan länger-fristige Prophezeiungen abzugeben. Was ich Ihnen jetzt schildere ist ein sehr praxis-bezogenes Beispiel, wo ich Ihnen zeige, wie die Programmzeitschrift TV Movie, Europas meistverkaufte Zeitschrift, auf diese verschiedenen Chancen und Risiken reagiert.

Wir haben für TV Movie analysiert, wo die Stärken unserer Zeitschrift liegen (Bild 4). Ganz eindeutig haben wir zwei Stärken: die redaktionelle Kompetenz. Wir haben eine Redaktion von 100 Leuten plus vielleicht noch 300 Leute, die dazu arbeiten. Damit sind wir vielen dotcoms haushoch überlegen. Ein junges Unternehmen kann es sich schlicht nicht leisten, diese redaktionelle Kompetenz aufzubauen. Die zweite Stärke ist, dass wir ein sehr bekanntes Brand haben. Die Marke TV Movie wird stark werblich unterstützt. Wir messen regelmäßig wie hoch die Bekanntheit in der Bevölkerung ist, und wir haben derzeit eine Bekanntheit in unserer Zielgruppe 18 bis 39 von über 90 %. Wenn wir ein bisschen höher auf ein Alter bis 49 gehen, sind es knapp 90 %. Es ist also eine sehr bekannte Marke, in die viel Geld investiert worden ist, mehrere 100 Mio. Mark nüchtern betrachtet. Dies ist aber auch ein Asset für uns was wir nutzen und verteidigen wollen.

Wenn wir überlegen, was keine Stärken von uns sind, die auf den ersten Blick natürlich unmittelbar zu uns gehören, so ist das ohne Frage Papier. Wir sind als sehr großes Verlagsunternehmen natürlich in der Lage, günstig Papier einzukaufen, viel günstiger als vielleicht kleine Verlage. Langfristig ist es aber kein Vorteil für uns, da es sicherlich nicht sinnvoll ist, dort zu investieren. Was auch kein Vorteil für uns ist, jedenfalls nicht langfristig, ist, dass wir eine eigene Druckerei haben, die sehr kostengünstig druckt. Auch hier sind wir vielen kleineren Unternehmen überlegen. Auch das wird langfristig kein echter Vorteil sein, weil wir da austauschbar sind. Wir hätten auch eine Stärke in der Distribution. Wir haben ein eigenes Verteilernetz von 30.000 freien Mitarbeitern, die für uns arbeiten. Wir haben eine sehr starke Position im deutschen Grosso, wo wir unsere Produkte launchen können. Trotzdem sehen wir das nicht als echte Stärke, sondern auch da kann die Zeit über uns hinwegrollen. Wir sehen eindeutig unsere Stärken in der redaktionellen Kompetenz und in der sehr starken Marke.

Die Lösung, die sich da für uns abzeichnet, ist eigentlich relativ einfach. Wir brauchen eine Plattformstrategie. Für uns muss es im Endeffekt uninteressant sein, auf welcher Plattform wir produzieren. Die Hauptsache, wir produzieren erfolgreich, also gewinnträchtig auf dieser Plattform. Wir haben in den vergangenen Jahren so viele Plattformen gesehen, die gekommen und wieder gegangen sind. Wir haben uns mit PCs beschäftigt, mit dem Internet, mit Digitalisierung, mit UMTS, mit GPRS. Alle möglichen Plattformen dieser Welt sind als der Hype des Jahrzehnts ausgerufen worden. Für uns als kleines Unternehmen ist es nicht möglich, auf jeden Hype mit eigenen großen Mannschaften aufzuspringen. Die Strategie, die wir verfolgen, ist, dass wir eine Basis haben, eine Plattform, die momentan Print ist. Und um diese Plattform herum würden wir mit sehr geringem Kostenaufwand, sehr geringem redaktionellen Aufwand, aber unter Nutzung unserer starken redaktionellen Kompetenz und unter Nutzung der starken Marke unsere Produkte aufbauen. Wenn Sie mal schauen, welche Applikationen wir momentan haben, dann ist Print für uns das Stammgeschäft, und ich gehe davon aus, dass es wahrscheinlich in den nächsten 5 Jahren so sein wird. Hiermit verdienen wir unser Geld. Alle anderen Bereiche, die ich jetzt vorstellen werde, sind im Wesentlichen kostendeckend, aber sind bei weitem nicht mit den Printerlösen und Printergebnissen vergleichbar.

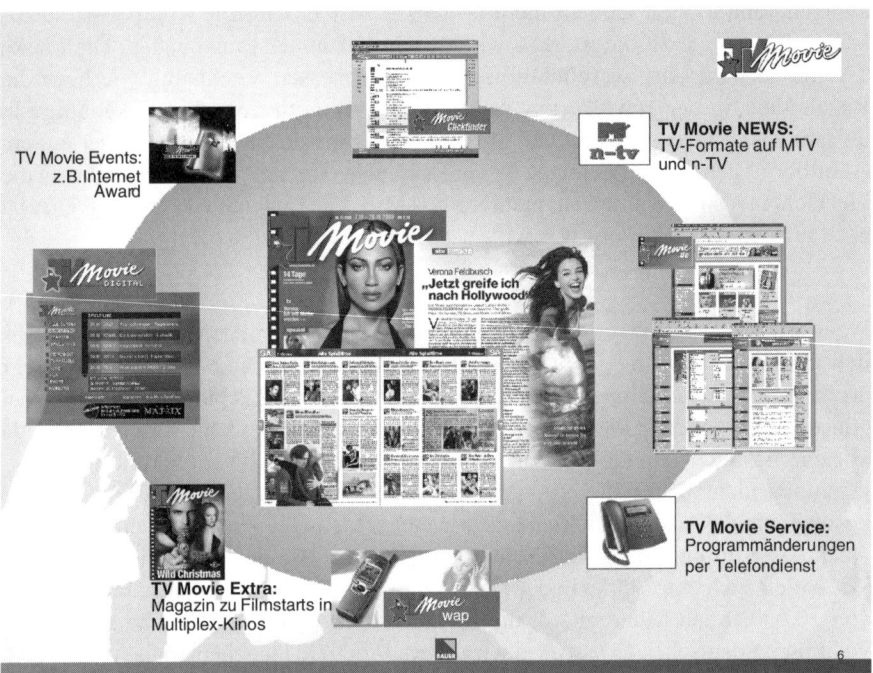

Bild 5

Um dieses Printprodukt, was eine klare Fokussierung auf den Verbraucher hat – es ist hohe Beratungskompetenz, Schnelligkeit usw., hohe Bekanntheit – haben wir weitere Printapplikationen geschart (Bild 5). Wir haben TV Movie Extra, was wir über Kinos vertreiben. Wir haben einen starken Internetauftritt, der sehr gute Zugriffe generiert. Wir sind bereits seit 6 Jahren im Netz, haben auch hier viele Höhen und Tiefen und viele Hypes miterlebt. Wir sind dort mittlerweile zu einer stark konsolidierten Lösung gekommen. Das ist eine kleine Redaktion, die das aufbaut, die eng mit der Printredaktion verwoben ist. Der Kostenansatz ist stark reduziert. Wir haben Möglichkeiten gefunden, trotzdem Erlöse hier zu erwirtschaften. Momentan läuft TV Movie.de kostendeckend. Nach meiner Prognose und nach den Erfahrungen der letzten sechs Jahre, die man nicht wegwischen kann, wird das aber nicht ein Riesenunternehmen werden. Wir werden auf Jahre nicht daran denken können, dass der Internetbereich den Printbereich verdrängen wird, zumindest von der Ergebnissituation her.

Eine weitere Applikation ist die Entwicklung des TV Movie Clickfinders. Das ist ein Desktop EPG. Den können Sie herunter laden und haben auf Ihrem PC ständig das aktuelle Fernsehprogramm. Er ist äußerst erfolgreich. Wir haben um die 200.000 Downloads davon in Deutschland; Leute, die das regelmäßig nutzen.

Wir haben vor zwei Jahren mit WAP angefangen. Die Geschichte ist bekannt. WAP war auch ein Hype; ist leider aber schwer nutzbar. Es ist uns sehr schwer gefallen den Nutzer zu bekommen, geschweige denn hier Werbeerlöse zu generieren. Dieses frustrierende Ergebnis wiegt nicht allzu schwer, da mit unserer Plattformstrategie eigentlich jedes Medium sehr kostengünstig angesteuert werden kann. Die Bestückung des WAP-Portals läuft für uns gen Null.

Wir haben verschiedene Telefonservices, wie ATX-Erlöse und 0180-Erlöse, die wir generieren. Wir haben Events, die wir um die Marke scharen. Wir haben ein TV-Format auf NTV, wo wir auch wieder aus unserer großen Redaktion heraus TV-Inhalte generieren und diese vielleicht demnächst noch über TV ausstrahlen werden.

Das Neueste, was aus meiner Sicht nicht nur ein Hype, sondern eine absolut ernst zu nehmende Entwicklung ist, ist TV Movie Digital. Das ist ein Programmführer, der über das digitale Fernsehen empfangen werden kann. Das ist praktisch unserer Antwort auf die Entwicklung im Markt, dass es Hunderte von Kanälen geben wird. Die Leute suchen intelligente Suchmaschinen, die es ihnen ermöglichen, am Bildschirm das für sie geeignete Programm vorzufinden. Das hat nichts mit einer Internetsuchmaschine zu tun. Das ist viel einfacher. Es wird mit ein, zwei Knopfdrücken funktionieren. Ich sehe das als wichtige Entwicklung für uns an. Programmzeitschriften werden durch die Digitalisierung des TV Netzes stark betroffen. Wir müssen hierauf eine Antwort haben. Dieses Produkt ist mittlerweile von uns abgeschlossen. Ich glaube, dass es deshalb gut funktionieren kann, da wir auch hier wiederum mit sehr geringem Aufwand, sehr geringem Personalaufwand dieses Medium bestücken können.

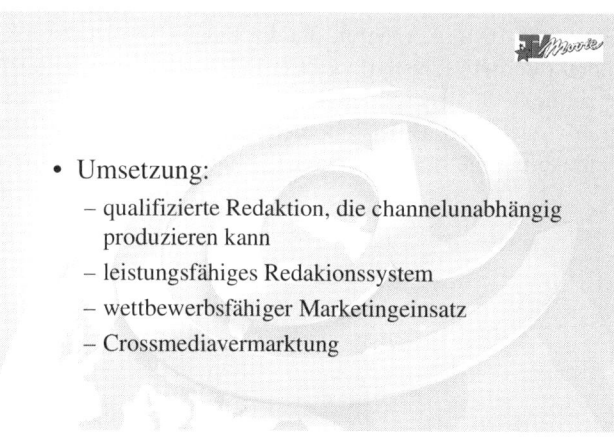

Bild 6

Ich habe eben schon angedeutet, wie die Umsetzung erfolgt (Bild 6). Wir brauchen eine qualifizierte Redaktion, und zwar eine Redaktion, die nicht nur mit Printinhalten umgehen kann, sondern eine Redaktion, die praktisch chanelunabhängig produzieren kann. Das heißt nicht, dass jeder Redakteur bei uns zukünftig für TV produzieren muss oder dass er für das Internet produzieren muss. Es wird Redakteure geben, die nur für das eine Medium produzieren werden, und es wird Redakteure geben, die übergreifend produzieren werden. Was wir dazu benötigen und das ist absolut nicht zu unterschätzen, ist ein leistungsfähiges Redaktionssystem. Sie brauchen ein System, welches es Ihnen ermöglicht, die einzelnen Plattformen vernünftig anzusteuern. Da liegt ein Problem. Es gibt nach meinem Kenntnisstand auf der ganzen Welt keine wirklich praktikable Lösung, die es ermöglicht, diese Plattformstrategie mit einem Redaktionssystem von der Stange zu bestücken. Es gibt bislang keine ausgereiften Systeme hierfür. Es gibt einige Unternehmen, die daran arbeiten. Es gibt viele interessante Ansätze. Aber es ist ein sehr hoher Entwicklungsaufwand. Wir investieren in ein solches System. Ich hoffe, dass wir die Entwicklung bis Ende des Jahres abgeschlossen haben.

Wir brauchen einen wettbewerbsfähigen Marketingeinsatz. Wenn wir sehen, dass unsere Stärke in der Marke von TV Movie liegt, dann läßt sich das nur durch sehr hohe Werbeausgaben langfristig halten. Es ist kein Betriebsgeheimnis, dass wir bei TV Movie ungefähr einen Werbeetat von 40 Mio. Mark pro Jahr haben. Das ist eine Größenordnung mittlerer bis gehobener Markenartikler.

Das letzte, und das macht diese Plattformstrategie so interessant, ist die Crossmedia-Vermarktung. Wenn Sie unser Hauptproblem sehen, und das ist nicht nur bei uns, sondern bei allen dotcom-Firmen im Internet so gewesen, dann ist es schwer gefallen, Internetinhalte zu vermarkten. Sie haben Agenturen gehabt, die Ihnen erst einmal 50 % als Provision in Rechnung gestellt haben. Sie haben praktisch dann nur für die Kosten Ihrer Technik und für die Agentur, die die Inhalte vermarktet hat, gearbeitet. Einen boomenden Internetwerbemarkt gibt es m.E. nicht. Herr Garbner hat das vorhin auch sehr zurückhaltend kommentiert. Alle Medienagenturen tun sich da schwer, Erlöse zu erwirtschaften. Das ist momentan kein Riesenmarkt und Sie müssen dort intelligente Antworten finden. So eine intelligente Antwort würde ich Ihnen gern vorstellen.

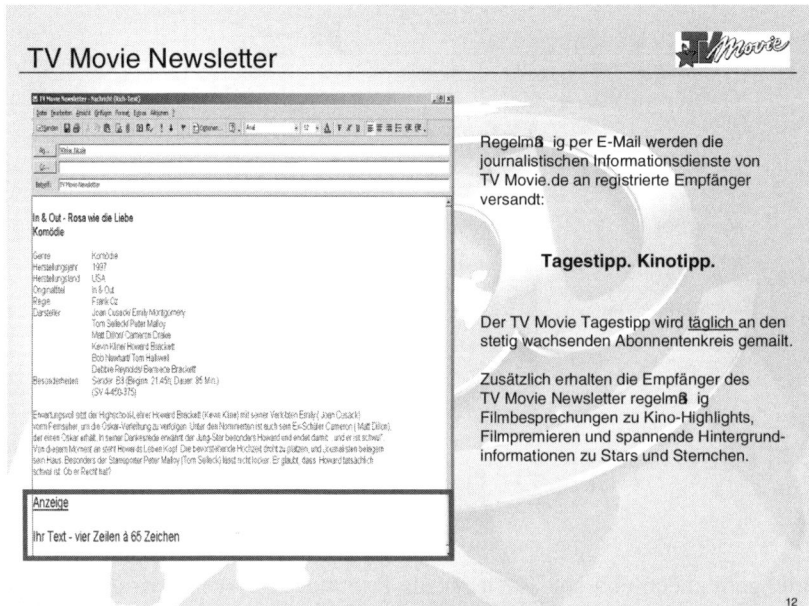

Bild 7

Wir haben für TV Movie ein Cross Media Paket entwickelt. Zu diesem Cross Media
Paket gehört eine 1/1 Seite im TV Movie Print. Dazu gehören ein Banner im TV
Movie.de, ein spezieller Banner, ein Newsletter (Bild 7). Wir haben einen WAP
Tagestipp, und wir haben weitere Applikationen wie z.B. PDAs, worauf wir unsere
Inhalte transferieren. All dieses können Sie zu einem Paketpreis erwerben (Bild 8).
Über diesen Transfer der starken Printmark und des starken Printverkaufs gelingt es
uns, Bereiche, die wie WAP oder PDA schwer zu vermarkten sind, doch noch zu
vermarkten. Unser Angebot wird von der Werbeindustrie als sehr positiv aufgenommen. Wir haben damit sehr großen Erfolg. Wenn Sie die Fachpresse verfolgen,
sehen Sie, dass momentan viele Unternehmen an ähnlichen Angeboten arbeiten.

Bild 8

Ich würde gern enden und insgesamt für die Printindustrie, wenn wir das zusammenfassend sagen, trotz aller Unkenrufe, die wir seit Anfang der 90er Jahre haben wie „Print geht unter", „Programmzeitschriften gehen unter", vielleicht ein bisschen zu Gelassenheit auffordern. Dazu habe ich Ihnen ein Zitat mitgebracht:

„Der Druck der Zeitung ist lediglich eine vorübergehende Erscheinungsform, die mit dem spezifischen Wesen der Zeitung nichts zu tun hat. Die Aussicht, dass später andere, noch vollkommenere Vervielfältigungsmethoden als der Druck erfunden werden, ist durchaus wahrscheinlich."

Sie können jetzt ein Ratespiel veranstalten, ob das Bill Gates 1991 vor seinen Vertriebsleuten gesagt hat oder ob das Zitat von unserem Forschungsminister kommt. Die Auflösung ist: Es war nicht Bill Gates, das ist sicher. Es war der Zeitungsforscher Robert Brunhuber im Jahr 1908. Sie sehen, dass die jetzigen Diskussionen nicht neu sind. Es hat sie immer wieder gegeben. Natürlich haben wir momentan dramatische Veränderungen in unserer Welt, aber trotzdem ist meine Aufforderung: Sehen Sie es gelassen. Nutzen Sie die Chancen für Print. Ich habe einen Weg vorgeführt. Unsere Plattformstrategie ist für TV Movie sicherlich ideal. Es gibt andere Möglichkeiten. Aber lassen Sie sich nicht unterkriegen von jedem Hype, UMTS, GRPS, was es alles gibt. Print wird auch in den nächsten Jahren noch funktionieren.

14 Content Security: Digitale Wasserzeichen

Dr. Eckhard Koch
MediaSec Technologies GmbH, Essen

Einleitung und Motivation

Im Zeitalter der digitalen Datenübertragung und der damit einhergehenden Möglichkeiten von Datenmanipulationen, werden Originalität und Authentizität von Informationen eine immer wichtigere Rolle spielen. Der Originalität eines Papierausdruckes wird Vertrauen entgegen gebracht, da der Papierausdruck real und greifbar ist. Eine Kopie eines Buches, lässt sich relativ leicht erkennen. Man hat in diesem Fall allein durch den optischen Vergleich eine Gewährleistung für Authentizität und Originalität. Das ändert sich sehr grundlegend, wenn man die analoge Welt verlässt und die digitale Welt betritt. Anhand der Abbildung 1 und 2 wird dies verdeutlicht:

Abbildung 1: Maggie Thatcher und George Bush senior: Variante 1

In Abbildung 1 sind George Bush senior und Maggie Thatcher dargestellt. Die überraschende Nähe und Innigkeit beider Personen regt zu Spekulationen an. Man fragt sich: „Ist das echt? Ist das eine Fotomontage? Haben die beiden sich wirklich so gut verstanden oder nicht? Wer hat dieses Foto geschossen?" Zudem hat ein solches Foto einen gewissen Wert und ist das künstlerische Eigentum eines Fotografen.

Abbildung 2: Maggie Thatcher und George Bush senior: Variante 2

Das eigentliche Originalfoto ist in Abbildung 2 dargestellt und gibt die Antworten zu den obigen Fragen. Offensichtlich wurde Abbildung 1 manipuliert. Die Möglichkeiten der Manipulation sind vielseitig und für den Betrachter nicht zu erkennen. Die Auswirkungen können frappierend sein. Ein Journalist, der sich auf Abbildung 1 verlassen hätte, hätte seinen Kommentar dazu höchstwahrscheinlich in der nächsten Ausgabe widerrufen müssen. Dies ist nur ein Beispiel, welches die komplexe Problematik um Authentizität und Echtheit von Informationen verdeutlicht.

Weitere Beispiele finden sich im Internet. Heutzutage gehören „gehackte" Web Seiten schon zu den Alltagserscheinungen im Internet. Diese Art von Informationsfälschung wird in gewissen Kreisen als Sport angesehen. Viele namhafte Firmen waren schon einmal Opfer derartiger Angriffe. Teilweise regen die Ergebnisse durchaus zum Schmunzeln an, wenn beispielsweise aus dem „White House" ein „Whore House" wird. Oftmals sind diese Späße jedoch von zweifelhaften Geschmack, wie die Angriffe auf Web Seiten von Airlines, in die abstürzende Flugzeuge „gehackt" wurden. Auffallende Manipulationen dieser Art können schnell als solche enttarnt und behoben werden. Ungleich gefährlicher sind kleine, unauffällige Veränderungen, die erheblichen Schaden anrichten können. Wird beispielsweise das Datum einer Veranstaltung, die per Internet angekündigt wird, um einen Monat „verschoben" oder werden Sicherheitsanweisungen in einer Produktbeschreibung verfälscht, kann es durchaus eine Zeit dauern, bis der Angriff bemerkt und behoben wird. Während dieser Zeit kann ein hoher Imageverlust und Schaden für das entsprechende Unternehmen entstehen. Diese Gefahr sollte ernstgenommen und eingeschränkt werden.

Ebenso wie Web Seiten, wird auch Software oft Gegenstand von Angriffen. Ein aktuelles Beispiel, ist der Angriff auf das Softwareprodukt Adobe EBook. Die Software EBook stellt im unter anderem eine Sicherheitsfunktionalität für PDF-Dokumente bereit. Die PDF-Dokumente werden verschlüsselt und signiert, so dass diese nicht beliebig weiter vertrieben werden können. Im Juli diesen Jahres wurde von Herrn Skylarov von der Firma ElcomSoft aus Russland, anlässlich eines Vortrages in Las Vegas, eine Software angeboten, die das Ebook System „hacken" konnte. Diese Software konnte über das Internet für $ 90 bezogen werden und enthielt eine Anleitung, wie die Sicherheitsfunktionen von Ebook zu umgehen waren. Letztendlich hatte dieser Vorfall zur Konsequenz, dass Herr Skylarov kurzfristig aufgrund des „Digital Millennium Copyright Acts" verhaftet wurde. Die Software musste aus dem Internet genommen werden und der Webserver zum Softwaredownload eingestellt. Dieses Beispiel verdeutlicht eindrucksvoll, wie leicht die Sicherheitsfunktionen eines renommierten Unternehmens wie Adobe, von Einzelpersonen unterwandert werden können. Es zeigt zudem, dass das Zerstören von Schutzmaßnahmen gegen Urheberrechtsverletzungen strafbar ist und geahndet wird.

Bedeutung von Content Security

Content Security ist ein weitreichender Begriff. Mit Content Security kann die Identifikation und Abschirmung von „bösem" Content wie Viren, Würmern oder Spam-Mails gemeint sein; es kann eine Beschränkung von Zugriffsrechten für Mitarbeiter bedeuten oder es kann die Klassifizierung von unternehmensinternen Dokumenten in unterschiedliche Sicherheits- bzw. Vertraulichkeitsstufen beinhalten. Ebenso ist die sichere Kontrolle und Steuerung des Dokumentenflusses sein. Das Thema ist weit gefasste und zudem hoch aktuell. Letztendlich umfasst es auch den Schutz von geistigen Eigentum und ähnlichen Rechten, sei es von Unternehmen, Behörden oder Einzelpersonen.

Analysen der Firma IDC zum Thema Content Security geben Aufschluss über das Marktpotential und die Marktentwicklung in diesem Bereich (IDC Content Security 2000). Für die nächsten vier, fünf Jahre wird ein starkes Wachstum vorausgesagt, welches sogar das Wachstum in den Bereichen des Virenschutz und Internet-Sicherheit übertrifft. Die Abbildung 4 verdeutlicht die vom IDC in 2000 erhobenen Daten und prognostiziert ein erhebliches Wachstum. Bis zum Jahre 2004 wird es demnach ein Marktvolumen von knapp 1 Mrd. US Dollar pro Jahr für Content Security geben.

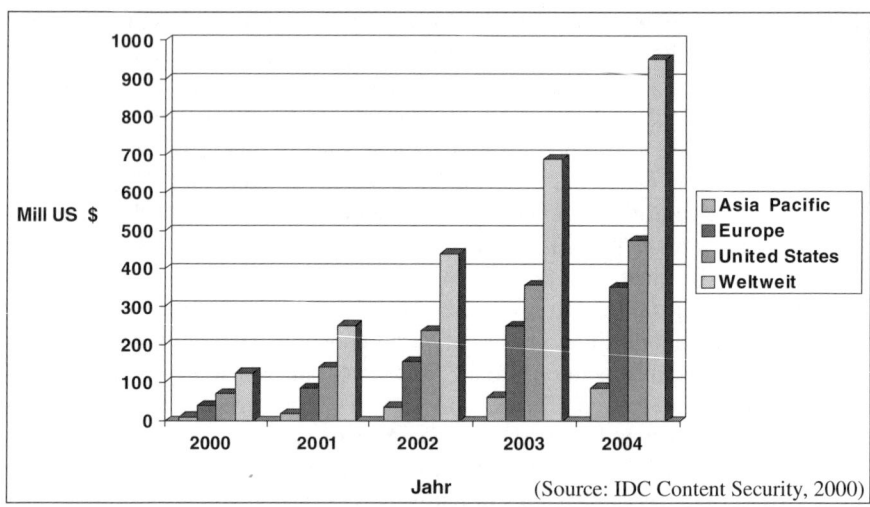

Abbildung 3: Weltweiter Markt für Content Security in Mill. US$ für die Jahre 2000–2004

Schutz von digitalen Daten und Dokumente

So viele Vorteile durch die Digitalisierung von Daten erreicht wurden und zukünftig noch erreicht werden, so viele Gefahren birgt die Digitalisierung auch. Die Digitalisierung von Daten (Content) ermöglicht einen einfachen Zugriff auf Informationen. Das Kopieren ist sehr leicht, es ist sehr billig. Jede Kopie ist identisch mit dem Original. Jede Kopie ist ein Original. Dadurch entstehen natürlich auch Probleme bei der Durchsetzung von Urheber- und Lizenzrechten. Entsprechend schließt sich die Frage nach der Echtheit und der Authentizität von digitalen Daten an.

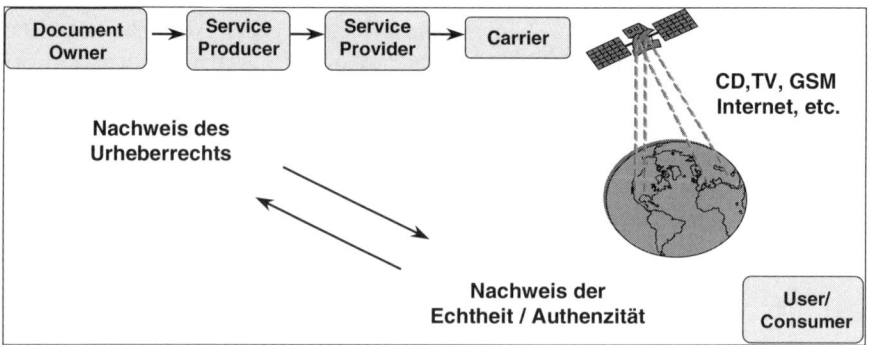

Abbildung 4: Verteilungswege von multimedialen Inhalten

Abbildung 4 verdeutlich den Prozess der digitales Distribution von Dokumenten. Die Distributionskette beschreibt die diversen Stationen angefangen vom Urheber, bzw. Besitzer der Daten, der einen finanziellen Anspruch gegenüber dem Empfänger hat, über Service Producer und Service Provider bis hin zum Carrier, der dann über ein Netzwerk oder sonstiges Kommunikationsmedium (z.B. CDs, TV, GSM oder Internet) die Daten zum Verbraucher bzw. Konsumenten bringt. Der Empfänger steht nun vor der Frage ob die empfangenen Dokumente authentisch und integer sind.

Um diese Frage im ersten Ansatz zu klären, gibt es unterschiedlichste Sicherheitsverfahren. Man bedient sich der Verschlüsselung, Hashfunktionen oder der digitalen Signatur, die inzwischen der handschriftlichen Signatur gesetzlich gleichgestellt wurde. Diese Sicherheitsverfahren können auf verschiedenen Ebenen eingesetzt werden, um digitale Daten und Dokument zu schützen. Die verschiedenen Schutzebenen (Netzwerk-, Anwendungs- und Daten-Ebene) sind in Abbildung 5 dargestellt. Die unterste Ebene zum Schutz von Daten ist die Netzwerk-Ebene. Dabei wird die Kommunikation zwischen einem Datenserver und einem Zugangsrechner auf der Netzwerkebene durch Anwendung von Sicherheitsverfahren geschützt, so dass kein Unberechtigter zu diesen Informationen Zugang erhält.

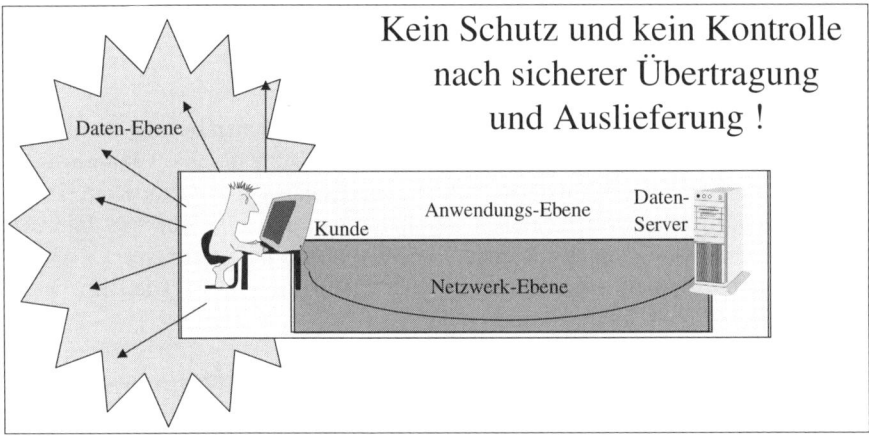

Abbildung 5: Verschiedene Sicherheitsebenen zum Schutz von Daten

Ein weiterer Ansatzpunkt zur Schaffung von Sicherheit besteht auf der Anwendungsebene. Sicherheitssoftware (wie zum Beispiel PGP) ermöglicht die vertrauliche und verbindliche Übertragung von Emails, beliebigen Daten und Anwendungen. All diese Schutzfunktionen sind jedoch sofort aufgehoben, sobald der berechtigte Empfänger über ein Dokument verfügen. Dann kann er dieses beliebig verändern oder auch weiter verteilen. Dies ist ein Schwachpunkt vieler Sicherheitssystems, die zwar einerseits gewährleisten, dass vertraulichen Informationen nur an berechtigte Person weitergeleitet werden, aber anderseits nicht kontrollieren und steuern können, wie die berechtigten Personen mit diesen Informationen weiter verfahren. Es stellt sich die Frage, ob und wie man auch dafür Vorkehrungen treffen kann und wie sich nachweisen lässt, wer was mit welchen Informationen getan hat.

Wie also kann man kontrollieren, was der Empfänger mit seinem Daten tut? Möchte oder sollte man dies überhaupt kontrollieren? Wie kann man ein Kopieren der Daten verhindern? Kopierschutz (Copy Protection) und Urheberrechtsschutz (Copyright Protection) sind in der englischen Sprache zwei wortverwandte Begriffe, die jedoch sehr unterschiedliche Vorgänge beschreiben. Der Kopierschutz beschreibt das Verhindern des physikalischen Vorgangs der Vervielfältigung von Daten, während der Copyrightschutz die Urheberrechte und verwandte Rechte betrachtet. Die Urheber-, die Eigentums- und die Lizenzrechte will ein Anbieter von digitalen Daten gewährleistet wissen, bevor er seine Daten überhaupt zur Distribution freigibt. Wie aber kann man Eigentums- und Lizenzrechte nachweisen? Beim Ausdrucken oder Einscannen von Dokumenten, d.h. beim Medienübergang von digital nach analog, gehen Sicherheitsfunktionen normalerweise verloren. Wie können Wasserzeichen helfen Sicherheitsfunktionen auch beim Medienübergang zu bewahren? Bei all diesen Fragen und Problemen können digitale Wasserzeichen eine Antwort geben.

Digitale Wasserzeichen: zeitliche Entwicklung

Die Entwicklung von Technologien für digitale Wasserzeichen begann Anfang der 90er Jahre im Forschungs- und Entwicklungsbereich. Mitte der 90-er Jahre wurden die ersten Start-Up Unternehmen, so z.B. Digimarc und MediaSec zur Kommerzialisierung von digitalen Wasserzeichen gegründet. Es folgte eine stärkeres Interesse und Beteiligung von Großunternehmen. Ende der 90-er Jahr begannen erste Aktivitäten zu den Themen Benchmarking und Standardisierung. Die historische Entwicklung ist in Abbildung 6 dargestellt:

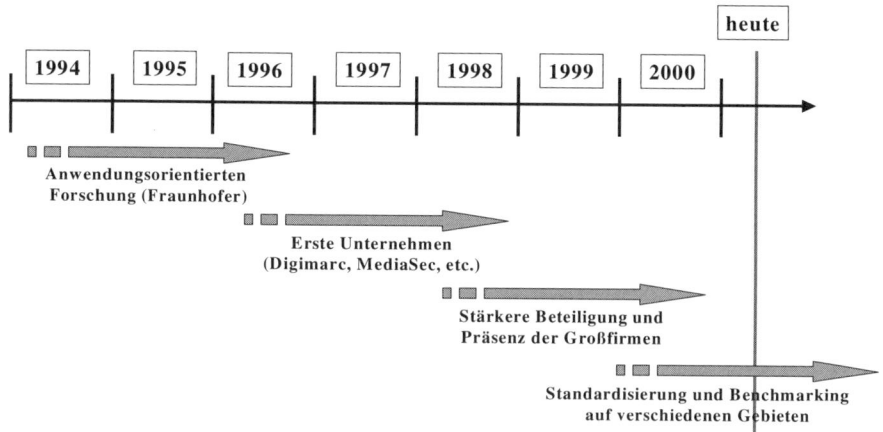

Abbildung 6: Zeitliche Entwicklung digitaler Wasserzeichen

Digitale Wasserzeichen: Überblick und Funktionsweise

Durch Digitale Wasserzeichen, d.h. durch eine Markierung von digitalen Daten, ist es möglich, schützenswerte multimediale Dokumente (Bilder, Video, Audio, 3-D Graphiken, strukturierten Text) mit relevanten Informationen über den Urheber, Rechteinhaber, Kunden, Identifikationsnummer, Klassifikation etc. eindeutig zu kennzeichnen.

Das digitales Wasserzeichen zeichnet sich durch Sicherheit, Robustheit und Nicht-Wahrnehmbarkeit aus. Sicherheit ist dadurch gegeben, dass ohne Kenntnis eines Schlüssels die Markierung nicht gelesen oder gezielt verändert werden kann; die Robustheit der Markierung ist dadurch charakterisiert, dass die Markierung trotz Weiterverarbeitung der Daten z.B. durch Datenkompression, Analog/Digital-Konvertierung (Drucken/Scannen), Ausschneiden von Bildbereichen, Formatkonvertierung, etc. erhalten bleibt, sofern dadurch die Qualität der Daten nicht ernsthaft verschlechtert wird; zudem ist die Markierung weder durch statistische Analysen rekonstruierbar noch für den Mensch wahrnehmbar (sichtbar, hörbar).

Das in die originalen Daten eingebrachte digitale Wasserzeichen kann zur eindeutigen Identifikation und Klassifikation der Werke selbst, sowie der Identifikation des Eigentümers und Urhebers verwendet werden. Durch Einbringung von kundenspezifischen Informationen kann die Markierung bei illegaler Verbreitung von Daten zur Rückverfolgung des Distributionskanals herangezogen werden. Durch die Robustheit des Wasserzeichens gegenüber dem Ausdrucken und anschließendem Einscannen eines Bildes, kann das Verfahren zum Nachweis der Echtheit von Papier-Dokumenten (Personalausweise, Schecks, Geldscheine, SmartCards) verwendet werden und trägt damit zur Erhöhung der Fälschungssicherheit bei. In dem Text in Abbildung 7 steckt eine solchen Zusatzinformation quasi als digitales Wasserzeichen integriert: Liest man den ersten Buchstaben jeder Zeile nacheinander, so ergibt sich die Zahl „42". Das ist ein Beispiel für ein digitales Wasserzeichen, welches auf dem Prinzip der Steganographie basiert.

```
Zur Lage dieser Nation
weiß ich nichts zu sagen,
ebenso zu anderen Dingen.
Ich denke aber ständig,
unter diesen Umständen
nicht nur an solche
Dinge, die mir in so
vielen dummen Fragen
irgendwann und irgendwo
einmal begegnet sind.
Redet deshalb immer
zum Besten über mich.
Irgendwann werdet ihr
gewinnen.
```

Abbildung 7: Beispiel für Steganographie

Die Grundidee der Wasserzeichenverfahren besteht darin, relevante Informationen über den Urheber, Eigentümer, Lizenzrechte, Käufer, Identifikationsnummer, etc. direkt in die multimedialen Daten zu integrieren, so dass diese Information nur mit Hilfe einer Zusatzinformation, d.h. eines geheimen Schlüssels rekonstruierbar und ansonsten nicht wahrnehmbar ist. Das multimediale Dokument (Bild, Video, Audio, ...) selbst dient dabei als Trägermedium für die Kennungsinformation (Markierung). Bei Bildern, Video und Audio begünstigt die hohe Redundanz der Trägermedien das Einbringen von nicht sichtbaren bzw. nicht hörbaren Markierungen. Dies Markierung wird in die originalen Daten eingebettet, als ob diese Information ein zusätzliches ‚*Rauschen*' darstellt.

Die Prinzip der digitalen Wasserzeichen ist in Abbildung 8 dargestellt. Die gewünschte Information – das digitale Wasserzeichen – wird in einen Strom von Bits kodiert und kann als zusätzliche Sicherheitsmaßnahme verschlüsselt werden. Der resultierende Bitstrom wird anschließend in das Datenmaterial integriert.

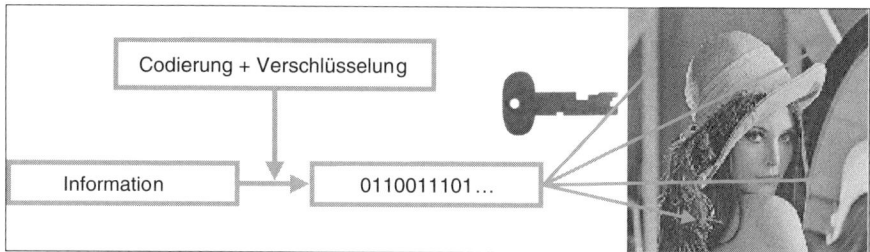

Abbildung 8: Grundidee eines digitalen Wasserzeichens

Das generelle Schema zur Markierung von multimedialen Daten wird in Abbildung 9 illustriert. In dem ersten Schritt wird mittels eines geheimen Schlüssels und bestimmten charakteristischen Merkmalen des multimedialen Dokumentes eine Folge von Positionen generiert. Die generierten Positionen können sich auf die unterschiedlichsten Komponenten eines Dokumentes beziehen; bei einem Bild oder Video können dies beispielsweise einzelne Pixel, Blöcke von Pixeln, einzelne Frequenzen, oder Frequenzbänder sein; bei Audio-Daten können es definierte Sequenzen, Frequenzen oder Frequenzbereiche sein

Diese Positionen werden in dem zweiten Schritt zur Integration der Markierungs-information herangezogen. Das Integrationsverfahren unterscheidet sich für die verschiedenen Medientypen (Bild, Video, Audio, etc.). Das Lesen der Informa-tionen (digitalen Wasserzeichen) aus den multimedialen Daten erfolgt ebenso in 2 Schritten entsprechend dem Schreiben.

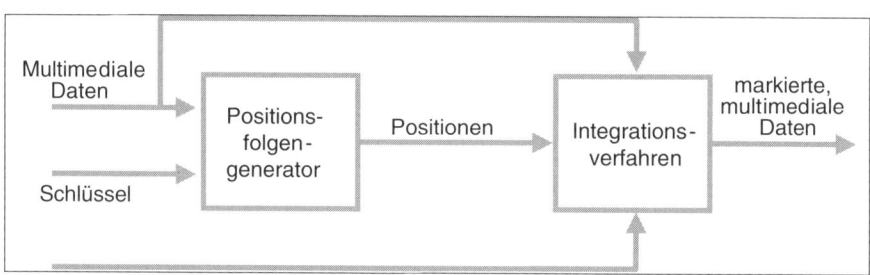

Abbildung 9: Schema zur Markierung multimedialer Daten

Anforderungen an digitale Wasserzeichen

Je nach Art des Einsatzgebietes und Anwendungsumfeldes der digitalen Wasserzei-chen bestehen unterschiedliche Anforderungen hinsichtlich der Robustheit, Nicht-Wahrnehmbarkeit und der Kapazität (Datenvolumen) des Wasserzeichens. Diese drei Parameter lassen sich nicht gleichzeitig beliebig optimieren, da sie in einer Art Gleichgewicht stehen. Das lässt sich wie in Abbildung 10 sehr anschaulich durch einen Quader festen Volumens und mit den oben genannten Parametern als Achsen darstellen. Möchte man die Nicht-Wahrnehmbarkeit des Wasserzeichens erhöhen, so verringert sich automatisch ein anderen Parameter; im dargestellten Fall ist die Robustheit des Wasserzeichens.

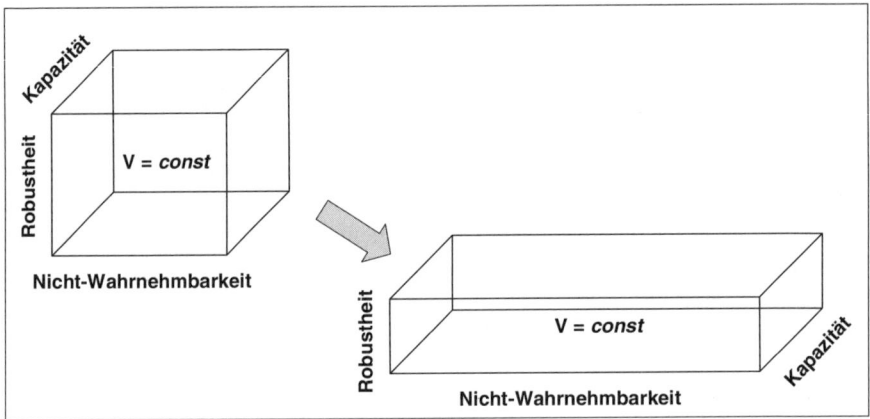

Abbildung 10: Parameter zur Anpassung an Anwendungen und Einsatzgebiete

Hinsichtlich der Robustheit von Wasserzeichen gibt es eine Vielzahl von möglichen Anforderungen. Qualitativ hochwertige Wasserzeichen sind zum Beispiel bei Bildern gegen folgende Veränderungen und Verarbeitungsschritte robust:

- Kompression der digitalen Daten
- Ausdrucken und Einscannen von Dokumenten (Medienübergang)
- Herausschneiden von Bildausschnitten
- Farbänderungen, Umwandlung in Grauwertbild
- Vergrößern und Verkleinern eines Bildes (Skalierung)
- Rotation und Verzerrung

In Abbildung 11 ist die Robustheit des Wasserzeichens gegenüber dem Herausschneiden von Bildausschnitten dargestellt. Das Wasserzeichen, welches in das volle Bild (links) eingebracht wurde, lässt sich auch noch aus dem kleinen Bildausschnitt (rechts) vollständig herauslesen.

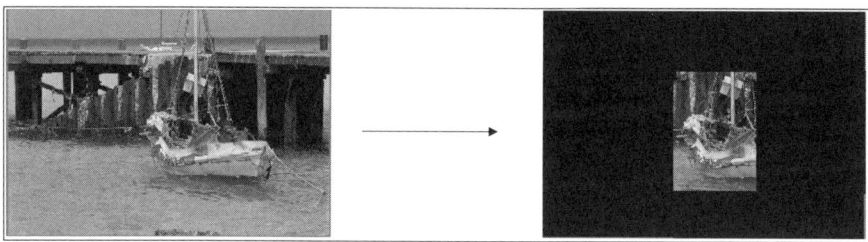

Abbildung 11: Beispiel für Robustheit bei Reduktion auf Bildausschnitt

Einatzgebiete digitaler Wasserzeichen

Mit den oben beschriebenen Eigenschaften können digitale Wasserzeichen sehr vielseitig eingesetzt werden. Durch Markierung mit entsprechend unterschiedlichen Informationen können unterschiedliche Einsatzgebiete erschlossen werden.

Im Bereich des Urheberrechtsschutzes benötigt man die Informationen über die Eigentumsrechte. Wer hat das Dokument zu welcher Zeit erstellt? Wem stehen eventuelle Lizenzeinnahmen zu?

Im Anwendungsbereich der Dokumentenechtheit werden Sicherheitsinformationen (Prüfsummen, Zeitstempel, etc) in das jeweilige Dokument eingebracht; damit lässt sich später sowohl an Hand des digitalen Dokumentes als auch an Hand des Papierausdrucks festzustellen, ob das Dokument authentisch und echt ist.

In den Anwendungsfeldern Zugriffschutz, Kopierschutz und Verwendungskontrolle lässt sich durch Einbringen von Zugriffs- und Verwendungsinformationen als Wasserzeichen festlegen, was mit jedem einzelnen Dokument getan werden darf. In Zusammenarbeit und Interaktion mit einem Lesegerät (Hardware oder Software) kann dann die weitere Verwendung des Dokumentes gemäss der Vorgabe des Wasserzeichens bestimmt und umgesetzt werden. Damit ist es möglich den Dokumentenfluss innerhalb eines Unternehmens oder einer Organisation steuern.

Somit lässt sich feststellen, dass in den oben genannten Anwendungsbereichen durch den Einsatz von digitalen Wasserzeichen eine höhere Sicherheit gewonnen werden kann, die weit über das hinausgeht, was mit traditionellen Sicherheitsverfahren wie Verschlüsselung, Hashfunktionen und digitalen Signaturen bislang erzielt wird. Die Möglichkeit Sicherheitsmerkmale sowohl in digitaler Dokumenten als auch in analoger Papierform verifizieren zu können, wird durch digitale Wasserzeichen überhaupt erst geschaffen.

Zusammenfassung

Als eine Folge der zunehmenden Verbreitung und Wichtigkeit von digitalen Informationen und Inhalten wird in Zukunft den technologischen Lösungen zum Schutz der Inhalte eine wirklich entscheidende Rolle zukommen. Gemäß einer Studie von IDC zum Thema „content security" übersteigt die jährliche Wachstumsrate des Content-Security-Marktes das Wachstum anderer Sicherheitsbereiche um ein Vielfaches.

Diese Entwicklungen und Sicherheitsanforderungen werden auch die Zukunft und die Bedeutung der Printmedien stark beeinflussen. Die Gewährleistung und der Nachweis der Echtheit von gedruckten Dokumenten aller Art, bildet seit Jahrhunderten eine grundlegende Basis für das private, politische und wirtschaftliche Zusammenleben in der menschlichen Gesellschaft. In der papiergebundenen Welt wird die Echtheit eines Dokumentes durch ein Siegel, einen Stempel, eine Unterschrift oder ein herkömmliches Wasserzeichen bescheinigt. In der digitalen Welt kann diese Echtheit durch ein entsprechendes digitales Pendant wie eine digitale Signatur oder ein digitales Wasserzeichen übernommen werden. Neben dem Nachweis der Echtheit gewinnt in der digitalen Welt die Frage der Originalität und der Urheberschaft bzw. des Urheberrechtes eine ganz besondere Bedeutung, da hier jedes Original völlig identisch mit der Kopie ist.

Auch im Bereich der Printmedien ist davon auszugehen, dass der Übergang vom analogen zum digitalen Medium fließend erfolgt und eine lange Zeit – wenn nicht sogar für immer – eine Koexistenz der digitalen und analogen Repräsentationen bestehen wird. Insofern stellt sich hier die Frage, inwieweit Sicherheitsfunktionalitäten bei diesem Medienübergang ihre Wirkung verlieren. Die Vergangenheit hat mehrfach gezeigt, dass der Ideenreichtum und die Kreativität einzelner Personen ausgereicht hat, um Sicherheitsvorkehrungen zu unterwandern. Dies wurde durch Dmitry Sklyarov bestätigt, der kürzlich das Sicherheitsverfahren des Adobe eBooks durchbrach.

Dennoch ist es sinnvoll und notwendig, verschiedene Sicherheitstechniken zum Schutz von Dokumenten einzusetzen. Absolute Sicherheit existierte auch in der Papierwelt nicht. Durch Einsatz von Technologien wie digitalen Wasserzeichen und Signaturen lässt sich das Restrisiko auf ein akzeptables Maß reduzieren. Denn ohne rechtliche und technische Vorkehrungen zum Schutz von Inhalten, wird die Zukunft der Printmedien sowohl für die Anbieter als auch für die Konsumenten von Informationen von zu vielen Unsicherheiten und Unwägbarkeiten begleitet sein.

15 Die Transformation des Buchs

Florian Rötzer
Telepolis, München

Als eine Art Kalauer hört man gelegentlich, dass gedruckte Bücher neben ihrer für Menschen zwingenden „Sinnlichkeit" deswegen überleben werden, weil man sie überall mitnehmen könne. Wer würde schon ins Bett, an den Strand oder bei Reisen ein digitales Lesegerät mitnehmen? So das gedruckte Buch retten zu wollen, ist natürlich Unsinn. Gedruckte Bücher werden sicher überleben, die wichtigere Frage allerdings wird sein, ob sie eine wichtige Nische in der Konkurrenz mit anderen Medien und das Lesen eine wichtige Kulturtechnik im Verhältnis zu anderen bleiben werden. Noch entscheidender dürfte aber sein, welche Inhalte zwischen den Buchdeckeln zu finden sein werden und was man damit machen kann.

Bislang sehen die Experimente mit digitalen Büchern trotz mancher angeblicher Erfolge noch eher mager aus. Stephen King hatte beispielsweise kurzfristig letztes Jahr für Unruhe gesorgt, als er einzelne Kapitel seines Buchs „The Plant" im Internet auf seiner Website unter Umgehung eines Verlags zum Herunterladen anbot und die Interessierten aufforderte, dafür freiwillig etwas zu bezahlen. Bedingung für die Veröffentlichung des jeweils nächsten Kapitels war, dass ihm mindestens 75 Prozent der Leser für das zuvor heruntergeladene 1 Dollar gezahlt haben: „Ihr versprecht für jedes Runterladen einen Dollar zu zahlen und keine Kopien an eure Freunde zu verkaufen", forderte King. „Versprecht es, denn es wäre unfair, anders zu handeln. Mein Copyright ist das einzige, was ich habe."

Nach anfänglichen Erfolgen – das erste Kapitel bezahlten noch um die 120000 Leser – sank die Zahl der Leser, die sich das fünfte Kapitel heruntergeladen hatten, auf 40000, wovon weniger als Hälfte noch die geforderte Summe zahlten. Davor war schon eine für viele ärgerliche Entscheidung des Autors gekommen, den Preis pro Kapitel auf zwei Dollar anzuheben. Für die fünf bislang erschienenen Kapitel mussten die ehrlichen Leser 6 Dollar zahlen. An sich hatte King versprochen, dass das gesamte Buch nicht mehr als 13 Dollar kosten werde. Das 6. Kapitel, das angeblich einen natürlichen Abschluss darstelle, hatte er den Lesern noch geschenkt. Dann war Schluss, mittlerweile sind auch die zunächst online veröffentlichten Texte von der Website verschwunden. Trotzdem soll er um die eine Million Dollar damit verdient haben.

Schwierig sei, meinte King nachträglich zur Rechtfertigung des Scheiterns, dass die Internetnutzer die „Aufmerksamkeitsspanne von Heuschrecken" hätten. Überdies hätten sie die Erwartung ausgebildet, dass alles, was im Netz ist, kostenlos sein müsse. Und dann würden sie eben elektronische Bücher nicht als Bücher ansehen. Das betrifft die, für die The Plant im Internet uninteressant gewesen sei: „Dutzende Menschen sagten zu mir, sie könnten nicht erwarten, die Geschichte zu lesen ... wenn sie in Buchform erscheint. Sie gehen entweder nicht ins Web, machen dort nichts anderes als Email oder denken einfach nicht daran, online zu lesen, selbst wenn sie die Lektüre in der Privatheit ihrer Heime als wirklich Gedrucktes ausgedruckt haben." Daher habe The Plant nur den Erfolg als Buch angekratzt, ist sich King sicher. Online-Veröffentlichungen und Bücher seien zwei Märkte, die sich kaum überschneiden. King vergleicht die Online-Publikation mit Vorabdrucken von Büchern in der Presse, auch wenn die Einkünfte bereits ein Vielfaches erzielen würden.

In der Tat ist es so, dass die Menschen, wahrscheinlich nicht alleine aufgrund der schlechteren Qualität, lange Texte nicht auf dem Bildschirm lesen. Normalerweise werden sie ausgedruckt. Das stellt aber auch nur bei kürzeren Texten wie Nachrichten oder Artikeln eine wirkliche Option dar. Ein Buch von ein paar hundert Seiten wird man nur ausdrucken, wenn es nicht anders geht, zumal dies oft auch nicht billiger kommt, als sich ein gedrucktes Buch oder ein Book on demand zu kaufen, auch wenn man dann möglicherweise ein paar Tage warten muss, bis man es lesen kann. Ausgedruckt hat man lose Blätter: keine wirkliche Gefahr für Bücher. Konkurrenz besteht andererseits hinsichtlich bestimmter Buchformen und ganz allgemein für Zeitschriften, zumal elektronische Veröffentlichungen die Möglichkeit mit sich bringen, zusätzliches Material wie große Datenmengen, Bilder, Videos oder Audiosequenzen mit anzubieten. Beispiel ist die Veröffentlichung eines sequenzierten Genoms mit einem relativ kurzen Text und einer gewaltigen Menge an Daten. Das trifft auch auf Lexika oder Kataloge zu, also auf alle Angebote mit kurzen Texten, die durch zusätzliche Daten erweitert und aktualisiert werden können.

Bislang zumindest ist also das Leseverhalten bei Texten auf Bildschirmen eher davon geprägt, kurz einen Überblick über sie gewinnen zu wollen, sie „abzuscannen", und sie dann, wenn man sie intensiver lesen will, auszudrucken oder in Printform zu beschaffen. Möglicherweise aber muss nur die Darstellung von Schrift auf den Bildschirmen sowie das Blättern und Bearbeiten buchrealistischer werden, um dieses Verhalten zu verändern. Andererseits scheint aber insgesamt allmählich das Lesen von Büchern, also von langen Texten, zurückzugehen. Es sinkt nicht nur allgemein die Zahl derjenigen, die Bücher lesen, sondern auch die in einem Jahr gelesenen Bücher. Dabei steht allerdings weniger das Internet in Konkurrenz zum Buch. Zumindest was die Lektüre von Sachbüchern angeht, lesen die Internetbenutzer, allerdings meist noch höheren gesellschaftlichen Schichten angehörend, weitaus mehr und häufiger Bücher als die Online-Verweigerer. Angeblich soll auch die Zahl der funktionellen Analphabeten oder der Aliteralen steigen. Aliteralität nennt beispielsweise der amerikanische Kommunikationswissenschaftler Philip Thompsen die angeblich zunehmende Menge an Schülern und Studenten, die zwar im Prinzip das Lesen gelernt haben und es auch beherrschen, aber kein Interesse mehr daran haben. Die Kulturtechnik Lesen ist möglicherweise eine Art von Tätigkeit, die Kompetenzen verlangt, die von den Menschen, gewohnt an digitale und elektronische Medien, zunehmend als Zwänge erlebt werden. Beispielsweise für die Aufrechterhaltung der Aufmerksamkeit beim Überfliegen der visuell monotonen Zeilen, während man selbst passiv bleibt und die Umwelt abschatten muss. Die Abkehr vom Lesen und von der Rezeption von Texten, die womöglich komplexe Sachverhalte nicht kurz und prägnant, möglichst ohne Nebensätze und beschränkt auf das Notwendigste, verlustfrei darzustellen vermögen, mag zusammen mit der Mutation der Aufmerksamkeit langfristig für eine auf Wissenschaft und Technik basierende Kultur gefährlich sein. Aber das ist eine Frage, die hier zu weit führen würde.

Welche Zukunft das gedruckte Buch angesichts seiner digitalen Konkurrenten oder Erben haben wird, ist schon alleine deswegen schwierig zu sagen, weil mit dem Übertritt von der Gutenberg- in die Turing-Galaxy Medien ihre Konturen verlieren. Digitale Daten können beliebig dargestellt werden, während die Medien konvergieren, Buch, Fotografie, Video, Film, Musik etc. zu einem multimedialen „Gesamtkunstwerk" zusammen gehen. Gedruckte Bücher bestehen aus fixierten Texten und Einzelbildern, die in linearer Folge angeordnet sind. Im digitalen Medium können mit Internetzugang nicht nur alle Inhalte prinzipiell fortwährend aktualisiert und verändert werden, sondern ist der Text neben Bildern, Videosequenzen, Tondateien und allen anderen möglichen Darstellungen von Daten, die u.a. auch den Eintritt in eine virtuelle 3-D-Realität ermöglichen können, nur eine mögliche Darstellungsweise.

Diese Möglichkeiten sind nicht mehr wirklich unter dem Begriff des Buchs zu fassen, überdies können sich aus ihnen ganz neue Darstellungsformen entwickeln. Die Literatur, versteht man darunter allgemein eine Kunst- und Unterhaltungsform, des digitalen Zeitalters ist natürlich keineswegs, wie man in Frühzeiten vor ein paar Jahren noch glaubte, der Hypertext, ob nun multimedial oder nicht, sondern das Computerspiel. Hier kommt die digitale Technik zu sich, sprengt die bislang übliche Beobachterperspektive auf, lässt den früheren distanzierten Voyeur, der, so nah ihm das inszenierte Geschehen auch immer gehen mochte, immer draußen bleiben musste, in das Geschehen eintreten und im virtuellen Raum handeln. Genau dies macht die Faszination aus, auch wenn man am Spiel nur mit einem Avatar teilnimmt. Das Computerspiel, Paradigma für die neue, multimediale, interaktive und immersive Kunst- und Unterhaltungsform, verlangt ganz neue Präsentations- und Darstellungsformen einer Partizipationsästhetik, die sich natürlich auch von der reinen Textdarstellung unterscheidet. Schon Jean Paul merkte vor 200 Jahren an, Bücherlesen bedeute, 2in einer geistreichen Gesellschaft zu sein, wo man nur zuhört und nichts beiträgt zur Unterhaltung. Das mag dann unbefriedigend werden, wenn es auch anders geht.

Digitale Bücher, wie sie heute angeboten werden, sind meist herkömmliche Texte, die digital angeboten und entweder auf Computern oder eigenen Lesegeräten gespeichert und gelesen werden können. Allerdings sollte man nicht davon ausgehen, dass digitale Bücher, auch wenn sie nur Texte und Bilder anbieten, schlicht ein Ersatz für das gedruckte Buch sind. Beispielsweise können auch auf Lesegeräten für eBooks nicht nur mehrere Bücher gleichzeitig gespeichert werden, sondern es lassen sich darauf auch Zeitschriftenartikel herunterladen, speichern und lesen. Vermutlich werden Lesegeräte der Zukunft weniger der Vorstellung eines Buchs entsprechen als der einer ständig wachsenden Bibliothek, die man mit sich führen kann, jederzeit über das Internet aktualisieren und durchsuchen kann. Eine der entscheidenden Fragen wird hier wie in vielen anderen Bereichen sein, ob die Leser sich eBooks kaufen und auf ihren Festplatten speichern oder ob sie mit Geräten und durch bestimmte Gebühren sich einen Zugang zu einer Bibliothek über das Internet erwerben, die natürlich personalisiert sein kann.

Ob sich eigene Lesegeräte für digitale Bücher auf die Dauer durchsetzen können und nicht nur eine vorübergehende Welle sind, muss natürlich abgewartet werden. Gleichwohl kann man davon ausgehen, dass Lesegeräte sich nur dann halten können werden, wenn ihre Möglichkeiten nicht so beschränkt wie derzeit sind, sondern sie zu tragbaren Computern in Buchgröße mutieren, also letztlich von diesen ununterscheidbar werden. Software wie der eBook Reader von Adobe oder der Microsoft Reader haben daher größere Chancen zu überleben. Die auf besondere Hardware und Software ausgerichteten digitalen Bücher haben aber den großen Nachteil, dass die Möglichkeiten ihrer Darstellung und Bearbeitung willkürlich eingeschränkt sind. Ein Hauptgrund dafür ist der Copyrightschutz, der für die Käufer aber sicher nicht im Vordergrund stehen dürfte.

Der Kampf um das elektronische Buch hat bereits zum ersten Showdown geführt, der auf die Zukunft vorweisen könnte. Noch ist das elektronische Buch in keiner Weise eine Konkurrenz zum gedruckten Buch, auch wenn im Überschwang des Internetbooms manche glaubten, dass die digitalen Spielarten des Buchs schnell das herkömmlich gedruckte Buch veralten lassen würden. Im letzten Juli wurde der russische Programmierer Dimitri Sklyarov während einer Tagung in Las Vegas vom FBI festgenommen und der Copyrightverletzung aufgrund des Digital Millennium

Copyright Act beschuldigt. Dieses 1998 in Kraft getretene Gesetz macht es nicht nur illegal, Software oder Hardware herzustellen oder anzubieten, mit der sich ein technischer Kopierschutz umgehen lässt, sondern strafbar ist auch bereits, solche Geräte oder Programme zu benutzen.

Sklyarov, Experte für die Sicherheit von eBooks, ist Mitarbeiter der russischen Software-Firma ElcomSoft, die gezeigt haben, dass die Verschlüsselung von PDF-Dateien von Adobe Acrobat für den eBook-Reader Sicherheitslücken aufweist. Die Firma verbreitete ein Programm für 99 Dollar, mit dem sich die Verschlüsselung umgehen ließ, so dass der Benutzer nun wieder die Freiheit hatte, mit der von ihm gekauften Datei zu machen, was er will. Man muss wissen, dass eBooks über bestimmte Anbieter aus dem Internet heruntergeladen und dann normalerweise nur auf bestimmten Apparaten oder mit einer bestimmten Software gelesen werden können. Dadurch lässt sich das Lay-out für Text und Bild ähnlich wie einem Buch darstellen. Zusätzlich kann man meist noch Notizen machen, kann den Inhalt durch-suchen, hat vielleicht ein Lexikon, in dem man Begriffe nachschlagen oder Worte übersetzen kann. Man könnte sich natürlich auch den Inhalt vorlesen lassen, so dass man Lese- und Hörbuch in einem hat. Lesegeräte können mehrere Bücher spei-chern, man kann direkt vom Internet neue Bücher herunterladen, aber auch Zeitungen lesen. Für den PC, das Notebook oder andere tragbare Geräte gedachte eBooks werden die Möglichkeit durch die Software festgelegt. Gleichzeitig mit der Sicherung der Datei vor unerlaubtem Kopieren wird aber auch die Nutzung für den legitimen Käufer neu geregelt, was heißt: eingeschränkt. Mit der Umgehungssoft-ware kann der Käufer einer verschlüsselten Datei eine Sicherheitsdatei herstellen, diese auf anderen Geräten abspielen oder sie für seinen Gebrauch kopieren. Das ist eigentlich noch immer, selbst unter dem umstrittenen amerikanischen Copyright-Gesetz, sein gutes Recht – und in der alten Welt der Printmedien ganz selbstver-ständlich.

Natürlich können mit der Umgehungssoftware auch Kopien erstellt werden, die dann gegen Geld als Raubkopien vertrieben werden. Was in dem Prozess wie auch in anderen zur Diskussion steht, ist, ob man Geräte, unter alten Bedingungen der analogen Produktion etwa Fotokopierer, Tonbandgeräte oder Videorecorder, verbieten soll oder kann, nur weil man mit ihnen Kopien herstellen kann. Weiter-gehend stellt sich die Frage, ob es gesellschaftlich richtig und angemessen ist, recht-lich die Umgehung von technischen Sicherungen unter Strafe zu stellen, da das auch heißen könnte, dass technisch das Urheberrecht, das ja immer ein Kompromiss zwischen den Urhebern und den Käufern sowie den Interessen der Allgemeinheit war, ausgehebelt werden kann. Die Versuchungen jedenfalls sind nicht nur bei den Raubkopierern, sondern auch bei der Contentindustrie groß. So leicht und gut nämlich digitale Informationen kopiert und beispielsweise über das Internet durch Tauschbörsen vertrieben werden können, so leicht lassen sich für den Normalbenutzer zumindest auch die Verwendungsmöglichkeiten legal erworbener digitaler Dateien seitens des Verkäufers festlegen.

Das ist nicht so harmlos, wie es erscheinen mag, denn die Verfügbarkeit von Informationen ist gerade in einer Wissensgesellschaft notwendig, um weiteres Wissen herstellen zu können. Blokkiert und beschränkt man den Fluss der Informationen zu stark, so dass sie nicht mehr für den Unterricht, das Studium oder die Bibliotheken zur Verfügung stehen, so könnte es durchaus passieren, dass man langfristig damit auch die wirtschaftlichen Grundlagen der Gesellschaft untergräbt, die immer stärker auf die Produktion von Wissen beruhen, wobei das Wissen so weit wie möglich verteilt und daher zugänglich sein sollte. Nun mag man, was etwa Musik oder Unterhaltungsfilme angeht, es als nicht so schlimm ansehen, wenn die Konzerne hier immer mehr Geld daran verdienen wollen und so deren Verbreitung einschränken, oft genug unter der wohl irrigen Annahme, dass alle nicht verkauften Kopien als Verlust zu Buche schlagen und nicht auch als Teil eines, wenn auch unfreiwilligen, Werbebudgets zu veranschlagen sein sollten. Man mag sich nur daran erinnern, wie die Musikindustrie gegen die Tauschbörse Napster Sturm gelaufen ist und mit ihrem möglichen Verdienstausfall auch gleich den Untergang der Kultur beschworen hat. Zur Blüte Zeit von Napster im zweiten Quartal 2000 hatte die Musikindustrie allerdings auch meisten CDs verkauft. Das zweite Quartel 2001 hat den Niedergang von Napster als kostenloser Tauschbörse mit sich gebracht, gleichzeitig ist der Verkauf von CDs um 5,6 Prozent gegenüber dem Vorjahr gesunken. Auch wenn beide Ereignisse nicht direkt miteinander verbunden sind, so ist eine Lehre daraus wohl die, dass die mit der Forderung nach Stärkung der Urheberrechte einhergehenden Untergangsszenarien der Industrie viel zu einfach gestrickt sind, auch wenn Politiker sich leider dadurch zu schnell haben unter Druck setzen lassen. Was man, wie gesagt, möglicherweise bei der Musik- oder Filmindustrie noch nicht bedenklich findet, könnte aber beim Umgang mit Texten auch zu einer Einschränkung der Meinungs- und Informationsfreiheit führen.

Für eine Diagnose, wie die Zukunft aussehen könnte, ist immer auch ein Blick auf das, was möglicherweise zu verschwinden droht, erhellend. Bücher sind nicht nur auf bestimmten Trägern befindliche Inhalte, sie eröffnen auch bestimmte Benutzungsformen oder legen sie fest. Eine bis in Einzelheiten gehende Festlegung der Benutzungsmöglichkeiten von legal erworbenen digitalen Büchern zur Sicherung und Steigerung der Erträge, wie dies für das Medium des gedruckten Buchs nicht notwendig war und auch nicht gemacht werden konnte, könnte sich nicht nur für die Gesellschaft, sondern auch für die Verlage und die digitalen Bücher langfristig als Menetekel erweisen. Irgendwann werden die Menschen keine Lust mehr haben, sich die Verwendung von den Unternehmen vorschreiben zu lassen und dabei womöglich noch eine Menge an Unannehmlichkeiten ertragen zu müssen. Und wenn überdies für immer mehr Artikel und Bücher bei jedem Verwendungszweck Gebühren erhoben werden sollen, wird dies einerseits viele Anbieter unter Druck setzen und andererseits neue Modelle des Vertriebs hervorbringen, die dann von den traditionellen Verlagen nicht mehr kontrolliert werden können. Schließlich können sich über das Internet prinzipiell auch die Autoren selbständig machen, da mit dem Vertrieb digitaler Dateien über das Netz viele der kostspieligen Vorgänge von der Herstellung über den Druck bis hin zur Lagerhaltung und der Belieferung der Buchhändler entfallen. Napster und die Folgen, also die Schaffung weitaus schwieriger zu kontrollierender Tauschbörsen durch die Bekämpfung von Kopien, sollte auch im Verlagswesen zu denken geben, dem diese Erfahrung womöglich noch bevorsteht.

Heute können wir noch in ein Buchgeschäft gehen und uns ein Buch kaufen – auch anonym übrigens, wenn wir mit Bargeld bezahlen. Wenn wir die Sprache verstehen, ist es übrigens ganz egal, wie das Buch hergestellt und gestaltet wurde, wir können es immer lesen. Bei guter Pflege unter richtigen Bedingungen konnten Bücher Jahrhunderte, heute leider wegen des Papiers nur noch Jahrzehnte halten. Wir können ein Buch, das wir gekauft haben, also einfach unserem Enkel in die Hand drücken. Wir können es einem Freund verleihen, wir können ein einzelnes Exemplar auch verkaufen. Natürlich können wir es nicht nur rechtlich, sondern auch faktisch benutzen, wann und sooft wir wollen. Wir haben es gekauft, es ist unser Eigentum. Auch Bibliotheken dürfen Bücher an beliebig viele Menschen verleihen. So können Bücher und die in ihnen enthaltenen Inhalte, die Ideen, Vorstellungswelten und Anregungen, sofern sie nicht zensiert werden, zirkulieren. Wenn keine Raubkopien hergestellt und auf dem Markt vertrieben werden, haben die Autoren und Verlage, aber auch Zensurbehörden keine Macht mehr über die Bücher selbst.

Digitale oder elektronische Bücher sollen jedoch eher wie Lizenzen verstanden werden, die wir nur zu den Bedingungen, die weitgehend der Eigentümer festlegt, nutzen dürfen. Zugang anstatt Besitz hat allerdings nicht nur etwas mit Verwertungswünschen zu tun. Die Entscheidung ist auch eine politische. Denn wenn nur noch für eine bestimmte Zeit Zugang zu Inhalten gekauft werden kann, dann kann dieser jeder Zeit wieder gekappt werden. Auch heute noch wird schließlich Zensur in vielen Staaten auf der Erde praktiziert. Zudem sorgen heute einzelne Besitzer von Büchern, vornehmlich aber Staatsbibliotheken für den Erhalt des gedruckten Gedächtnisses. Ginge dies bei der Umstellung von Besitz an einem materiellen Träger auf Zugang zu digitalen Daten auf einzelne Unternehmen über, so ist die langfristige Archivierung von diesen und der langfristige Zugang des Käufers keineswegs garantiert, zumal auch technisch keineswegs klar ist, wie sich digitale Daten über Jahrhunderte erhalten lassen sollen. Das Unternehmen muss nur Pleite gehen, so dass mit ihm auch der Zugang erlischt, wodurch die Kunden buchstäblich nichts mehr in den Händen halten.

Bei eBooks gibt es weder bislang einen gemeinsamen Standard, was die Formatierung betrifft, noch einen für die Hardware der Lesegeräte, die mit höherer Auflösung der Qualität des Buchdrucks und mit entsprechenden Formaten dem gewohnten Buch näher zu kommen suchen. Niemand kann garantieren, dass wir in fünf Jahren mit neuen Geräten noch die einmal erworbenen Texte ohne umständliche und teure Prozeduren noch lesen werden können. Jeder müsste sonst nicht nur alte Programme, sondern auch alte Hardware aufheben – oder ständig die Dateien umkopieren und in eine neue Formate transportieren, was man, wegen der technischen Sicherungen, aber als rechtmäßiger Käufer eigentlich nicht machen darf, ohne sich strafbar zu machen.

Für die Verkäufer wäre das natürlich schön: anstatt einmal ein Buch an einen Kunden zu verkaufen, könnte man nun prinzipiell mit jeder neuen Soft- oder Hardware eine neue Kopie an diejenigen verkaufen, die sich etwas aufheben und später noch einmal lesen wollen. Wie weit die Fantasie reicht, lässt sich an einem neuen Angebot sehen. Der amerikanische eBook-Verleger RosettaBooks bietet für den Adobe Acrobat eBook-Reader ein elektronisches Buch für einen Dollar mit einer auf zehn Stunden begrenzten Lesezeit an. Hat man einmal 10 Stunden mit der Lektüre verbracht, lässt sich diese Version von Agatha Christies Klassiker And Then There Were None nicht mehr lesen. RosettaBooks meint, dass zehn Stunden für das 275-Seiten-Buch vollkommen ausreichen. Dann aber darf das Buch von den Langsamen für 5 Dollar gekauft werden. Natürlich will man damit auch testen, ob man nicht Leser für wenig Geld einmal kurz in ein Buch hineinlesen kann, das sie dann aber für einen anderen Betrag erwerben müssten, um es richtig und ohne Zeitdruck zu lesen. Auch ob, wie viel und in welchen Abständen man etwas ausdrucken kann, lässt sich über die technischen Sicherungen regeln, ebenso wie die Möglichkeit, auf wie vielen Geräten eine Version kopiert werden kann oder ob für jedes Aufrufen bezahlt werden muss. Mit solchen technischen Regelungen geht überdies die Möglichkeit einher, genau erfassen zu können, was die einzelnen Menschen kaufen und lesen, welche Vorlieben sie haben und was sie möglicherweise sonst noch auszeichnet, was Unternehmen und auch für Sicherheitsbehörden wichtig sein kann. Solange es strenge Datenschutzgesetze gibt und sie auch eingehalten werden, mag das kein Problem sein. Aber wer versichert uns, dass es in Zukunft stets einen demokratischen Rechtsstaat geben wird?

Hier wird und muss es noch viele Kämpfe geben. Die Digitalisierung und das Internet haben bereits viel ins Rollen gebracht. Die Entwicklung ist trotz der Krise der New Economy keineswegs zu Ende, sondern steht gerade erst an ihren Anfängen. Angst war nie ein guter Lehrmeister, und sie ist es auch nicht jetzt, wenn die Angst vor Raubkopierern geschürt und beim Übergang ins Neue nur an Sicherheit und Bewahrung gedacht wird, anstatt Experimente im neuen Feld durchzuführen. Deren Ausgang ist sicherlich ungewiss, aber das ist auch die Zukunft.

Zwar wird gerne gesagt, dass wir seit dem Aufkommen des Computers oder gar erst des Internet in einer Wissens- oder Informationsgesellschaft leben, doch darüber lässt sich prinzipiell natürlich lange diskutieren. Schließlich wird die menschliche Kultur schon lange geprägt durch Wissen und Weitergabe von Informationen. Kapriziert man sich auf den Aspekt der Information als Daten, die von Menschen erzeugt, gespeichert, verarbeitet und weiter verbreitet werden, dann ist allerdings ohne Zweifel festzustellen, dass die Menschheit noch nie in einem solchen Maß Informationen produziert hat und in einem solchen Meer an künstlich produzierten Informationen geschwommen ist. Ihre Menge scheint in rasantem Tempo zuzunehmen und alle Verarbeitungsformen von den Maschinen bis zu den Menschen zu überfordern.

Die Modernität der Wissensgesellschaft besteht vielleicht vornehmlich darin, was sich bereits am Ende der Aufklärung herauskristallisiert hat, dass mit der quantitativen Zunahme des Wissens das für Einzelne Wissbare immer kleiner wird, dass das Wissen zerfällt in ein Archipel von isolierten Wissensinseln, dass die Aufgabe immer schwieriger wird, die für einen Zweck wichtigen Informationen zu selektieren, und dass daher der Aufmerksamkeit als Selektionsorgan eine immer wichtigere Rolle zukommt, durch die sie mitunter auf gesellschaftlicher und individueller Ebene auch überfordert wird. Gesellschaftlich bilden die Medien die kollektiven Aufmerksamkeitsorgane, die prägnanterweise auch immer mehr werden und so immer kleinere Teilöffentlichkeiten erzeugen. Dabei ist nicht nur die Aufmerksamkeit, also gewissermaßen der Arbeitsspeicher, überfordert, sondern trotz aller technischen Fortschritte auch die Archive. So sind zwar heute technisch prinzipiell Enzyklopädien, die permanent aktualisiert werden und alle Arten von Informationen enthalten können, viel leichter herstellbar, als dies einst für die Intellektuellen um Diderot und d'Alembert der Fall war. Doch Wissen, das auf Trägern digital gespeichert wird, muss wegen der permanenten Innovation von Hard- und Software, d.h. wegen der fehlenden Standardisierung, die man beim Druck einfach voraussetzen konnte, ebenso permanent auf neue Träger mit neuen Formaten umkopiert werden, um weiterhin lesbar zu sein. Diese Erinnerungsarbeit wächst mit dem explosiv steigenden Datenaufkommen an, das von immer mehr Geräten und Menschen produziert wird, so dass vermutlich eine Art flüchtiges Bewusstsein mit den Eigenschaften der Aufmerksamkeit gefördert werden dürfte, während der digitale Erinnerungsschwund zunehmen wird.

16 Abschlussdiskussion: To Print or Not to Print?

Leitung:
Prof. Dr.-Ing. Jörg Eberspächer
Technische Universität München

Teilnehmer:
Daniel Amor, Hewlett-Packard GmbH, Böblingen
PD Dr. Thomas Hess, Universität Göttingen
Dr. Kay H. Kohlhepp, Versum.de AG, Düsseldorf
Prof. Dr. h.c.mult. Klaus G. Saur, K.G. Saur Verlag, München
Christian Spanik, Chris Screen Partner GmbH, Unterföhring
Dr. Andreas Wiebe, Universität Hannover

Prof. Eberspächer:

Ich möchte die Teilnehmer vorstellen: Ich beginne bei Herrn Daniel Amor von Hewlett-Packard in Böblingen. Er ist eigentlich als Autor eingeladen, weil er sehr erfolgreiche Bücher über die eBusiness-Evolution geschrieben hat. Ich zitiere aus dem Manager Magazin: „Alles, was Sie schon immer IT, E-, und Online-Business wissen wollten. Es wurde Zeit, dass sich einmal jemand herabläßt und alles archiviert, sortiert und aufschreibt, was sich an Wissen über die neuen Techniken in der Wirtschaft aufgetürmt hat." Soviel Werbung für Sie, Herr Amor! Ich finde es auch deswegen wichtig, dass Sie hier teilnehmen, weil HP eine High-Tech-Firma ist, die sich auch mit Geräten für den Print-Markt befaßt.

Als nächsten haben wir Privatdozent Dr. Thomas Hess, Universität Göttingen. Er ist Wirtschaftswissenschaftler mit den Schwerpunkten Controlling und Unternehmensnetzwerke sowie digitale Medienunternehmen. Er hat gerade darüber gearbeitet und publiziert, was in den letzten zwei Tagen hier immer wieder erwähnt wurde: integrierte Medienprodukte.

Zu Ihnen, Herr Dr. Kohlhepp. Sie kommen von Versum.de. Das ist ein Verbund von Zeitungsverlagen, eine AG für die Online-Rubrikanzeigen.

Herr Prof. Saur, der Name des Verlags, dem Sie vorstehen, ist jedem bekannt: K.G. Saur Verlag in München. Der Verlag gehört jetzt der Thomson-Gruppe. Sie sind seit vielen Jahren selbst sehr aktiv als Verleger im klassischen Print- wie im Online-Bereich und haben einen beträchtlichen Teil Ihrer Produkte auch online.

Herr Christian Spanik ist Chef der Firma Chris Screen Partner GmbH in Unterföhring, aber viel eher bekannt als Computerexperte im ZDF; Sie sind auch im Web
mit verschiedenen Medien verfügbar und mit einer Chipkolumne, die den Compu-
terfrust und die Computerlust immer ganz gut zum Ausdruck bringt.

Und schließlich begrüße ich Herrn Dr. Andreas Wiebe, Uni Hannover, Rechts-
wissenschaftler mit Schwerpunkt Rechtsfragen rund um Computer und Internet.
Wir haben bisher zwar auch dieses Thema angeschnitten, es aber vielleicht etwas zu
kurz kommen lassen. Das soll sich jetzt ändern!

Meine Damen und Herren, ich denke, wir haben eine Person oder ein Thema wirklich zu wenig behandelt und das ist der Autor, denn eigentlich geht es hier um
Werke, die einen Erzeuger haben, den Autor oder die Autorin. Deswegen denke ich,
dass Sie, Herr Amor, aus Ihrer Perspektive sagen sollten, was hat sich heute schon
geändert angesichts dieser Evolution hin zu online? Was wird sich in Zukunft
ändern?

Herr Amor:

Als ich vor vier Jahren angefangen habe, mein erstes Buch über eBusiness zu
schreiben, haben mich viele verwundert angeschaut und gedacht, warum schreibst
du ein Buch über eBusiness, wenn sich doch in Zukunft jetzt eigentlich alles im
Internet abspielen soll? Meine Antwort darauf war einfach: Die meisten Leute
wissen zwar, dass es Internet gibt und wissen ein bisschen, wie es funktioniert. Aber
es ist doch leichter, ein Buch im Buchladen zu finden, als die nötigen Informationen
im Internet heraus zu finden. Deswegen war meine Intention, das als Buch heraus
zu bringen und nicht einfach als Webseite darzustellen. Auch einfach deshalb, weil
das Medium Internet noch nicht in der Lage ist, große Datenmengen so darzustellen, dass das wirklich gut lesbar ist und nicht den Leser ermüdet. Ich denke, im
Laufe der Zeit werden wir durch das Internet-Medium wahrscheinlich eine Reihe
von Erweiterungen des Buches erfahren. So werden viele Informationen, die in dem
Buch stehen, nur für eine kleine Nutzergruppe nützlich sein, gerade bei Fach-
büchern, so dass wir dann Teile des Buches als neue Artikel im Internet zur
Verfügung stellen werden. Das heißt, die Informationen, die heutzutage in einem
Buch sind, werden wieder verwertet durch Auszüge, die im Internet zur Verfügung
stehen werden, durch neue Zusammenfassungen, und so wird das Buch in seiner
Funktion erweitert.

Prof. Eberspächer:

Wir kommen auf die Frage der Rechte des Autors noch zurück. Eigentlich muss
man doch sagen, dass die meisten Autoren heute ihre Texte schon mit Hilfe von
Rechnern erzeugen werden. Insofern sind sie eigentlich schon digital. Herr Saur: ist
das ein wichtiger Aspekt, dass viele Autoren heute sowieso schon in dem digitalen
Medium sind?

Prof. Saur:

Der entscheidende Aspekt ist ja die Überleitung in den letzten 25 Jahren als wir begonnen haben, dass Manuskripte computergesetzt wurden und elektronisch gespeichert wurden. Ich habe vor 30 Jahren in einem Gegenreferat zu einem Xerox-Statement einmal gesagt: Die Aufgabe des Verlegers ist es nicht, mit Papier zu handeln. Die Aufgabe des Verlegers ist es, Inhalte zu vermitteln, den Urheber zu befördern und an den Endverbraucher in verbesserter Form zu verbreiten. Über 500 Jahre konnten wir das nur in Papierform. Jetzt haben wir viele weitere Transportmöglichkeiten, d.h. die verlegerische Form geht viel weiter als nur Papier zu transportieren und hat viel mehr Möglichkeiten. Die Frage der Dateneingabe hat zwei wesentliche Dinge. Das eine ist, damit ist im Prinzip jedes Manuskript schon einmal so gespeichert, dass es elektronisch auch verbreitet werden kann. Die zweite ist die Kostenfrage. Die meisten wissenschaftlichen und Fachpublikationen könnten überhaupt nicht mehr erscheinen, wenn die klassischen Satzkosten noch im Verlag anfallen würden, denn die Preise der Bücher sind ja minimal im Verhältnis zur Kostensteigerung insgesamt oder zur Inflationsrate gestiegen. Wenn Sie jetzt das negative Verhältnis der Bibliotheksetatentwicklung sehen, dann müßten Bücher ja wesentlich teurer sein. Die entscheidende Auffangsituation in der Kostenentwicklung ist, dass jetzt Manuskripte in Disketten abgeliefert werden und nicht mehr in handschriftlicher oder auch in maschinenschriftlicher Form.

Prof. Eberspächer:

Wer schon Bücher produziert hat- wenigstens ging es mir so – der hat sowieso die Erfahrung gemacht: Am liebsten ist es Ihnen und der ganzen Branche, wenn man die Bücher komplett fertig, print-ready, abliefert, wie es bei den Zeitschriftenartikeln schon üblich ist.

Prof. Saur:

Aber, bitte schön, fehlerfrei und mit dem gebührenden Dank im Vorwort an den Verleger!

Prof. Eberspächer:

Natürlich fehlerfrei! Es wird dadurch sehr viel Arbeit auf den Autor geladen und zumindest in dem wissenschaftlichen Umfeld, das ich so kenne, ist von wirtschaftlichem Erfolg auf der Autorenseite nicht viel zu sehen.

Prof. Saur:

Mehr meta-ökonomisch.

Prof. Eberspächer:

Genau. Es gibt sicher andere Fälle, z.B. Frederick Forsythe, der immer wieder
zitiert wird mit seinem vollelektronischen Buch, war vorher schon ein erfolgreicher
Autor.

Ich möchte die Frage des Urheberrechts anschneiden. Herr Wiebe, was ändert sich
denn vor allem für den Autor? Er hat ja das Urheberrecht. Was ändert sich für
andere in dieser Prozesskette? Ich zitiere noch einmal, was hier mehrfach während
des Kongresses gesagt wurde, dass nämlich die Urheberrechtsnovelle, die
demnächst kommt, erschreckende Konsequenzen hat. So harte Worte wie zu diesem
Thema sind in den letzten zwei Tagen nirgends gefallen. Was steckt dahinter und
was können wir tun?

Dr. Wiebe:

Die Novelle, die Sie ansprechen betrifft zunächst einmal allgemein das Verhältnis
zwischen Urheber und Verwerter und hat mit der Problematik, die wir eigentlich
diskutieren „digital-analog" vom Ausgangspunkt nicht direkt etwas zu tun. Allgemein kann man sagen, dass der Übergang vom analogen zum digitalen Medium
natürlich grundlegende Auswirkungen auf das Urheberrecht hat, so wie wir es
bisher kennen. Das Urheberrecht ist auf analoge Medien zugeschnitten. Das geht
hinein bis in die Details. Die Rechte, die dem Urheber verliehen werden, sind an das
körperliche Trägermedium gebunden. Insofern war der Gesetzgeber gezwungen,
auch auf diese technischen Entwicklungen zu reagieren, hinten denen auch ökonomische Entwicklungen stehen.

Er hat das auch bis jetzt sehr gut geleistet. Man kann zwei Beispiele nehmen.
Einmal die Frage des Schutzgegenstands. Wenn ich ein Multimediaprodukt habe,
brauche ich anders als früher sehr viel verschiedene, unterschiedliche Werke, die
ich vielleicht in mein Produkt mit einbeziehe. Ich brauche nicht nur die Erlaubnis
eines Autors, sondern vielleicht die Erlaubnis von 100 oder 200 Autoren, um sein
solches Multimediaprodukt zu erstellen. Wie komme ich überhaupt an die Rechte,
wenn ich so ein Produkt, etwa eine CD ROM, auf den Markt bringen will? Ich habe
also schon das erste Problem, überhaupt Informationen darüber zu bekommen, wer
überhaupt Rechteinhaber ist und wie ich diese Rechte für mein Multimediaprodukt
erwerben kann. Folge dieser Probleme ist häufig, dass man darüber hinweg geht,
und sagt: Okay, ich mache das Produkt erst einmal und gucke mal, was dann
passiert. Dies kann natürlich nicht im Sinne des Gesetzes und auch des Urheberrechts sein.

Zweites Beispiel: Die Übertragung in Datennetzen, also die unkörperliche Übertragung, wurde bisher nicht vom Urheberrecht erfasst, jedenfalls nicht eindeutig.
Die Kopien durften nicht ohne Zustimmung des Autors verbreitet werden, aber
digitale Kopien, die im Netz übertragen werden, waren bisher so ohne weiteres vom
Urheberrecht nicht erfasst. Dies hat der Gesetzgeber jetzt klargestellt, indem eine

neue Vorschrift ins Urheberrecht eingefügt wird, dass auch diese Online-Übermittlung in die Kompetenzen des Urhebers fällt.

Hier wird ein weiterer Punkt deutlich. Es ist nicht der deutsche Gesetzgeber, der hier regiert hat, sondern es ist der europäische und auch der internationale Gesetzgeber, wenn man das so bezeichnen will. Es gibt internationale Organisationen, die auch im Urheberrecht tätig werden, die dann Abkommen schließen und die auch Mustergesetze entwerfen. Auch von dieser Seite kam die Anregung für eine Klarstellung. Der europäische Gesetzgeber hat das mittlerweile umgesetzt. Man kann allgemein auch sagen, dass der europäische Gesetzgeber in diesem Bereich sehr aktiv ist, gerade im Urheberrecht, stärker noch als der nationale Gesetzgeber. Und er ist nicht nur reaktiv, sondern auch proaktiv tätig, indem er etwa mit dem Ziel der Harmonisierung, aber auch mit dem Ziel der Wettbewerbsfähigkeit der europäischen Märkte, vorausschauend Rahmenregelungen trifft, innerhalb deren die Industrie sich entwickeln kann. Ich will das jetzt nicht zu weit ausführen.

Einen Punkt möchte ich gern noch ansprechen. Das ist die Frage der technischen Schutzmechanismen. Wir haben das heute morgen sehr schön gesehen an dem Beispiel der Wasserzeichen. Wenn es im Grunde um den praktischen Schutz von Werken geht, besteht im Moment die Situation, dass wir zwar rechtliche Regelungen haben, die auch fortentwickelt werden, aber die praktische Durchsetzung ist sehr schwierig. Wenn ich eine Webseite ins Netz stelle, wie kann ich kontrollieren, wer diese Webseite unbefugt benutzt oder verwendet? Es bleiben mir also aus der praktischen Sicht im Moment eigentlich nur technische Schutzmechanismen. Wir haben heute gesehen, wie der Stand der Forschung ist. Man kann schon sehr viel machen. Es gibt auch schon viele Projekte in der Richtung, allerdings sind die meisten im Moment noch in der Pilotphase. Es gibt in dem Sinn noch keine flächendeckend einsatzfähigen Systeme von Copyright-Managementsystemen. Das wird in Zukunft anders sein.

Die Frage ist dann, wie kann man so etwas aus rechtlicher Sicht flankierend begleiten. Und auch da ist wieder der EU-Gesetzgeber tätig geworden. Deswegen spreche ich das noch kurz an. Der EU-Gesetzgeber hat einen rechtlichen Schutz solcher technischen Schutzmechanismen, Wasserzeichen oder ähnliches, eingeführt, der dann in ganz Europa gilt. Die technischen Schutzmechanismen sollen gegen eine Umgehung schützen soll. Es taucht dann ein weiteres Problem auf. Ich kann natürlich technisch mehr machen als eigentlich urheberrechtlich erlaubt ist. Das Urheberrecht ist ein Interessenausgleich zwischen den Interessen der Autoren und den Interessen der Allgemeinheit. Daher wurden auch bestimmte Schranken zugunsten der Allgemeinheit der Nutzer eingeführt. Sie kennen alle die Erlaubnis des Kopierens zum privaten Gebrauch. Jeder kann für seine privaten Zwecke geschützte Werke kopieren. Jetzt kann ich technisch natürlich mehr machen als eigentlich urheberrechtlich erlaubt ist. Ich kann z.B. auch durch technische Schutzmechanismen kontrollieren, was der private Nutzer eigentlich macht, über das, was rechtlich erlaubt ist, hinaus gehend.

Hier hat der europäische Gesetzgeber wiederum einen Kompromiss gefunden. In Brüssel, wo ja eine große Lobbyaktivität bei solchen kritischen Fragen üblich ist, war dies eine sehr umstrittene Regelung. Man hat sich darauf geeinigt, das zwar technische Schutzmechanismen auch rechtlich geschützt werden. Soweit aber durch rechtliche Schranken dem Nutzer Freiräume gegeben werden, müssen auch solche technischen Systeme so ausgelegt sein, dass der Nutzer weiterhin diese Schranken nutzen kann. Das ist jetzt verankert. Die Frage stellt sich dann, wie man das praktisch umsetzen kann, damit sich auch die Hersteller daran halten. Das wird eine Frage sein, wo wir abwarten müssen, wie sich die Entwicklung vollzieht.

Prof. Eberspächer:

Jetzt kam mehrfach zum Ausdruck, dass in den USA die Sache anders geregelt sein wird und dass dann möglicherweise Produzenten auswandern. Was steckt dahinter? Und vor allem möchte ich dann von Herrn Saur wissen, wieso Sie denn so erschreckt sind, wenn diese Regelung kommt? Was ist der Punkt?

Dr. Wiebe:

Dann möchte ich noch einmal kurz eingehen auf diese Urheberrechtsnovelle. Es handelt sich dabei um eine Regelung aus dem Bereich des Urhebervertragsrechts, d.h. sie betrifft das Verhältnis zwischen Urheber und Verwerter. Im Prinzip ist es eine Maßnahme des Verbraucherschutzes, im übertragenen Sinne auf den Urheber bezogen. Der Urheber soll besser geschützt werden gegen bestimmte Praktiken, die der Gesetzgeber für nicht mehr tragenswert hält. Dazu gehört beispielsweise das sog. „buy-out", also die Verwertung des Werkes gegen einmalige Vergütung und Übertragung der Rechte an den Verwerter. Dies hat man im Sinne des Urheberrechtsschutzes nicht als ausreichend angesehen, sondern man will dauerhaft eine angemessene Vergütung verankern, die auch vertraglich nicht abdingbar ist. Über die Vergütung, die dann auf der Basis des Gesetzes gezahlt werden soll, müssen sich die Beteiligten einigen. Das ist nicht gesetzlich vorgeschrieben, sondern bleibt der Verhandlung der Partner überlassen. Wie das in der Praxis ausgeht, wird man abwarten müssen. Das ist ein Vorhaben, das auch nicht erst von dieser Regierung angestoßen wurde, sondern entsprechende Überlegungen gibt es eigentlich schon seit Jahrzehnten auch gesetzlich; den Schutz der Urheber stärker fest zu schreiben. Die jetzige Regierung ist die erste, die das bis zum Letzten durchsetzen will. Insofern kurz zum Hintergrund.

Prof. Saur:

Hier wird versucht, alles Mögliche durcheinander zu bringen. Auf der einen Seite die Regelungen der elektronischen Verwertung müssen dringend präzisiert und geregelt werden. Es ist völlig klar, dass, wenn der Verlag Einnahmen aus Online-Verwertungen oder elektronischen Nutzungsrechten hat, dass der Autor angemessen beteiligt sein muss und dass es nicht geht, dass es heißt, das bezieht sich nur auf Printprodukte. Hier ist eine Präzisierung zwingend notwendig. Das Kernproblem, was in dieser Urheberechtsnovellierung entsteht, ist folgendes: Es heißt, der Autor muss angemessen beteiligt werden. Völlig berechtigt. Und dieses kann rückwirkend eingeklagt werden. Das heißt, wir stellen ein Lexikon her, beauftragen eine Reihe von Leuten von freien Mitarbeitern für ein bestimmtes Honorar Beiträge zu liefern. Die liefern die Beiträge, bekommen die vereinbarten Honorarbeträge, und jetzt kommen die nach 5, 10 Jahren und sagen: Das war nicht angemessen, denn du hast ja vielmehr verkauft als man damals hätte erwarten können, und wir wollen jetzt an diesem Erfolg nachträglich beteiligt werden. Es gibt in jedem Verlag Produkte, die besser laufen als man sie nach Planung erwartet hat; dummerweise erheblich mehr, die wesentlich schlechter laufen, d.h. es ist keine Umkehrklausel enthalten, dass ich von dem Autor Honorare zurück fordern kann, in angemessener Weise, wenn eben entsprechend unangemessen verkauft wurde. Es ist nur die Einseitigkeit. Das beraubt uns jeder Kalkulationsmöglichkeit. Es ist klar, dass es eine Reihe von Fällen gegeben hat, wo ein Übersetzer eine Übersetzung gemacht hat und man davon ausging, dass 3000 Stück verkauft werden und auf dieser Basis ist die Übersetzung honoriert worden. Jetzt ist es auf einmal ein Bestseller mit 100.000 geworden und er Übersetzer hat keine Nachhonorierung bekommen. Hier müssen im Prinzip klare Formeln gefunden werden, dass man sagt, dieses Übersetzungshonorar gilt, wenn eine Auflage von X nicht überschritten wird bei einer weiteren usw. So wie das aber in dem Entwurf ist, sind hier Tür und Tor geöffnet für alle Bereiche und ohne zeitliche Begrenzung, d.h. es könnte jetzt jemand kommen und sagen, ich habe bei dir eine Mehrwertsteuertabelle vor 22 Jahren gemacht – das ist ein konkreter Fall bei uns im Hause gewesen vor 22 Jahren, wo wir statt 3.000 die 100.000 verkauft haben. Da könnte jemand kommen und sagen, dass er daran mitgewirkt habe. Das sind nicht echte Urheber, sondern dass ist völlig unklar, welche Beiträge notwendig sind. In dem ursprünglichen Entwurf wäre es auch noch möglich gewesen, dass Angestellte des Verlages, die in Duden- oder Brockhaus-Redaktion arbeiten, auf einmal sagen: so viele Artikel sind von mir und mein Gehalt war schäbig (wie das bei Verlagen doch immer so der Fall ist), also muss ich jetzt eine Nachforderung stellen. Das ist eine Rechtsunsicherheit und eine Kalkulationsunsicherheit, die Verlage reihenweise in den Konkurs treiben würde. Die Verlagsgewinne sind nun mal sehr gering. Wir alle leben immer wieder von der Mischkalkulation, dass wir dringend einige Erfolge haben müssen, um nicht Pleite zu gehen. Das ist in der Branche so. Es gibt keinen zweiten Markt , bei dem so viel auf Verdacht produziert wird, und so wenig auf die konkrete Nachfrage. Wenn ein Hansa Verlag den Eco auf Platz 1 bringt, dann schließt er vielleicht in diesem Jahr beim Belletristik Verlag ohne Verlust ab. Das ist das Problem. Der Eco könnte dann immer noch nachfordern und sagen: Ich habe zwar 16 % Honorar gehabt, aber wenn du eine Million verkaufst, ist eigentlich 16 % immer noch zu wenig und wie war das mit „Im Namen der Rose" vor 10 oder 15 Jahren, da will ich auch noch eine Nachforderung. Dies ist absolut untragbar und würde dazu zwingen, Verlage ins Ausland zu verlegen, weil das dann nicht anwendbar wäre, wenn die Bücher nur importiert würden oder würde solche verrückten Dinge provozieren.

Prof. Eberspächer:

Vielen Dank. Dieses Stichwort kam ja auf diesem Kongress bei dem Thema Crossmedia auf, also bei der Mehrfachvermarktung des gleichen ursprünglichen Inhalts. Deswegen an den Experten die Frage: Sehen Sie das ähnlich oder gibt es hier eine abweichende Meinung? Welche Bedeutung hat überhaupt diese Mehrfachvermarktung in der Zukunft?

Dr. Hess:

Wir haben in den beiden Tagen gesehen, dass immer ein zentrales Thema, was vielleicht noch nicht ganz gelöst ist, vakant wurde, nämlich die Mehrfachverwendung von Inhalten. Wenn man auf die Kundenseite sieht, heißt dass, das man versucht, mehrere Medienprodukte unterschiedlich in Medien zu integrieren. Wir haben auch bekannte Beispiele gesehen; Books on Demand, wo man ein klassisches Produkt mit dem Medien sogar in der Konfigurationsphase sehr erfolgreich verbindet. Oder auch im Fernsehbereich, wo man z.B. eine Fernsehsendung wie „Big Brother" durch sehr attraktive Angebote im Internet ergänzt. Wenn man da gerade diese integrierten Produkte aus ökonomischer Sicht betrachtet, sind die überaus attraktiv. Einmal hat man die Vorteile bei den Produktionskosten, zumindest in Teilen. Sie brauchen Inhalte, wenn Sie es wirklich hin bekommen, nicht n-fach erstellen. Dann haben Sie die Marke. Das ist schon ein paar mal strapaziert worden. Im Medienbereich weiß man ja vorab nie, wenn man ein Produkt kauft, was „drin ist". Deswegen werden im Medienbereich so stark die Markennamen berücksichtigt. Da kann man wunderbar von dem klassischen Medium, dem Fernsehen zum Beispiel, oder auch der Zeitung, der Zeitschrift, das langsam auf ein neues Medium übertragen. Aber das hat noch ganz andere praktische Gründe. Gerade wenn wir im Zeitungsbereich sind und dort die Kleinanzeigen betrachten, sieht man, wie man wirklich Masse schaffen kann. Es ist ja heute nicht attraktiv, eine Kleinanzeige ausschließlich ins Internet zu setzen, sondern Sie wollen gerade bei der Reichweite eher eine Kombination haben. Wenn Sie da als Anbieter sagen können: ich biete das Printmedium plus das Onlinemedium an, können Sie durch diesen Bündelungseffekt auf jeden Fall bessere Erlöse erzielen. Es gibt noch einen weiteren Effekt, und zwar sind das ganz praktische Sachen der Abrechnung. Wir haben auch gesehen, dass gerade die Abrechnung von Kleinstbeträgen sehr schwierig ist. Dass es da noch keine technischen Lösungen gibt. Dass es da vielleicht Lösungen über Provider gibt. Wenn Sie über eine stabile Kundenbeziehung verfügen, z.B. als Zeitungshaus, als Zeitschriftenanbieter, haben Sie auch dort einen Möglichkeit, Kleinstbeträge abzusichern. Von diesen Punkten her ist es sehr attraktiv. Die Frage ist nur, ob das jetzt ein Übergangsstadium ist, also ob das nur eine Möglichkeit ist, auch neue Käufergruppen zu erschließen, die für das alte Medium Zeitung, Zeitschrift nicht mehr so stark frequentiert oder ob es wirklich eine langfristige Lösung ist. Es sicher in beiden Phasen wichtig, aber sicher auch eine gute Möglichkeit, langsam schrittweise als Medienanbieter die Käufer oder Rezipienten auf neue Felder zu bewegen.

Dr. Hess:

Wir haben in den beiden Tagen gesehen, dass immer ein zentrales Thema, was vielleicht noch nicht ganz gelöst ist, vakant wurde, nämlich die Mehrfachverwendung von Inhalten. Wenn man auf die Kundenseite sieht, heißt dass, das man versucht, mehrere Medienprodukte unterschiedlich in Medien zu integrieren. Wir haben auch bekannte Beispiele gesehen; Books on Demand, wo man ein klassisches Produkt mit dem Medien sogar in der Konfigurationsphase sehr erfolgreich verbindet. Oder auch im Fernsehbereich, wo man z.B. eine Fernsehsendung wie „Big Brother" durch sehr attraktive Angebote im Internet ergänzt. Wenn man da gerade diese integrierten Produkte aus ökonomischer Sicht betrachtet, sind die überaus attraktiv. Einmal hat man die Vorteile bei den Produktionskosten, zumindest in Teilen. Sie brauchen Inhalte, wenn Sie es wirklich hin bekommen, nicht n-fach erstellen. Dann haben Sie die Marke. Das ist schon ein paar mal strapaziert worden. Im Medienbereich weiß man ja vorab nie, wenn man ein Produkt kauft, was „drin ist". Deswegen werden im Medienbereich so stark die Markennamen berücksichtigt. Da kann man wunderbar von dem klassischen Medium, dem Fernsehen zum Beispiel, oder auch der Zeitung, der Zeitschrift, das langsam auf ein neues Medium übertragen. Aber das hat noch ganz andere praktische Gründe. Gerade wenn wir im Zeitungsbereich sind und dort die Kleinanzeigen betrachten, sieht man, wie man wirklich Masse schaffen kann. Es ist ja heute nicht attraktiv, eine Kleinanzeige ausschließlich ins Internet zu setzen, sondern Sie wollen gerade bei der Reichweite eher eine Kombination haben. Wenn Sie da als Anbieter sagen können: ich biete das Printmedium plus das Onlinemedium an, können Sie durch diesen Bündelungseffekt auf jeden Fall bessere Erlöse erzielen. Es gibt noch einen weiteren Effekt, und zwar sind das ganz praktische Sachen der Abrechnung. Wir haben auch gesehen, dass gerade die Abrechnung von Kleinstbeträgen sehr schwierig ist. Dass es da noch keine technischen Lösungen gibt. Dass es da vielleicht Lösungen über Provider gibt. Wenn Sie über eine stabile Kundenbeziehung verfügen, z.B. als Zeitungshaus, als Zeitschriftenanbieter, haben Sie auch dort einen Möglichkeit, Kleinstbeträge abzusichern. Von diesen Punkten her ist es sehr attraktiv. Die Frage ist nur, ob das jetzt ein Übergangsstadium ist, also ob das nur eine Möglichkeit ist, auch neue Käufergruppen zu erschließen, die für das alte Medium Zeitung, Zeitschrift nicht mehr so stark frequentiert oder ob es wirklich eine langfristige Lösung ist. Es sicher in beiden Phasen wichtig, aber sicher auch eine gute Möglichkeit, langsam schrittweise als Medienanbieter die Käufer oder Rezipienten auf neue Felder zu bewegen.

Prof. Eberspächer:

Vielen Dank. Herr Hess. Herr Spanik, vielleicht zu dem gleichen Thema noch Ihre
Meinung verbunden mit der Frage: Ist denn das so einfach wie es zumindest in den
zwei Tagen verkündet wurde, dass man die Erzeuger, die Autoren, die Redakteure
usw., dazu bringt, dass sie für beide oder mehrere Schienen den Inhalt gleich einmal
produzieren? Das scheint mir doch nicht so einfach.

Herr Spanik:

Ich glaube, dass es nicht nur nicht einfach ist, sondern einfach Blödsinn wäre, weil
es nicht funktioniert. Jedes Medium hat eine eigene Sprache und das Hauptproblem,
was in den zwei Tagen deutlich wurde und in vielen Bereichen, wenn ich mit Leuten
aus dieser Branche rede....Wir tun ja so, als wenn das Internet oder was auch immer
an elektronischem Medium kommt, fertig wäre. Wir sind weit davon entfernt. Um
eine kurze Analogie herbeizuführen – das Telefon wurde von allen Seiten strate-
gisch als so irre wichtig erachtet, dass man ganz sicher war, von vornherein erkannt
hat, dass in jeder Stadt eins sein müßte. Das ist eine technische Aussage und die
IBM bzw. damalige Geschäfte der IBM schätzten den weltweiten Bedarf von
Personal Computern auf ca. 1000, vielleicht 10.000 (darüber streitet man noch) ein.
Wir haben eigentlich noch nie geschafft, etwas, was wir angefangen haben, auch
nur annähernd in seinem Ergebnis zu beurteilen. Warum sollte es hier der Fall sein?
Ich weiß nicht, was passiert wäre, wenn wir 10 Jahre nach den ersten Autos angefangen hätten, uns Gedanken zu machen, wie wir das jetzt standardisieren, wie das
alles sein muss. Wir wären wahrscheinlich zu dem Ergebnis gekommen, dass einer
der wesentlichen Faktoren die Verfügbarkeit von genügend Apotheken ist, weil das
damals der Lieferant für Benzin war und selbstverständlich wäre in der Standard-
ausstattung jedes Autos auch entsprechend Baldrian gewesen, weil bei 20, 25 km/h
zu fahren, unglaublich aufregend war. Mit anderen Worten heißt das, dass ich
glaube, dass wir momentan an einem Punkt sind, wo man nicht sagen kann, wie
denn Netzprodukt aussieht. Wir sind in dieser Diskussion und haben gesagt: Interaktiv muss es sein. Was wir hier machen, ist völlig asynchron zum Netz. Wir sitzen
hier und reden und die dürfen noch nicht einmal anstimmen, ob Sie weiter reden
sollen oder aufhören. Das dürfen wir alles nicht und trotzdem sind die da und zwar
gar nicht einmal so wenige nach immerhin zwei Tagen Kongress. Das finde ich
erstaunlich. Stellen Sie sich im Fernsehen – ich will jetzt gar nicht auf die Berichterstattung der aktuellen Tage eingehen – einen ganz normalen Fernsehabend vor:
der Kollege vom Heute Journal würde sagen: BSE in Deutschland hat wieder einen
neuen Fall. Wollen Sie wissen, wo der Fall ist? Wollen Sie lieber die Hintergründe
zu BSE wissen? Oder wollen Sie einen Grundlagensatz zum Thema „Auswirkungen von BSE" haben? Dann sitzen Sie da und sagen: Erst einmal will ich
wissen, wo das ist. Stellen Sie sich das Spiel drei Minuten lang im Fernsehen vor
und spätestens dann kommt der Zeitpunkt, wo Sie sagen: Dein Job war es, mir zu
sagen, was heute wichtig ist, nicht mein Job, Dir permanent zu sagen, ob Du mir das

oder jenes erklären sollst. Wir haben also ein Medium generiert, das interaktiv ist. Genau das tun wir heute im Netz. Wir verlangen von den Leuten, sich permanent zu entscheiden; alle 20 Minuten hier- und dorthin zu klicken. Wir sind an einem Punkt, wo wir sagen, dass wir eigentlich etwas ganz Tolles gemacht haben. Wir haben Print ins Netz geholt. Ich mache mir keine Sorgen um die Verlage. Ich mache mir auch keine Sorgen um die Zeitschriften und Tageszeitungen, weil ich nicht glaube, dass diese Form adäquat ist, nämlich dem Medium, das irgendwie gerade entsteht, dessen Ergebnis wir heute noch nicht kennen. Und so lange das nicht adäquat ist, wird es keinen Sinn machen, einen Autor dazu zu bringen, alles gleich mitzumachen. Wenn er ein guter ist, haben wir schon des öfteren festgestellt, dass es sich nicht so gut im Kino verkauft, wenn einer da sitzt und seine Geschichte vorliest. Die Tendenz ist, und das sagt Ihnen jeder gute Fernseh- und Filmproduzent, ein Drehbuch auf Basis eines bestehenden Buches zu machen, ich rede jetzt von belletristischen Strukturen, ist praktisch eine Neugeburt, weil ganz viele Dinge einfach anders funktionieren in diesem Medium. Die Konsequenz daraus ist, was wir lernen müssen, ist, Programm zu entwickeln. Es gab diesen wunderbaren Satz, der in den letzten Jahren so viel wert war; nämlich der Content. Ich glaube, dass Content eigentlich nichts wert ist, weil Content kein ungesetztes Programm ist. Ich will Ihnen kurz noch den Unterschied erklären, den ich zwischen Content und Programm sehe. Content sind 23 Autos, die im Kreis fahren. Das passiert im Münchner Ring permanent, und es sind mehr als 23. Es guckt aber keiner hin. Sobald Sie sagen: der Erste, der ankommt, hat gewonnen, wird daraus langsam, aber sicher Programm. Wenn Sie eine Regel aufstellen, gibt es eine weiße Linie, über die es nicht fahren darf, wird daraus spannendes Programm. Irgend jemand muss anfangen, sich Dinge zu überlegen, wie aus einem Event Programm wird. In dem Aspekt werden wir noch sehr viel lernen, und ich mache mir auch deshalb um Autoren keine Sorge. Ich glaube aber, dass wir sehr viel für die Ausbildung dieser Menschen tun, denn im Moment ist es so – Sie kennen es aus dem schriftstellerischen Bereich und dem Werbebereich –, dass den ganzen Tag gejammert wird, dass wir keine Autoren haben. Aber es tut auch keiner etwas dafür, dass wir Autorenausbildung haben, sei es für Fernsehen, sei es für andere Medien. Das heißt, wir werden viel umlernen müssen. Wir werden die Talente verschiedener Leute in unterschiedlichen Medien hineinstecken müssen. Für diesen neuen Bereich, der da kommt und in Teilaspekten sicherlich mit Interaktivität zu tun hat, aber in Teilaspekten auch einfach mit Konsumieren, denn Menschen konsumieren Medien. Ich glaube, dass wir an vielen Stellen ausbilden müssen, den Leuten etwas beibringen müssen. Dann werden sicherlich viele Fragen des Rechts, die hier gestellt wurden, der Vergütung von Autoren, diese Urheberrechtsgeschichten, werden dann ganz anders betrachtet werden, weil Autor A ein tolles Buch schreiben kann, Autor B ein tolles Programm für das Internet machen kann, Autor C ein super Drehbuch daraus machen kann. Das ist einer der sinnvollsten Schutzmechanismen, die die Autoren und die Kreativen haben, nämlich ihr ganz besonderes Talent. Um das geht es hier, und wir versuchen es zu diskutieren, als wäre es Technik. Das Problem ist im Internet – und das ist schon seit einigen Jahren der Fall –, dass die Techniker uns sagen, wie

Programm ausschaut. Wenn die das könnten, dann wäre der Oberbeleuchter des ZDF der Programmdirektor. Wir wissen nicht, wer der nächste werden wird, aber es ist sicherlich nicht die finale Lösung gewesen.

Prof. Eberspächer:

Vielen Dank. Meine Frage kam daher, dass es beispielsweise in dem News Bereich, wo es vielleicht um nicht so furchtbar komplexe Dinge geht, natürlich schon die Möglichkeit gibt, etwas für eine Website und gleichzeitig für ein Handy zu produzieren. Man hat dieselbe Grundinformation. Wir haben auch gehört, dass das teilweise bereits so praktiziert wird. Es ist sicher mit den Problemen verbunden, die Sie genannt haben.

Prof. Saur:

Direkt dazu: Wir können die Zukunft in überhaupt keiner Weise vorher bestimmen. 1931 wurde den deutschen Zeitungsverlagen angeboten, die Rundfunkhoheit komplett wirtschaftlich zu übernehmen und nach ihren Auflagen verteilt, die Anteile am deutschen Rundfunksystem zu bekommen. Dann haben sie erklärt, dass sie dieses Risiko nie eingehen könnten, weil die wirtschaftliche Lage so katastrophal mit dem Rundfunk sein könnte, dass das nicht geht. Oder Diebold hat 1959 eine umfassende Analyse für eine Million Mark gemacht, als die ersten Xerox-Kopien aufkamen. Bis dato gab es nur Agfa-Nasskopien, die damals eine Mark pro Kopie kosteten. Xerox stellte ein System vor, wo die Kopien auf 6 oder 8 Pfennig herunter gehen sollten. Die Recherche ergab, dass man 400 Exemplare des Gerätes in Deutschland verkaufen könnte und dann wäre der Bedarf restlos gedeckt. Wenn Sie auf der anderen Seite sehen, welche Prognosen wir noch vor 3 Jahren zum Internetbuchhandel hatten, und was die Realität heute ist. Oder die Diebold Studien über die Einführung der Bildplatte, dass sie kurz vor der Einführung stehen würde und gekommen ist sie nie. Oder eine Diebold Studie, die festgestellt hatte, wenn man sie zu Ende gelesen hat, dass im Jahr 2002 schon das Doppelte der Weltbevölkerung am Internet angeschlossen sei, dann sehen Sie, dass alle diese Prognosen nichts nützen, sondern dass der Markt immer wieder die Entwicklung reguliert. Wenn ich einen Bedarf an guten Kriminalromanen habe, dann steigt das Honorar dafür und gleicht sich immer wieder aus. Ein Punkt ist noch ganz wichtig. Es gibt immer weniger den Fall, dass ich einen Inhalt von der jetzigen Buchform unverändert in die elektronische Form übertragen kann. Wir haben ganz andere Möglichkeiten und ganz andere Bedürfnisse. Platz spielt in der Elektronik so gut wie keine Rolle, beim Papier eine gewaltige Rolle. Die Kostenarten und das Benutzerverhalten ändern sich massiv.

Prof. Eberspächer:

Herr Kohlhepp, Sie hatten uns auch geschildert – vielleicht sollten wir das noch einmal aufgreifen –, dass Sie verschiedene Medien nutzen. Da würde mich interessieren, ob da die gleichen Menschen beteiligt sind, um die Dinge zu produzieren oder ist der Stellenmarkt jetzt ein schlechtes Beispiel? Haben Sie einen Cross-Media Ansatz?

Dr. Kohlhepp:

Ja, wir haben einen Cross-Media Ansatz, sind aber als Unternehmen völlig eigenständig und arbeiten insofern separat von den Verlagen. Wir nutzen einen Teil der Dienstleistungen von denen. Die sind Lieferant für uns. Die Daten, die wir bekommen, werden dann aufbereitet. Aber im Grunde ist es eine vollkommen eigenständig Company, die dann wiederum vielleicht den Vertrieb der Verlage in einzelnen Teilen nutzt. Aber vom Grundsatz her ist es vollkommen losgelöst.

Prof. Eberspächer:

Mir liegt noch auf der Zunge, Herrn Hess zu fragen, ob wir denn jetzt angesichts der bekannten Fehlprognosen weder Marketing noch Marktstudien brauchen, weil alles ohnehin dann nicht so eintrifft?

Dr. Hess:

Ein Punkt ist sicher, dass sich Medienunternehmen bisher nicht sehr stark im Vergleich zur technologischen Industrie mit der Produktentwicklung wirklich systematisch beschäftigt haben. Bei diesen Prozesse, die man teilweise in der Hightech-Industrie kennt, wäre es auf jeden Fall eine Überlegung wert, systematisch Produktentwicklung in Verknüpfung mit den Online-Medien neu aufzurollen, um da zumindest eine bisschen bessere Treffsicherheit zu bekommen. Eine zweite Möglichkeit, die ganz woanders herkommt, wäre eine Art Portfoliostrategie. Das ist genau das, was große Medienunternehmen jetzt auch gemacht haben. Wenn man genug Geld hat, nimmt man einfach verschiedene Projekte heraus. Der Trick ist, dass die Projekte weitgehend unabhängig voneinander sein sollten. So setzen Sie auf schönes Wetter, einmal auf schlechtes Wetter und am Ende werden Sie richtig liegen. Das ist natürlich jetzt zu einfach. Aber von der Idee her war das eigentlich auch die Strategie, die viele Medienunternehmen gefahren haben, wenn es um die Erkundung neuer Medien geht. Man hat einfach versucht, das ganze Feld auszuloten und am Ende, wenn von 10 Projekten zumindest zwei wirklich erfolgreich waren, hat man doch noch ein positives Ergebnis gehabt. Gefährlich wird es natürlich nur, wenn man in die einzelnen Projekte nicht nur ein bisschen Geld stecken muss, sondern gleich am Anfang einen hohen Block von Fixkosten aufbaut, den man eigentlich gar nicht mehr im Laufe der Projekte anpassen kann. Anzumerken

bleibt, dass die Möglichkeiten der leichten Verbesserung der Marktforschung oder
des Marketing vielleicht den kleinen Anbietern nicht so offen stehen.

Prof. Eberspächer:

Wobei sich die Frage stellt, was dann erfolgreich ist? Gestern gab es wirklich einige
Beispiele, die ich als erfolgreich betrachtet habe, weil da auch von Profitabilität die
Rede war; denken wir an die Online-Aktivitäten in Vorarlberg. Auf der anderen
Seite kam heute – auch in Hintergrundgesprächen – doch immer wieder heraus, dass
eigentlich niemand so richtig verdient. Woher kommt das eigentlich?

Dr. Hess:

Das Problem ist besonders stark, wenn Sie mehrere Medien haben. Nehmen wir das
einfache Beispiele: Sie haben eine klassische regionale Tageszeitung, und Sie
ergänzen das durch ein Online-Angebot. Ihre klassischen Kalkulationsverfahren,
wo Sie einfach diese beiden Medien betrachten, am Ende erhalten Sie so etwas wie
einen vorläufigen Gewinn, wie wir es als Deckungsbeitrag betrachten. Das funktioniert nicht, weil Sie wahrscheinlich beim Online-Bereich am Ende immer eine
rote Zahl haben werden. Es gibt zwei neue Ansätze, um das ein bisschen besser in
den Griff zu bekommen. Der erste Ansatz ist ein sogenannter Kundenlebenszyklus-
wert. Sie betrachten nicht mehr Ihre beiden Kanäle, sondern Sie betrachten eigentlich den Kunden, einen ideal typischen Kunden vielleicht, wie er sich über 2,
3 Jahre – gerade bei abonnentenbasierten Diensten – sich verhält. Sie rechnen
Akquisitionskosten, die Kosten für seine Erhaltung und natürlich die Umsätze
dagegen; sowohl die direkten Erlöse als vielleicht auch die Werbekosten. So können
Sie, zumindest sind die ersten Versuche so gewesen, vielleicht ein bisschen
abschätzen, ob da überhaupt die Investitionen Werbung in verschiedene Kanäle
möglich ist. Das ist die eine Variante. Die zweite Variante ist ein Verfahren, was wir
gerade bei einem Zeitungshaus ausprobiert haben, wie man versuchen kann, indi-
rekte Effekte über Kausalketten zumindest einigermaßen rechenbar zu machen. Das
ist nicht das Rechenbare, was sich vielleicht ein Controller vorstellt, der am Ende
dann wirklich eine Zahl hat, also DM und Pfennig oder Euro und Cent. Aber man
kann zumindest bei einer strategischen Diskussion eine Wechselwirkung zwischen
Medien betrachten. Das können auch auf einer Ebene Imageeffekte sein. Dabei
kann sein, dass sich die Lebensdauer eines Kunden im abonnentenbasierten Dienst
einfach dadurch erhöht hat, dass es jetzt einen zusätzlichen Online-Dienst gegeben
hat.

Prof. Eberspächer:

Wir sind eigentlich schon mitten im eCommerce-Thema; wir reden über Geld. Herr
Amor, eigentlich hat doch die Online-Welt einen Riesenvorteil, wir können besser
messen, was eigentlich der Kunde will. Ich meine jetzt z.B. durch Page-Impressions

oder ähnliche Methoden. Das können wir nicht, wenn wir zum Beispiel im Fernsehen werben. Das geht dort nicht so einfach. Ist das nicht ein Fortschritt und nützt das etwas? Sind das nicht objektivere Messmethoden und was sagen Sie dazu?

Herr Amor:

Ich denke erst einmal, das es durch die neuen technischen Möglichkeiten neue Möglichkeiten gibt, den Leser zu kontrollieren. Aber z.B. durch Page-Impressions kann ich nicht nachvollziehen, wieviel der Seite vom Leser wirklich erfaßt worden ist. Ich kann nicht erfassen, ob er die Werbung oben gelesen hat, ob er den Text unten gelesen hat, ob es ihn wirklich interessiert hat oder ob er aus Versehen darauf geklickt. Dazu sind die Maßnahmen noch viel zu schwach. Man kann zwar sehr viele Informationen über Benutzer einer Webseite erhalten, viele können jedoch mit den Erkenntnissen nicht viel anfangen. Es gibt in der Forschung schon Versuche, mit sogenannten Eyecheckern nachzuvollziehen, wo die Augen auf der Webseite hingucken. Es wird immer mehr versucht, in die eigentliche Privatsphäre des Lesers einzudringen, um herauszufinden, was ihn interessiert, wie man das am besten aufbereiten kann, dass er es auch erfassen kann. Aber bisher kann man sehr viele Informationen sammeln. Wenn ich von unseren eBusiness-Projekten bei Kunden ausgehe, so sagen diese, dass sie alles erfassen wollen, was der Kunde auf der Webseite macht. Ich sage dann, er soll eine Festplatte kaufen, die ein Terrabyte groß ist, damit er alles sammeln kann. Das Problem ist: Was mache ich mit den Informationen? Die Qualität der Informationen muss man noch entsprechend bewerten. Systeme, die einfache Rückschlüsse über das Benutzerverhalten geben können, gibt es bereits sehr viele, aber je komplexer eine Anwendung im Internet ist, desto schwieriger wird es, die richtigen Informationen zu sammeln und daraus korrekte Rückschlüsse zu ziehen.

Prof. Saur:

Das Problem stellt sich für Verlage folgendermaßen dar: Über Generationen wurden Bücher und Zeitschriften gekauft, insbesondere von Bibliotheken, in dem Verdacht, dass sie irgendwann benutzt werden. Ich bin natürlich glücklich, wenn ich in der Bibliothek des Deutschen Museums sitze und mir ein Buch von 1870 ausleihe über Papier- oder Druckgeschichte und der Bibliothekar schneidet dieses Buch vor mir auf, weil es bisher noch nie benutzt worden ist. Ich bewundere die Klugheit des Bibliothekars, vor 130 Jahren, dass der gewußt hat, dass ich eines Tages kommen werde, um dieses Buch zu benutzen, und ich bin ihm dankbar für diese wertvolle Anschaffung. Einen effektiven Nutzen hat es bisher eben noch nicht gehabt. Das heißt, es werden Tausende von Zeitschriften abonniert, die nie oder minimal benutzt werden, aber weil sie schon immer abonniert worden sind, werden sie weiter abonniert. Bei der elektronischen Benutzung kommt es innerhalb kürzester Zeit zum Schwur. Jeder kann sofort nachprüfen, wieviel Zugriffe es auf dieser CD ROM gibt oder wie oft dieser Online-Zugang benutzt wird. Und es wird brutal abbestellt, wenn die Nutzungsfrequenz nicht ausreicht. Hier ist es viel schwieriger, den Inhalt zu verkaufen. Für uns galt immer noch der schöne Spruch „ein gutes Buch ist ein verkauftes Buch". Damit konnten wir unsere Kosten weitgehend decken. Bei der elektronischen Information können wir nur hervorragende Inhalte liefern, die auch benötigt werden. Mir erzählt eine Bibliothek sofort, die und die CD ROM ist in der obersten Gruppe der Benutzung, hat so und so viel Benutzer pro Monat und pro Woche, aber die und die haben eigentlich gar keine. Die bestellen wir jetzt wieder ab. Die Auswirkung ist sehr viel schneller. Wir kriegen auch bei der elektronischen Information sehr viel schneller den Feedback, was gut und was schlecht ist, dass die sagen: der Titel klingt gut, aber es ist nicht aufbereitet, es ist nicht genügend indexiert und all diese Fragen.

Prof. Eberspächer:

Ich muss sagen, dass ich viele dicke elektronische Dokumente genauso wegwerfe, wie man manches Buch einfach in die Ecke stellt. Das passiert bei Online genau.

Herr Spanik:

Das Problem ist so ein bisschen, dass die werbetreibende Wirtschaft, wenn wir das Internet mit dieser wunderbaren Messbarkeit betrachten, das Problem hatte, feststellte, dass sie gern ein neues Volk hätte, nämlich eins, dass dann möglichst zu 80 % dann auch kauft, wenn es etwas gesehen hat. Kein Mensch ist vorher auf die Idee gekommen, beim Spiegel zu hinterfragen, ob die Daimler Anzeige jetzt sofort Massenhysterien zum Kaufen auslöste. Wir wissen schon, die große Problematik eines Werbeschaffenden war immer der Coupon. Jetzt hat er so eine schöne Anzeige gemacht und dann kommt der Kunde und sagt: Ich will einen Coupon. Das Schlimme an dem Coupon ist, dass er zurück kam oder, Gott bewahre, dass er nicht zurück kam. Dann sagt man ihm: Das war eine schöne Anzeige. Sie hat auch einen Preis gekriegt, hat aber leider nichts bewegt. Diese Systematik haben wir dann gemacht uns so kam die Blasen zustande, in denen wir sagten, dass alles meßbar ist, was hier passiert. Das Blöde ist, dass das auch stimmte. Jetzt kommt noch etwas anderes dazu, was Sie sagen, damit man nicht denkt, dass ich von der Theorie rede. Wir haben zurzeit drei Projekt laufen, die vor allen Dingen über passive Strukturen funktionieren. Da ist ganz interessant, dass wir dafür sorgen, dass die Leute sich zurück lehnen, d.h. die einzige Interaktiventscheidung, die Sie am Anfang treffen, ist, dass Sie das jetzt sehen wollen. Dann setzen Sie sich zurück, und in dem Moment, wo die das abwählen, weiß ich, dass ich ein Problem habe. Dann müssen die nämlich wieder mit der Hand an die Maus und etwas tun. Solange Sie das nicht tun, folgen Sie meiner Argumentation. So bin ich sehr wohl in der Lage herauszufinden, welchen Content Sie wahrgenommen haben, weil Sie ja etwas hören. Dabei sind wir allerdings sehr rigoros; wir blockieren das komplette Desktop, also wir lassen nicht zu, dass er nebenbei noch arbeitet. Das wollen wir nicht. Entweder er will es sehen, oder er will es nicht. Die Konsequenz daraus ist, dass wir dadurch ein gutes Gefühl dafür haben, was er tut. Aber es ändert nichts daran, dass die Messbarkeit des Internet zu Marktforschungszwecken – in diesem Zusammenhang ist das sehr gut möglich. Wir können sehen, welche Themen funktionieren – zwar dient, aber leider nicht dafür sorgt, dass das Marktforschungsergebnis positiv ist. Die Konsequenz ist, hier wird der Überbringer der schlechten Nachricht geschlachtet. Das ist ein Stück weit auch das, was bei dem Themenkreis New Economy passiert. Ich glaube nicht, dass es darum geht, was wir noch alles messen könnten. Bei der Terrybyte-Festplatte kann ich mir gut vorstellen, Sie habe auch gerade einen größeren Einkauf getätigt oder wollen den tätigen, dass Sie gern Terrabyte-Festplatten verkaufen würden. Unabhängig davon ist es so, dass es nicht das entscheidende Kriterium ist, wieviel Daten ich kriege, sondern wie immer schon, welche Daten ich wie interpretiere. Das wird uns sehr viel weiterhelfen, und das ich akzeptiere, dass die Welt nicht zu 100 % aus Käufern besteht.

Prof. Eberspächer:

Jetzt machen wir einen kleinen Schnitt und wollen noch Fragen aus dem Publikum aufgreifen. Frau Kollegin Theis-Berglmair bitte!

Prof. Theis-Berglmair:

Ich habe zwei Fragen, einen konkrete Frage und noch eine Anmerkung. Die konkrete Frage geht an Herrn Wiebe und zwar betrifft das die Konsequenzen des neuen Urheberrechts für die Verbreitung wissenschaftlicher Informationen. Wir haben in der Pressekonferenz eine Anmerkung gehört, dass jetzt Wissenschaftler nicht mehr ohne weiteres ihre Kopien, die Sie einmal publiziert haben, einfach so weitergeben können, weil das urheberrechtliche Probleme geben würde. Das habe ich nicht verstanden, weil ich schlichtweg mit diesem neuen Urheberrecht nicht vertraut bin. Das ist meine konkrete Frage. Die Anmerkung ist an keine bestimmte Person hier gerichtet. Ich habe mir bei dieser ganzen Sache überlegt, dass es laufend darum geht, wie ich Gewinn mache. Das ist klar. Davon leben die meisten, die hier sind. Ich denke aber auch daran, dass es bei Wissen, bei der Produktion von Wissen, bei der kreativen Umsetzung von Wissen immer auch auf diese Kontextualisierung ankommt. Es gibt bestimmte Informationsbestandteile, die – wir kennen das aus der Wissenschaft ziemlich lange – irgendwo einmal schlummern und irgendwann werden sie herausgezogen, in einen neuen Kontext gefaßt und ergeben dann eine gewisse Dynamik. Die Frage ist, wie schaffen wir es, auch Wissensbestände, die auf den ersten Blick unnütz erscheinen, so zu bewahren, dass sie uns zur Verfügung stehen, obwohl eigentlich im Augenblick kein Geld damit zu verdienen ist, sondern sie liegen einfach brach herum, unnützes Wissen. Wir haben auch durch diese neue Technik die Möglichkeit, das Wissen wieder sehr schnell zu entleeren. Das scheint mir ein sehr fundamentales Problem zu sein, zumindest was die gesellschaftliche Nutzung von Wissen in einem längeren Zeitraum anbelangt.

Dr. Wiebe:

Es gab bisher im Urheberrechtsgesetz eine sog. Schrankenbestimmung für die Nutzung von Kopien für wissenschaftliche Zwecke, d.h. man durfte ohne Zustimmung des Urhebers Kopien für wissenschaftliche Zwecke anfertigen. Es gibt jetzt, wie Sie richtig sagen, eine neue Urheberrechtsrichtlinie der EU, die auch schon verabschiedet und bis Ende 2002 umzusetzen ist, wo auch die Frage der Schranken geregelt ist, die ja ein wichtiger Punkt bei der Abwägung der Interessen der Urheber auf der einen und der Allgemeinheit auf der anderen Seite sind. Wissenschaft ist ja auch ein Bereich, der sehr viel Informationen benötigt. Diese Frage war auch umstritten, und es gibt innerhalb Europas auch verschiedene Regelungen. Manche haben engere Schrankenregelungen, manche haben weitere Schrankenregelungen. Sollen wir diesen Bereich harmonisieren? Wenn ja, wie sollen diesen Bereich harmonisieren? Man hat sich auf einen Kompromiss geeinigt und gesagt: Im Prinzip können die Mitgliedsstaaten ihre Schranken beibehalten, soweit sie bisher waren. Wir sagen aber genau oder listen genau auf, welche Schranken in Zukunft noch erlaubt sein werden. Auf der einen Seite Freiraum, auf der anderen Seite aber auch genau Umgrenzung des Bereiches, der davon betroffen ist. Und diese Schranke für wissenschaftlichen Gebrauch ist also weiterhin im Katalog mit enthalten, d.h. der deutsche Gesetzgeber kann im Prinzip die bisherige Rechtslage aufrecht erhalten. Er muss allerdings dafür sorgen, dass die Autoren auch entsprechend vergütet werden, was aber nach den bisherigen Regelungen im deutschen Gesetz auch so vorgesehen ist, so dass wir in diesem Punkt auch von der Richtlinie keine großen Änderungen zu erwarten.

Prof. Eberspächer:

Vielen Dank. Die andere Frage war jetzt: Was ist wert und wer entscheidet darüber, welches Wissen aufbewahrt wird? Vielleicht fangen wir einmal bei dem an, der auch das verlegerische Risiko hat, wenn er alles weiterhin verlegt und aufbewahrt?

Prof. Saur:

Zwei Dinge sind dabei zu berücksichtigen. Das Eine ist die Deutsche Forschungsgemeinschaft als Hauptsponsor oder das Bundesministerium für Forschung und andere Einrichtungen. Die sagen, dass die und die geistigen Bestände des vergangenen Jahrhunderts sind es wert, wieder zugängig gemacht und digitalisiert zu werden und damit der Forschung oder der Allgemeinheit zur Verfügung gestellt zu werden. Das sind in den meisten Fällen Projekte, die unendlich viel Geld kosten und die durch diese Verbreitung niemals die Kosten decken, die dabei entstehen, wo man aber, aus welchen Gründen auch immer sagt: Hier gibt es Wissensbestände, die jetzt nicht zugänglich sind und nicht benutzbar sind, weil es zum Teil Bücher sind, die vom Papierzerfall bedroht sind und deshalb nicht mehr ausgeliehen werden können oder weil sie so angelegt sind, dass man sie nicht benutzen oder lesen kann.

Das Zweite ist, dass man als Verlag immer wieder auf der Suche ist – wir machen jetzt gerade ein Projekt, wo wir festgestellt haben, dass es die Verfassungen der Welt an keiner Stelle zusammengefaßt gibt. Wir gehen jetzt daran, dass wir alle Verfassungen aller Länder aller Zeiten entweder in digitaler Form oder ggf. wenn es kostenmäßig dort nicht finanzierbar ist, in Microfish-Form komplett vervielfältigen. Es gibt z.B. vier bayerische Verfassungen, drei preussische und das Grundgesetz ist mehrfach überarbeitet worden. Also es gäbe rund 1000 verschiedene Ausgaben von Verfassungen weltweit. Jeder Historiker sagt für die Geschichte eines Landes, für die Wirtschafts-, politische und Parlamentsgeschichte ist das ein ungeheuer wichtiges Material, aber es ist jetzt nicht zugänglich. Hier sehen wir einen Ansatz, dass wir sagen, dieses Material können wir schöpfen, die Kosten der Ermittlung, der Erstellung bezahlen und uns vom Markt zurückzahlen lassen. Wir haben hier ein Risiko, aber wir sind der Meinung, das es ein überschaubares Risiko ist, wie wir das machen. Oder wir schließen jetzt gerade unser biografisches Weltarchiv ab mit 8 Millionen Artikeln, die in den letzten 400 Jahren weltweit veröffentlicht worden sind. Die stellen wir jetzt in einem System zur Verfügung in Online-Form und in Microfish-Form und in Buch-Indizes etc. Das ist ein wunderbares Gewinnobjekt, wo wir eine solche Idee hatten, die biografische Information der Vergangenheit komplett neu zugänglich zu machen, die bisher höchsten 20 % noch zugänglich war.

Herr Amor:

Ich denke, mit dem Internet hat man jetzt auch die Möglichkeit, relativ kostengünstig unnützes Wissen zu parken. Das Problem mit dem Internet ist zurzeit, dieses unnütze Wissen zu dem Zeitpunkt wieder auszugraben, wenn man es braucht. Das heißt, wir bräuchten so eine Art Metastruktur über das Internet, die mir sehr leicht diese unnützen Daten wieder zugänglich macht. Ich denke, ohne zu übertreiben, dass 95 % der Informationen, die im Internet stehen, im Augenblick unnütz sind und auch nicht genutzt werden. Es kann natürlich sein, dass sich in 10, 15 Jahren jemand darauf beruft, weil es dann in irgendeinem Kontext Sinn macht. Diese Information wieder zu finden, wird sehr schwierig sein. Jemand muss sich Gedanken machen, wie man diese unnützen Informationen in einem bestimmten Kontext wieder zugänglich machen kann. Da im Internet jeder Autor auch quasi zum Verleger werden kann, mit nur sehr geringen Kosten, entsteht zurzeit eine riesige, unstrukturierte Datenbank, die nicht sinnvoll miteinander verknüpft ist. Verlage werden sich hüten, Informationen zu horten, die sie für unnütz ansehen, aber Einzelpersonen können ihre persönlichen Interessen ohne großen Aufwand ins Internet stellen und theoretisch der gesamten Welt zugänglich machen. Verlage sollten in der Lage sein, diese Informationen zu finden und entsprechend aufzubereiten, falls Bedarf entsteht.

Prof. Saur:

Im Internet kann ich nur die Informationen zugänglich machen, die schon elektronisch gespeichert sind. Alles andere, was ich erst digitalisieren muss, ist mit einem Kostenaufwand verbunden, der nur dann gedeckt wird, wenn ich a) eine DFG finden, die viel Geld zu geben bereit ist oder b) ein so interessantes Produkt, dass der Markt es bezahlt. Aber das Internet hilft nur, wenn schon die Digitalisierung erfolgt ist.

Dr. Kohlhepp:

In Bezug auf potenziell wertvolles Wissen, das aktuell keine Vermarktungschancen hat, denke ich, werden die Unternehmen keinerlei Tätigkeiten entfalten, dieses zu sichern. Da bewegen wir uns ganz klar im Bereich der Stiftungen und alles, was öffentlich rechtlich ist, universitär oder Institutionen dieser Art. Gleichzeitig gibt es eine ganze Reihe von Informationen, die erhalten bleiben werden in den Unternehmen selber, wo man heute vielleicht vermuten würde, dass die die doch sicherlich nicht aufheben werden. Ich möchte ein Beispiel bringen: Wir werden die Immobiliendaten, die wir über unsere Anzeigen bekommen, sehr langfristig speichern, nutzen und aufheben, weil wir darüber werden analysieren können, wie sich Mikromärkte entwickeln. Wie ist die Tendenz? Geht die Tendenz Richtung Ein-Zimmer-Wohnung, Richtung Vier-Zimmer-Wohnung oder zum Einzelhaus? Das bezogen auf große Gebiete, auf ganz kleine Gebiete. Wie sind die Tendenzen bei den Preisen? All diese Dinge werden wir analysieren wollen. Insofern werden wir da über Jahre hinweg Daten erfassen. Das sind Daten, wo man vielleicht auf Anhieb gedacht hätte, dass eine Anzeige erschienen und die Wohnung irgendwann vermietet ist; das ist nicht mehr wichtig. Wir sehen das schon anders. Da sehen wir eine Vermarktungschance. Damit bin ich wieder beim Eingang. Wenn wir keine Vermarktungschance darin sehen, werden wir das Geld nicht aufwenden können. Es geht dabei weniger um einen Speicherplatz im Internet, sondern es würde dann darum gehen, dass sich jemand damit befaßt, es ins Internet zu bringen, es in irgendeiner Form zu kategorisieren und wieder auffindbar zu machen. Diese wären Ressourcen, die wir bereit stellen würden, um so etwas zu tun, und dieses können wir uns schlicht und ergreifend nicht leisten.

Prof. Eberspächer:

Die elektronische Speicherung wird uns zumindest noch ein paar Jahre helfen. Wenn wir einmal überlegen, so hat jeder von uns Älteren Computer gehabt, die noch kein Mbyte Speicher besaßen. Heute ist das anders. Ich staune immer wieder, wenn ich den freien Speicherplatz bei meinem anschaue, und da sind von den 6 Gbyte immer noch 4 frei sind. Was will ich damit sagen? Wenn wir die Technologieentwicklung in diesem Sektor betrachten, nicht nur bei den Magnetspeichern, sondern auch vor allem bei den optischen, dann haben wir noch mehrere Zehnerpotenzen, die nicht ausgeschöpft sind. Insofern denke ich, dass auch die Meta-struktur-Thematik ganz wichtig ist. Wir lassen das alles schön in den Speichern, auch wenn es, auf gut bayerisch, ein Schmarrn ist.

Aber was wir brauchen, sind Methoden, um die Daten nicht nur heute, sondern auch später wieder lesen zu können. Das macht mir viel mehr Kummer. Die Speicher werden wir kostengünstig kriegen.

Herr Spanik:

Die Metaebene ist Technik. Ich bin jetzt nicht gerade ein Technikfeind, aber mit Verlaub, wenn einer etwas sucht, was für ihn speziell als Einzelnen wichtig ist, dann wird er alle möglichen Anstrengungen unternehmen, um das zu finden. Für arbeiten oft für die Redaktion Zeitgeschichte des ZDF. Die leben davon, dass sie hinter Regale gucken, wo sonst keiner geguckt hat. Es ist mir gerade egal, ob der es schwer hat oder nicht. Wenn er Lust hat etwas zu finden, dann wird er es auch finden. Auf der Frankfurter Buchmesse, die jetzt bald sein wird, wird es wieder das berühmte Thema geben: Laßt keine Autoren rein. Das ist ein bisschen sehr gemein gesagt. Aber dort ist es ein bisschen so, dass man dort alle die finden möchte, die dort Bücher lizensieren und verkaufen. All diese Themen spielen eine große Rolle. Die Autorengespräche sind eigentlich vorher schon getroffen, abgesehen von den Prominenten. Das Entscheidende für mich ist eigentlich, dass es so viele Leute gibt, die ein Sendungsbewußtsein haben und denken, dass sie publiziert werden müssen, dass sie durch ein Netz, welcher Art auch immer, diese Option endlich kriegen. Man darf bei diesem Thema des Wissens nie die Hobbyisten vergessen, diejenigen die sagen: Ich publiziere, also bin ich. Die finden im Internet eine wunderbare Möglich-keit, und sie werden auch gefunden, so sie für 15 andere wichtig sind. Allerdings dürfen Sie ein großes Problem nicht vergessen. Das ist das Barbie-Puppen-Prinzip des Internet. Das Barbie-Puppen-Prinzip ist wie folgt: Sie kaufen Ihrer Tochter eine Barbie-Puppe. Das ist kein Problem. Die kostet 12,95. Aber die Klamotten bringen Sie um, weil die nämlich zwischen 30 und 40 Mark aufwärts, und was es sonst noch an Accessoires gibt. Das Internet funktioniert so: Ich mache eine Seite, dann mache ich eine zweite, eine dritte, dann sind es 100, 1000. Irgendwann brauche ich einen Server, Software, die das alle dann noch verschlagwortet. Ich brauche Menschen. Im Laufe der Zeit kriege ich einen gigantischen Verwaltungsaufwand, dafür, dass 5 Leute einmal im Jahr nachgucken, ob der Haufen, den sie normalerweise bei sich zuhause im Wohnzimmer liegen hätten, Zeitschriften, Videokassetten- die wollten Sie mal lesen, die wollten Sie mal gucken – noch da ist. Insofern ist es ein bisschen die Frage vom Pragmatismus, die hier eine wichtige Rolle spielt. Unabhängig davon, dass wichtige Dinge, Metatechniken, sicherlich sinnvoll sind. Aber ich glaube, dass wir auch die Kirche im Dorf lassen sollten. Nicht alles, was publiziert wird, ist wichtig. Wenn es denn einer finden will, wird er sich dafür schon anstrengen.

Dr. Hess:

Vielleicht noch eine kurze Anmerkung zum Thema: spätere Verwendung. Wenn wir uns das Szenario betrachten, so wird heute irgendwelches Wissen generiert, und wir wollen das in 30 Jahren in irgendeiner Form wieder verwenden. Ich bin mir auch nicht ganz sicher, ob da wirklich die technische Frage der Metadaten zur Lösung führen wird. Wenn ich mir heute vorstelle, wenn ich ein Dokument auszeichnen muss, ist es für mich selber ein Aufwand. Ich muss mich wirklich mit Klassifikationen beschäftigen, um es praktisch zu machen. Ich muss das einordnen usw. Das mache ich vielleicht in manchen Fällen, wenn ich da ein altruistisches Interesse daran habe, aber im großen Stil bin ich mir nicht sicher, ob man wirklich den Menschen dazu bewegen kann, etwas zu tun, was ihm letztlich kurz- oder mittelfristig nichts bringt. Deswegen hätte ich schon Bedenken, wenn man versucht, dieses Problem der Wissensauffindung, auch gerade der langfristigen, nur auf die sicher wichtige, aber nicht nur entscheidende Frage der Metastrukturen zu reduzieren.

Prof. Eberspächer:

Vielen Dank. Ich habe noch einen Komplex auf meiner Liste, den wir noch etwas vertiefen sollten. Das ist das Thema Endgeräte. Wie kommt der Nutzer, der Leser eigentlich zu dem Inhalt? In den zwei Tagen wurde auch immer wieder gesagt: Mobil wird das große Thema und die Inhalte werden auf verschiedenen Devices angeboten. Da wollte ich noch einmal Ihre Meinungen hören. Der eine Aspekt ist die Mobilität, also das Handy oder auch der PDA. Ein anderer Aspekt ist, ob wir die Sache nicht zu sehr aus unserer Gegenwartsperspektive sehen. Wir haben schon über elektronisches Papier geredet. Es gibt ja auch den Gedanken, dass man daheim „elektronische Tapeten" hat, also Displays, die irgendwo angebracht sind und quasi die elektronische Zeitung an der Wand anbieten. Wie steht es mit solchen Visionen? Sind die eigentlich realistisch? Ich fange vielleicht bei Ihnen an, Herr Dr. Kohlhepp. Stichwort: UMTS. Glauben Sie, dass jemand solche Angebote, wie Sie sie machen, auch an solchen Endgeräten wie dem Handy wahrnimmt, auch unterwegs? Ich zweifle da immer etwas, ob unterwegs wirklich solche Dienste nutzen wird.

Dr. Kohlhepp:

Wenn Sie an einen Bildschirm denken, der eine gewisse Mindestgröße hat, dann würde ich das eindeutig bejahen. Ich glaube, es kommt darauf an, dass es eben in einer Form aufbereitet wird, dass es für denjenigen, der unterwegs ist, interessant. Nehmen Sie als Beispiel einen Sammler, der ein seltenes Auto gern kaufen würde. Wenn der in Sekunden die Mitteilung bekommen könnte, dass dieses Auto jetzt verfügbar ist und es gleich mit Details, mit Bildern etc, würde er für diesen Service sogar zahlen. Da bin ich etwas bei dem zentralen Punkt, der im mobilen Bereich bislang fehlt. Da haben einige Leute 100 Mrd. DM ausgegeben, haben jetzt

Lizenzen und jetzt geht es eigentlich um eine Herstellung von win-win-win. Das ist für mich weniger eine Frage der Technik, sondern im Grunde des gemeinschaftlichen Interesses, das aus meiner Sicht von drei Parteien gefunden werden müßte. Das ist einmal ganz entscheidend der User. Wenn es angenommen wird, wird es ein Schicksal erleiden wie WAP. Es muss aber bei diesen Investitionen angenommen werden. Das bedeutet in der Konsequenz, dass die Telcos sich mit Inhaltelieferanten zusammen tun müssen, die in der Lage sind, die Inhalte aktuell, regional so aufzubereiten, dass sie für den User interessant sind. Ich glaube, dass es dort erforderlich ist, dass sich binnen sehr kurzer Zeit eine ganze Menge tut, damit nicht diese 100 Mrd. weitgehend abgeschrieben werden müssen. Das ist der zentrale Bereich, der Nutzen, der gezogen werden kann, und daran glaube ich schon. Es sind sehr viele Menschen permanent unterwegs, permanent auf Reisen. Man hat eine ganze Menge tote Zeit. Der Laptop wird doch genutzt, um eine tote Zeit in eine produktive Zeit zu verwandeln. Es sind immer ein paar Prozent der Bevölkerung, die gerade einen neuen Job suchen, die gerade eine neue Immobilie suchen, die gerade ein neues oder gebrauchtes Auto suchen. Wenn ich da meine tote Zeit nutzen kann und Entsprechendes durchgehen kann, wenn es denn schnell findbar ist, gut aufbereitet, auf meine Kriterien reagiert und ich nicht 98 Strichmännchen eingeben muss. Wenn es für den Nutzer gut aufbereitet ist, dann bestehen sehr gute Chancen, auch eine regionale Umfeldinformation. Das muss gezielt für den Markt bearbeitet werden. Für mich ist momentan nicht klar erkennbar, dass da wirklich intensiv daran gearbeitet wird, diese win-win-win-Situation, die ich als zwingende Voraussetzung halte, sprich: Contentbesitzer, die Telcos und diejenigen, die es nachher abnehmen und bezahlen sollen. Daran wird aus meiner Sicht bislang nicht gearbeitet.

Prof. Eberspächer:

Ja, Herr Amor. In der guten, alten Zeit, als ich noch gelegentlich ein paar Aktien gekauft habe, da habe ich dann aber lieber die FTD oder das Wall Street Journal oder die Süddeutsche genommen, am Abend noch einmal sorgfältig überlegt, was mein Budget erlaubt. Ich kann mir das persönlich nicht so recht vorstellen – was aber offenbar der Fall ist – dass man am Handy oder einem anderen ähnlichen Gerät solche Transaktionen tätigt, die man bisher unter Zuhilfenahme der klassischen Zeitung gemacht hat. Was ist da Ihre Vision?

Herr Amor:

Erst einmal zum Thema tote Zeit. Es gibt immer noch genügend Leute, die die tote Zeit lieben, einfach einmal nichts zu tun. Die werden noch einmal froh sein, wenn sie einmal 5 Minuten nicht arbeiten müssen. Die mobilen Geräte sind bisher noch nicht besonders erfolgreich gewesen. Ich glaube aus dem Grund, weil einfach versucht worden ist, das, was das World bei Web war, einfach 1:1 auf diese mobilen Geräte zu übertragen. Das funktioniert eben nicht. Die Geräte sind anders. Man hat ein anderes Gefühl. Man benutzt es anders, in anderen Situationen. Erst langsam setzt sich die Erkenntnis durch, dass man zwar gleiche Inhalte oder Programme benutzen kann, die aber völlig anders aufbereiten muss. Man kann nicht lange Zeitungsartikel auf so einem kleinen Gerät lesen, möchte man nicht. Man möchte aber zum Beispiel informiert sein, über Neuigkeiten, Aktienkurse, wenn die stark abstürzen. Also man möchte dedizierte Informationen haben. Man möchte informiert werden, aber nicht in der Form, wie das das World Wide Web ist, wo ich mal surfe, mal ein bisschen hier und dort gucke. Dazu hat man nicht die Tastatur, nicht die Maus, nicht die entsprechenden Eingabegeräte, um die Navigation durchzuführen. Die mobilen Endgeräte sind eher zum Informationspush da, wo man sich vorher überlegen kann, was man für unterwegs an Informationen braucht. Man macht eine Vorauswahl und zeigt nur die entsprechend an.

Prof. Eberspächer:

Das andere Thema, das ich gerade erwähnt hatte, ist elektronisches Papier, also auch eine andere Form des Displays oder des Mediums. Können Sie sich vorstellen, Herr Saur, dass irgendwann, wenn das technisch ginge, man wirklich ein Buch oder ein Zeitschrift in diesem neuen Material hat, das dann immer wieder aufgeladen wird? Oder gibt es noch andere Dinge, die man mit solch einem Medium „Buch bzw. Zeitung" verbindet?

Prof. Saur:

Da sind unendlich viele technische Entwicklungen im Gange. Das ist das eBook, das ist das elektronische Papier und mit allem wird experimentiert. Aber nichts ist absolut benutzerfreundlich und nichts setzt sich durch. Wir hören jede Woche oder jeden Monat neue sensationelle Entwicklungen, aber jeder geht immer wieder auf das Papier zurück. 95 % der elektronisch übermittelten Informationen werden auf Papier ausgedruckt und von Goethe wissen wir: Nur was du schwarz auf weiß nach Hause nehmen kannst, das hat Bestand. Da hat er auch wieder Recht. Das Papier ist eben einfach unschlagbar. Das Buch ist eben so etwas von geräteunabhängig, dass der Vorteil zu immer neuen Erfolgen der Buchproduktion führt. Alles, was technisch neu kommt, das Publishing on Demand, bringt wieder genau Bücher heraus, weil nur dann ist es in der Lage, am Strand, im Bett, im Zug, im Flugzeug benutzt und gelesen zu werden. Niemand ist in der Lage, auf dem Bildschirm länger als zwei Minuten einen Text so zu lesen, dass er ihn aufgreifen kann, dass er noch etwas weiß, am nächsten Tag, nach einer Woche oder nach Jahren. Bei Büchern ist das quasi unbegrenzt. Deshalb jede technische Entwicklung, jedes Fotokopieren, jedes Telefaxen, jedes Email führt immer wieder auf das Papier zurück. Das Idealste ist, wenn ich es dann wieder im Buch habe. Insofern sehe ich da unendlich wenig Alternativen und neue Entwicklungen. Das Papier ist eben unschlagbar. Es kommt dann noch dazu, dass natürlich die Haltbarkeit des Papiers trotz der Lebensbegrenzung auch eines Papiers viel besser ist. Es gibt kein elektronisches System, das mir die Inhalte in Jahrzehnten und Jahrhunderten bewahrt.

Prof. Eberspächer:

Herr Mohn hat vorher in der Pressekonferenz zu Recht gesagt: Natürlich stellt sich
allmählich die Frage, wo alle die Bäume wachsen, um das viele Papier zu produzieren.

Prof. Saur:

Ersten sind die Bäume zum Glück nur zu geringerem Teil an Papierprodukten beteiligt, weil das nicht die haltbaren Papiere sind. Zum Zweiten haben wir natürlich
nach wie vor eine Vergeudung von Papierressourcen. Es ist ein kompletter Quatsch,
dass das Telefonbuch, das etwa 1/3 der deutsche Buchproduktion ausmacht, weil es
so dick ist und immer in mehreren Ausgaben erscheint und von all den Leuten auch
gekauft wird, die nie ein Buch kaufen, dass das immer noch im Papier hergestellt
wird. Das ist das Überflüssigste überhaupt, denn ich brauche eine Telefonnummer,
wenn ich telefonieren will. Wenn ich in diesem französischen Prestel-System mir
jede Nummer am Apparat herausholen kann, dann habe ich den weltweiten Zugang.
Im Zweifelfall habe ich gerade das Telefonbuch von München oder vielleicht noch
von Wolfratshausen da liegen, aber mehr nicht. Das heißt das Telefonbuch und die
Umweltverschmutzung, die durch das Telefonbuch entsteht, ist gravierend, weil der
Transport jedes halbe Jahr so gewaltig ist und die Entsorgung und die Wiederver-
wertung usw. Die Nachschlagewerke, die Adressbücher, die Formelsammlungen,
die Telefonbücher, die werden weitgehend verschwinden. Es dauert allerdings viel
länger. Vor 10 Jahren habe ich gesagt, dass es in 10 Jahren kein Telefonbuch mehr
gibt. Da habe ich mich auch völlig geirrt. Es gibt noch unendlich viele Telefonbücher. Vor 10 Jahren habe ich auch gesagt, das sich mich nie an einem Telefon-
buchverlag beteiligen würde. Es wäre immer noch viel besser gewesen als an jeder
Internetgeschichte. Aber, das heißt die Papierbeständen reichen aus, um uns diesen
Luxus der Papierinformation weiter zu leisten.

Prof. Eberspächer:

Meine Damen und Herrn, wir wollen allmählich zu Ende kommen. Sie haben lange
ausgeharrt. Ich möchte noch erwähnen, dass ich das Thema Endgeräte bewußt
aufgegriffen habe, weil wir im November eine Veranstaltung zum Thema „UMTS"
machen, wo genau diese Dinge im Mittelpunkt stehen.

Ansonsten kann ich nur sagen: Wir haben jetzt mehrfach gehört, dass wir mit den
elektronischen Medien in eine realistische Phase eingetaucht sind, dass wir aber
noch in einer Experimentierphase sind. Das kam jetzt auch hier auf dem Podium
zum Ausdruck: Wir sollten nicht glauben, dass wir wissen, wohin der Zug fährt. In
diesem Sinne bleibt die Zukunft spannend und das Buch bleibt auch noch bestehen.
Was wollen wir mehr? Ich bedanke mich bei allen, die auf dem Podium hier mit
diskutiert haben, auch für die Fragen aus dem Publikum. Bevor wir schließen,
möchte ich mich noch herzlich bedanken bei der Mannschaft im Hintergrund, zum

einen bei dem Programmausschuß, der diesen Kongreß vorbereitet hat. Und dann natürlich auch bei den Damen und Herren der Geschäftsführung des Münchner Kreises, die gestern abend das schöne Event vorbereitet haben. Auf Wiedersehen!

Anhang

Liste der Autoren /
List of Authors

Dr. Arnold Bahlmann

Mitglied des Vorstandes
Bertelsmann AG
Carl-Bertelsmann-Str. 270
33311 Gütersloh

Dr. Hans-Dieter Baumgart

Verlagsdirektor
Rheinische Post
Pressehaus, Zülpicher Str. 10
40196 Düsseldorf

Eckhardt Bültermann

Heidenheimer Str. 43
13467 Berlin

Dr. Markus Conrad

Geschäftsführer
Libri.de
Georg Lingenbrinck GmbH & Co.
Friedensallee 273
22763 Hamburg

Dr. Hans Gasser

Geschäftsführer
Süddeutsche Zeitung GmbH
Sendlinger Str. 8
80331 München

Michael Grabner

Verlagsgruppe Georg von Holtzbrinck
Gänsheidestr. 26
70184 Stuttgart

Arnoud de Kemp

Springer Verlag GmbH & Co. KG
Tiergartenstr. 17
69121 Heidelberg

Thomas Knipp

The Wall Street Journal Europe
Associate Editor
Boulevard Brand Whitlock 87
B-1200 Brüssel

Dr. Eckhard Koch

Managing Director
MediaSec Technologies GmbH
Berliner Platz 6-8
45127 Essen

Dr. Kay H. Kohlhepp

Wildenbruchstr. 115
40545 Düsseldorf

Dr. Hermann Leskien

Generaldirektor der
Bayerischen Staatsbibliothek
Ludwigstr. 16
80328 München

Prof. Dr. Dr. h.c. Arnold Picot

Universität München
Institut für Organisation
Ludwigstr. 28
80539 München

Florian Rötzer

Telepolis
Kreittmayrstr. 26
80335 München

Andreas Schoo

Verlags-Geschäftsführer
Heinrich-Bauer-Programmzeit-
schriften-Verlag
Burchardstr. 11
20077 Hamburg

Dr. Klaus Schweinsberg

Redaktion Impulse
Ressortleiter Red. Sonderprojekte
Eupener Str. 70
50933 Köln

Prof. Dr. Anna-Maria Theis-Berglmair

Universität Bamberg
Kommunikationswissenschaft/
Journalistik
An der Universität 9
96045 Bamberg

Stefan Thurm

Vorarlberger Medienhaus
Geschäftsführer Teleport
Gutenbergstr. 1
A-6858 Schwarzach/Vlbg.

Dr. Falk von Westarp

Alliance Manager Germany
Monster.de GmbH & Co. KG
Kreuzberger Ring 24
65205 Wiesbaden

Matthias Winter

Mitglied der Geschäftsleitung
wissen.de GmbH
Gesellschaft für Online-Information
Weinstr. 8
80333 München

Liste der Diskussionsleiter und -teilnehmer /
List of Chairmen and Discussants

Daniel Amor

Hewlett-Packard GmbH
Herrenbergerstr. 110-130
71034 Böblingen

Prof. Dr.-Ing. Jörg Eberspächer

Technische Universität München
Lehrstuhl für Kommunikationsnetze
Arcisstr. 21
80290 München

Prof. Dr. Thomas Hess

Universität München
Fakultät für Betriebswirtschaftslehre
IS für Wirtschaftsinformatik
und Neue Medien
Ludwigstr. 28
80539 München

Stefan Holtel

Vodafone Pilotentwicklung GmbH
Chiemgaustr. 116
81549 München

Dr. Kay H. Kohlhepp

CMO/Vorstand
Versum.de AG
Am Albertussee 1
40549 Düsseldorf

Johannes Mohn

Bertelsmann AG
Carl-Bertelsmann-Str. 270
33311 Gütersloh

Prof. Dr. Dr. h.c. Arnold Picot

Universität München
Institut für Organisation
Ludwigstr. 28
80539 München

Prof. Dr. h.c. mult. Klaus G. Saur

K.G. Saur Verlag
Ortlerstr. 8
81373 München

Christian Spanik

Postfach 1109
83405 Laufen

Dr. Andreas Wiebe

Universität Hannover
Institut für Rechtsinformatik
Königsworther Platz 1
30167 Hannover

Programmausschuss /
Programme Committee

Prof. Dr. Rudolph Bayer

Technische Universität München
Institut für Informatik
Orleansstr. 34
81667 München

Sandra Dittert

Verlagsgruppe
Georg von Holtzbrinck
Gänsheidestr. 26
70184 Stuttgart

Prof. Dr.-Ing. Jörg Eberspächer

Technische Universität München
Lehrstuhl für Kommunikationsnetze
Arcisstr. 21
80290 München

Dr. Ulrich Geiger

Verlagsgruppe Random House
Neumarkter Str. 18
81673 München

Stefan Holtel

Vodafone Pilotentwicklung GmbH
Chiemgaustr. 116
81549 München

Johannes Mohn

Bertelsmann AG
Carl-Bertelsmann-Str. 270
33311 Gütersloh

Prof. Dr. Dr. h.c. Arnold Picot

Universität München
Institut für Organisation
Ludwigstr. 28
80539 München

Volker Reible

T-Nova GmbH Berkom
Goslarer Ufer 35
10589 Berlin

Dr. Klaus Schweinsberg

Redaktion Impulse
Ressortleiter Red. Sonderprojekte
Eupener Str. 70
50833 Köln

Christian Spanik

Postfach 1109
83405 Laufen

Druck: Strauss Offsetdruck, Mörlenbach
Verarbeitung: Schäffer, Grünstadt